ローガン・ウリー
寺田早紀 訳

HOW TO NOT DIE ALONE:
THE SURPRISING SCIENCE THAT WILL HELP YOU FIND LOVE

史上最も恋愛が難しい時代に

理想のパートナーと出会う方法

河出書房新社

CONTENTS

PART 2 さあ、外の世界へ

PART 3

真剣な愛を求めて

著者まえがき

学術研究に関して残念なのは、現在までの多くの研究が、主にシスジェンダー〔訳注：性自認と身体的な性が一致している人〕かつヘテロセクシャル〔訳注：異性に対して性的な感情を抱くセクシュアリティ〕のカップルに焦点を当てていることです。しかしさいわいにも、研究者らがLGBTQ+の恋愛について研究したところ、既存の研究で指摘されているのと同じ問題があり、同じアドバイスが有効であることがわかってきました。

本書の執筆にあたり、私はさまざまな性的指向、さまざまアイデンティティをもつ人々にインタビューしました。LGBTQ+の恋愛やデート経験を共有したかったからです。本書に掲載されているストーリーはすべて実話ですが、登場人物の一部は複数の人物を合成したものです。名前や本人を特定する特徴は変更し、会話は作り直しました。

この原稿を書きあげたあと、私はマッチングアプリ、ヒンジ（Hinge）のリレーションシップ・サイエンス・ディレクターの職に就きました。この仕事を通して、何千万もの人々が幸せな恋愛を手に入れられるようお手伝いしたいと思います。本書における調査および意見はすべて私個人のものです。

はじめに

恋愛指南書など買う必要はない。愛とは努力不要の、自然で有機的なものだ。恋とは落ちるもので、そのための方法を考えるものじゃない。計算して選択するものではなく、自然に起こる化学反応だ……と、考えていませんか?

それでも、あなたはこの本を読んでいます。この本を手に取ったのは、愛を手に入れたいのに、これまでうまくいかなかったからではありませんか? では、真実をお伝えします。愛は自然の本能かもしれませんが、恋愛は違います。人間は、正しい相手を選ぶ能力を生まれながらに身につけているわけではありません。

もしそうであったなら、私の仕事は存在しなかったでしょう。私は人々の恋愛の相談にのるデートコーチで、プロの仲人《なこうど》でもあります。ハーバード大学で心理学を学び、人間の行動と恋愛について何年も研究してきました。その研究の集大成が、「インテンショナル・ラブ(意図的な愛)」という、健全な人間関係を築くための私の哲学です。**インテンショナル・ラブは、恋愛を偶然の産物ではなく一連の選択の結果と捉えます**。本書は、十分な情報にもとづいて目的をもって恋愛する、インテンショナル・ラブについての本です。自分の悪癖を認め、デートのテクニックを磨き、恋人同士の大切な対話に対処するための方法を紹介します。

すばらしい恋愛関係は見つけるものではなく、築くものです。長続きする関係は待っていても現れません。いつ恋人探しを始めるか、誰とデートするか、間違った相手とどのように縁を切るか、正しい相手といつ身を固めるか……それら**一連の決断を積み重ねた結果**なのです。正しい決断はすばらしい愛の物語へとあなたを導いてくれるでしょう。けれど選択を誤って道を踏みはずすと、ダメなパターンを何度も繰り返すはめになります。

結論：私たちは非合理な生き物

残念ながら多くの人間は、なぜその選択肢を選ぶのか、判断の理由を理解していません。それが過ちを生み、その過ちの積み重ねが愛の探求を阻みます。だからこそ、行動科学に助けてもらいましょう。

行動科学とは、人間がどのように決断をくだすのかを研究する学問です。幾重もの思考の層をはぎとり、頭の中をのぞき込み、なぜ私たちは特定の選択をしがちなのかを理解する方法を教えてくれます。結論から言うと、人間とは非合理だということ。**私たちのくだす決断は、最善ではないことがよくあるのです。**

人間の非合理さは人生のあらゆる場面で発揮されます。老後のために貯蓄したいと言いつつも、クレジットカードの限度額いっぱい、おしゃれなインテリア用品を買ってしまうとき。もっと運動しなきゃ、と思っているのに、屋内用ランニングマシンがハンガーラック状態になっているとき。どれだけ頻繁に、どれだけ熱心に目標を設定しても、自分で自分の邪魔をしてしまうのです。

さいわい、この非合理さは無秩序に現れるものではありません。脳がいかに私たちを惑わすかは予測可能なのです。行動科学者はそのような知識を用いて、人々が幸せに、健康に、豊かになれるよう、行動を変える手伝いをします。

実際、私は行動科学の知識をグーグルで活用しました。行動科学の花形、ダン・アリエリーとチームを組み、彼の著書『Predictably Irrational』〔訳注：邦訳『予想どおりに不合理』早川書房〕の知見にもとづいて、「イラショナル・ラボ（非合理実験室）」というグーグル社内のグループを運営しました。ダンやチームメイトと人間の行動を研究し、実験を重ねる日々は非常に充実していましたが、私には気がかりなことが一つありました。当時、私は二〇代前半で独身。誰もがもつ、人生の最重要課題に直面していたのです。つまり、愛を見つけ、長続きさせるにはどうすればいいのだろうか？

私は長らく、デートや恋愛関係、セックスの研究をしていました。ハーバード大学では学部生のポルノ視聴癖を研究し、「Porn to Be Wild（ワイルドになるポルノ）」と題する論文を書きました（余談ですが、ハーバードの学生は大量にポルノを見ています）。イラショナル・ラボを運営する数年前の、グーグルでの初仕事は、グーグル広告のアカウントを、バングブロスやプレイボーイなどのポルノサイト、グッド・バイブレーションズといったアダルトグッズを販売するクライアントに振り分けること。当チームは別名「ポルノ部」と呼ばれていました。

恋愛関係への興味は、子ども時代にまでさかのぼります。楽しく愛情たっぷりの家庭で育ちましたが、一七歳のとき、両親が突然離婚したのです。「末永く幸せに暮らしました」幻想ははじけとび、幸せな結婚が長続きするのを当然だとは思えなくなりました。

グーグルで過ごした当時、マッチングアプリができたばかりで、独り身の私はマッチング候補をスワイプして選り分けるのに膨大な時間を投じていました。まわりの友人たちも同じように苦労していました。初代iPod（「一〇〇〇曲の音楽をポケットに」）の時代は過ぎ去り、私たちは、どこまでもつながるスマートフォンで一〇〇〇人の恋人候補をポケットに詰め込める時代を生きていたのです。近所に住むボビーだかブリンダだかと結婚するのではなく、オンラインにいる何千人もの独身者の中から選ぶことができる時代です。

そのような中、私は「トークス・アット・グーグル：現代のロマンス」というサイドプロジェクトを立ち上げました。現代のデートや恋愛関係の大変さについて探究する、インタビューシリーズです。マッチングアプリ、デジタル時代のコミュニケーション、一夫一婦制《モノガミー》、共感、幸せな結婚の秘訣などについて、世界的に著名な専門家にインタビューを行いました。ものの数時間のうちに何千人ものグーグル社員が、インタビューの更新を通知するメーリングリストに登録しました。インタビューがオンラインで公開されるやいなや、何百万もの視聴者がユーチューブに殺到しました。苦労しているのは私や友人たちだけではないのが明らかでした。

ある晩、見知らぬ人が私のもとへやってきて、「きみのポリアモリー［訳注：当事者全員が合意のうえで、同時に複数の人と交際する恋愛関係］についてのインタビューを見たよ。そんな関係性がうまくいくなんて、まったく思いもしなかった。世界が一変したよ」と言いました。その瞬間、私は自分の仕事の影響力の大きさを実感しました。これこそ、天職だと思ったのです。

とはいえ、非科学的なアドバイスをばらまく恋愛の導師《グル》のような存在にはなりたくありませんでした。そうではなく、「**グーグルで磨いた行動科学の知見をいかして、人々が恋愛でより良い決断をできるよう手伝えないだろうか？**」と考えたのです。

いまだかつてなく非合理

テック業界で一〇年近く過ごしたのち、仕事を辞めた私は、人々が愛を見つけ恋愛を長続きさせる手伝いを始めました。意志決定における本能的な間違いがつまずきの原因のはず。**人々が行動を変え、負のパターンから脱却し、永続的な愛を見つけるには、行動科学が鍵となる**と私は確信しています。

パートナー選びはただでさえ恐ろしくやっかいなものであるのに、そこに文化的な偏見や余計なアドバイス、社会や家族からのプレッシャーが加わるとさらに大変になります。それなのに、行動科学を恋愛に役立たせようとする人はこれまでいませんでした。その理由は、愛とは、科学的な分析などできない、魔法のような現象であると考えているからかもしれません。あるいは、「誰も理性的な愛など求めていない」という批判を恐れているからでしょうか。私が目指すのはそういうものではありません。なにも、マッチングの可能性をすべて分析し、運命の相手の最適解をはき出す、超合理的なスーパーコンピューターに人々を仕立てあげようとしているわけではありません。愛を見つける障害となっている盲点を克服できるよう手伝いたいのです。

行動変容には二つのステップが必要です。第一に、私たちの行動をつかさどる見えない力と、致命的な間違いに発展する判断ミスについて学ぶこと。「もっといい人がいるのでは」と真剣交際に及び腰になったり（第4章）、人生のパートナーよりも一夜限りの相手を追いかけてしまったり（第7章）、はたまた、賞味期限切れの関係をぐずぐず引きずってしまったり（第14章）、といった間違いについて、振り返ってみましょう。

しかし、気づくだけでは行動にはつながりません（「ワルい男」や「夢のようなエキセントリックな《マニック・ピクシー・ドリーム・》女の子《ガール》」と付き合うべきではないとわかっていても、つい惹かれてしまうもの）。実際に何かしら行動を起こさなければならないのです。そこで行動科学の二つ目のステップが登場します。実証済みのテクニックで、「わかる」から「実行する」に移行しましょう。ここでは行動を変え、目標を達成するための新しいシステムを構築します。各章では、研究成果にもとづいた考え方と、恋愛の重要な決断をうまく舵取りするためのエクササイズを紹介します。

本書はどのように役立つのか

本書を読めば、自分が一人ではないことに気づくでしょう。恋愛に苦しんでいるのはあなただけではありません。あなたが抱えている疑問や不安は、いたって普通のことです。

恋愛において確実なものなどありません。けれど、**脳（と心）の強みと弱点についての研究を参照すれば、もっと戦略的に意志決定を行うことができます。**インテンショナル・ラブは人間関係学（長期的な関係を成功に導くもの）と行動科学（自分の意図に沿ってやり遂げる方法）の知見にもとづいています。

本書ではプロセスをお伝えします。プロセスが安心を生みだします。
ここで紹介するテクニックの効果は、私のクライアントたちが実証済みです。きっと、あなたの役にも立つでしょう。

PART1　準備体操

まず、なぜ現代のデートはいまだかつてなく難しいのか考えてみましょう。そして、あなたを尻込みさせる要因や無意識の好みなど、あなたのデートの盲点を探るテストを実施します。それらの傾向があなたの恋愛にどのように影響するか、どのように克服できるのかをお教えします。さらに、愛着理論に着目し、あなたの愛着パターンが恋愛に与える影響も分析します。最後に、長期的なパートナーに求める資質についてあなたの思い違いを正します。きっと意外なヒントが得られるでしょう。

PART2　さあ、外の世界へ

マッチングアプリの世界へようこそ！　ここでは、現代のデートによくある落とし穴を見つけ、それを避けるお手伝いをします。アプリや実生活の中でうまくデート相手を見つけ、就職面接のようなデートを避ける方法を紹介します。二度目のデート相手を決める方法も学びましょう。

PART3　真剣な愛を求めて

デートを重ねると、やがて決断すべき場面が訪れます。ここでは、二人の関係をお互いにどう定義するのか、同居を始めるか否かなど、恋愛における大きな転換点を乗り越える方法を説明します。別れを決断する方法、実際に別れを告げる方法、そして失恋を乗り越える方法も見ていきましょう。もし関係がうまく進めば「結婚すべき？」と思うときが来るでしょう。PART3の後半でその質問への答えを見つけられるはずです。最後に、幸せな関係を末永く維持するためのテクニックを紹介します。日々、配慮を怠らず、二人の成長に合わせて関係性を再構築し続けることでインテンショナル・ラブを持続しましょう。

新しいことにコミットしてみる

この本を読んでいる理由は、愛を見つけたいからでしょう。これまで幾人ともデートしてきたけれども、あなたの魅力に気づく人はおらず、失望し、孤独を感じているのかもしれません。あるいは、まったくデートに出かけていない人もいるでしょう。学校や仕事、家族、その他の雑事に追われ、これまで恋愛できなかったけれど、心の奥深くでは誰かに出会いたいと思っているのではありませんか？

私が次のステップへ進むお手伝いをします。私を恋愛のコーチだと思ってください。コーチからのお願いは一つだけ。かならず、本書で紹介するエクササイズに取り組んでください（効果抜群です！）。いまこそ、自分の考えを変えるチャンスです。これまで、自分のやり方で人生を歩んできましたね。ここで新しいことに挑戦してみませんか？　新たな挑戦のその先に、永遠の愛があなたを待っています。

PART

1

準備体操

1

なぜ、付き合うことがいまだかつてなく難しいのか
――現代の恋愛の大変さを理解する

どの世代も、戦争や不景気、肩パッドでの武装など、その時々の試練に直面します。恋愛についても同じことです。いつの時代の人々も自分の恋愛に不満を抱いていましたが、現代を生きる独身者ほどではないかもしれません。事実、恋愛はいまだかつてなく難しくなっているのです。今度、母親から「早くいい人を見つけて身を固めなさい」と小言を言われたら、そのように言い返してください。

本書では、恋愛のさまざまな難局で決断をくだす方法を紹介します。しかし具体的な戦術に進む前の準備段階として、現代人の恋愛を不利にするいくつかの要因を説明します。もし愛を見つけることに恐ろしくストレスを感じているなら、その理由がわかるでしょう。

自分のアイデンティティをつくる時代

宗教、コミュニティ、社会階層が私たちの祖先の暮らしを支配していました。求められるも

のは明確で、個人的な決定の入り込む余地はほとんどありませんでした。どこでどのような親のもとに生を享《う》けるかで、たとえば「ブカレストで織物を扱う貿易商として働き、ユダヤ法にかなった食事をとってシナゴーグに通う」という生活や、「上海郊外で農場を経営し、自分で育てた家畜や作物を食べる」という生活を予想できたのです。パートナー探しでは「もっとも広い土地を持つ人」や「最大のラクダ部隊を有する人」のように資産が決め手となりました。

現代ではすべての決断が自分しだいです。自分で行き先を決めなければなりません。祖先はどこに住み、どんな仕事をするかを念入りに検討する必要などありませんでしたが、いまの私たちは個人で選択します。けたはずれの自由を手に、自分のアイデンティティを形成します。アトランタではなくナッシュビルに住んでもいいし、気象学者にも数学者にもなれる。ただし、その自由は不安という代償をともないます。夜更けにスマートフォンのブルーライトに照らされながら、「本当の私とは?」「私の人生、いまのままで大丈夫?」と思案する。現代人が手にする自由と果てしない選択の裏には、一生の幸せを台無しにしてしまうのではないか、というとてつもない恐怖が潜んでいます。責任は自分にあり、責めを負うのも自分だけ。失敗したら、すべて自分にかえってきます。

そんな私たちに突きつけられる最大の難問、かつては親やコミュニティが解決してくれていた問題が「誰を恋愛相手に選ぶべきか?」です。

選択肢が多すぎる

私たちはデート文化の激動のただ中にあります。デートに行く習慣そのものは一八九〇年代に始まったものですが、マッチングアプリの先駆けであるキス・ドットコムが一九九四年に、そのわずか一年後にマッチ・ドットコムが誕生しました。そこから一〇年もたたないうちに、スワイプで恋愛相手を選ぶ時代となりました。壮大な社会実験に参加させられているように感じるのであれば、まさにその通り。

現代人はもはや、職場や教会、近所で出会う独身者に的を絞る必要がありません。何百ものパートナー候補の中から次々にスワイプで相手を選ぶことができます。しかし選択肢が無限にあることには欠点もあります。スワースモア大学の名誉教授、バリー・シュワルツによると、人間は選択権を切望する一方で、選択肢が多すぎると幸福感が減り、自分の決断に対して疑いが増します。**選択のパラドックス**（Paradox of Choice）と呼ばれる現象です。

私たちは日々、迷います。フローズンヨーグルト専門店で、どのフレーバーにするかいつまでも決められず（「もう一度、全部味見させてくれる?」）、列の後ろに並ぶ人々をいらだたせる客のように、分析しすぎて身動きがとれなくなっているのです。人生のパートナー選びついてはなおさらでしょう。

「確からしさ」を求めて

最近、購入前にオンラインで検索したものは何ですか？　どの電動歯ブラシがよいか？　弟の引っ越し祝いに最適なブルートゥーススピーカー？　情報社会に生きる私たちは、調べることについて誤った心地よさを感じています。グーグルであと少し検索するだけで、完璧な選択をできるように感じます。本場の味にもっとも近いタコス専門店を探すときも、最高性能の掃除機を選ぶときも、果てしない数のランキングやレビューを検索します。すべての選択肢を調べれば、正解のものを選ぶことができると感じてしまう。

私たちはこのような確からしさにとりつかれ、恋愛にもそれを求めてしまうのです。しかし恋愛にはその手の保証は存在しません。「誰といっしょになるべきか？」「どれくらい妥協すべきか？」「今後、変わる可能性があるか？」といった疑問への「正解」などありません。いくらグーグルで検索しても、ジェームズやジュリアンがよき伴侶になるかなどわからないでしょう。恋愛の重大な決断を目前に、一〇〇パーセントの確実性を得ることはできないのです。さいわい、幸せになるためにそのような確からしさは必要ありません。幸せな恋愛関係は見つけるものではなく、築くものです。それでも私たちは思考のわなにはまりがちです。何百もの選択肢を組み合わせると、どれが「正解」かわかるはずだ、と。

ソーシャルメディアが比較と落胆をもたらす

昔の人々は村社会で暮らしていました。そこで、ほかのカップルが愛し合い、けんかし、仲直りするのを目撃していました。その手のことはプライベートな問題ではありませんでした。

他方、現代社会で目にする恋愛というと、ソーシャルメディアのフィードに流れてくる、脚色され、厳選された、インスタ映えする恋人たちの姿ばかりです。ハイキング途中の浮かれた婚約発表動画や、抱っこひもの中ですやすや眠る赤ん坊を写したバカンス写真。恋愛に苦しんでいるのは自分だけかのような気にさせられます。みんな完璧な恋愛をしているのに、自分の恋愛は問題だらけ（あるいは存在さえしない）と感じて胸の痛みが激しくなります。これはとくに、男性に当てはまるように思います。男性は社会的なつながりが女性より弱く、恐怖心を共有できる人も少ない傾向にあるからです。友人にさえ自分の苦しみを打ち明けようとしないため、誰もがなんらかの恋愛の試練を経験していることを知る機会が少ないのです。

恋愛のロールモデルがいない

誰もが、最高のパートナーと出会い、すてきな関係を築きたいと望みます。けれども多くの人は、とくに若い頃に、健全な関係を間近で見たことがありません。

アメリカでは一九七〇年代から一九八〇年代初頭にかけて離婚率がピークに達しました。その後、離婚率は減っていますが、それでも私たちの多くが、エステル・ペレルに言わせると「親が離婚して幻滅した子ども」なのです。結婚したカップルの半分は離婚か別居に行きつき、既婚者のおよそ四パーセントは「結婚生活にみじめさを感じる」と言っています。つまり既婚者の過半数が、婚姻を終わらせるか不幸な結婚に耐えるかを選んでいるのです。

これは大問題です。いくつもの研究でロールモデルの威力が証明されています。一マイルを四分で走ることでも、一〇分以内に七三個のホットドッグを食べることでも、他者がやり遂げる姿を見ると、自分もできると信じやすくなるのです（そして「#人生の目標」でSNSへ投稿）。たとえば、女性の特許取得者が多い地域で育った女性は、発明家になる確率が高くなります。しかも、その女性発明家の先輩たちと同じ分野で特許をとる確率が高いのです。

　恋愛においても同じです。パートナーと末永く幸せな関係を築きたいと思っていても、恋愛のロールモデルがいなければ難しいもの。私のクライアントも「健全なカップルがどのような毎日を送るのかわからない」という不安をよく打ち明けます。健全なカップルはどのように対立を解消するのか、幸せなカップルはどのように二人で決断をくだすのか、残りの人生を一人の人とうまく過ごすにはどうすればいいのか。自分の両親がそのように振る舞うのを見たことがないのでわからないのです。

　恋愛への意識が高い人でも、健全な恋愛関係がどのように機能するのかを見たことがないために苦労するかもしれません。

恋愛のあり方が多様化

「私たちは恋人同士か、ただのセフレか？」「いますぐ別れるべきか、結婚式シーズンが終わるまで待つべきか？」など、いま私たちを悩ます恋愛の難問は、ラクダを引いていた祖先たちは想像もしなかったものでしょう。現代では自分も友人も、新たな相手と真剣交際するか迷ったり、うまくいかない初デートの連続にうんざりしたりと悩みがつきません。

また避妊手段と生殖医療の進歩のおかげで「子どもがほしいか？　いつほしいか？」という新たな選択肢も増えました（狩猟採集民がそのことで眠れないほど思い悩むことはないでしょう）。科学の進歩だけでなく、恋愛や長期的な関係のモデルも拡大しています。「一夫一婦制《モノガミー》を支持するか」「一夫一婦制を具体的にどう定義するか」という疑問も生まれます。

このような選択肢の増加は、ある意味わくわくするものです。自分の運命を自由にコントロールしたいと望まない人などいませんから。けれどもある地点に達すると、多くの選択肢やチャンスを自由だとは思えなくなり、困惑し始めるのです。

「正しい選択」というプレッシャー

さらに悪いことに、現代では「正しいことをすべき」というメッセージが身の回りにあふれています。フェイスブック社［訳注：現メタ社］の元最高執行責任者、シェリル・サンドバーグは、「キャリアに関して女性がくだすもっとも重要な決断は、人生のパートナーをもつかどうかと、誰をパートナーに選ぶかだ」と述べましたし、自分の親から「私と同じ過ちを犯さないで！」と言われることもあります。失敗しないことが何よりも大事だと思いがちです。

まるで、自分の人生は「誰と結婚するか」という重大な判断にかかっているかのよう。一定の年齢に達するまでに子どもをもちたいと望む女性は時間的なプレッシャーを感じやすいため、この傾向が顕著です。

でも希望は、ある！

モチベーションの源や混乱の原因、障害となるものなど、自分自身についてより深く理解することで、人は自分の恋愛をコントロールすることができます。そのために役立つのが行動科学と、その知見を詰め込んだ本書です。

まとめ

1 **付き合うことは、人類史上最高に難しくなっている。**
母親にそう教えよう。

2 その原因は次の通り。
・自分のアイデンティティを自分でつくる時代であること。 コミュニティが人々の生活を決定していた昔とは異なる。
・何千もの選択を指先一つで決められること。自らの選択に自信をもてなくなる。
・正解を得る方法を事前に検索できないと、大きな決断に不安を感じること。
・ソーシャルメディアによって、自分以外の誰もが、自分よりも健全で幸せな恋愛をしているように感じること。
・健全な恋愛関係のロールモデルが少なすぎること。
・恋愛や長期的な関係のあり方が多様化していること。
・「正しい選択」をすべきというメッセージがあふれていること。 あたかも正解があるかのように思わせられる。

3 でも希望はある。**行動科学の知見を活用すると、恋愛のかじ取りが可能になる。**

2

三つの恋愛傾向
——あなたの恋愛の盲点を探る

周囲の人を見て、「なぜみんな、恋人がいるの？　私は仕事も友人関係も良好だし、いまの自分に満足している。なのにどうして、恋愛だけはうまくいかないのだろう？」と考えたことはありませんか？　私はクライアントのほぼ全員から、この手の話を聞いてきました。そしてかれらの多くが、自分では気づかない**恋愛の盲点**、つまり恋愛を失敗させる行動パターンにはまっていることを発見したのです。

そこで、よくある盲点を分類し、「**三つの恋愛傾向**」という枠組みを作りました。どの傾向の人々も、自分自身か相手、あるいは恋愛に対して非現実的な期待を抱いて苦しんでいます。

次のテストであなたの恋愛傾向がわかります。恋愛を失敗させる原因を特定することで、悪癖を脱して、新たな習慣を身につけましょう。この恋愛傾向は、恋愛関係のすべての段階であなたの行動に影響を与えます。だからこそ、恋愛を手に入れる旅の第一歩として自分の傾向を把握することが必要不可欠です。

三つの恋愛傾向テスト

質問表の各文を読んで、どれくらい自分に当てはまるか考えてみましょう。自分の回答をそれぞれ次の通り数値化してください。

まったく当てはまらない……1点
どちらかというと当てはまる……2点
非常に当てはまる……3点

【採点基準】
ロマンス志向型
質問1、4、7、10、13、16の回答の点数をすべて足してください。
完璧志向型
質問2、5、8、11、14、17の回答の点数をすべて足してください。
尻込み型
質問3、6、9、12、15、18の回答の点数をすべて足してください。

もっともスコアが高かったのはどのタイプですか？　それがあなたの恋愛傾向です。

質問	
1	会った瞬間にときめきを感じなければ、二度目のデートには行きたくない。
2	デート中、「この人は私の交際相手の水準に達しているか」と考えることがある。
3	デートに行く前に、まずは自分の準備を整える必要がある（痩せる、経済的に安定する、など）。
4	物語のような「すてきな出会い」ができればいいな、と思う。
5	大きな買い物をする前はその商品のレビューをかならず読む。
6	いまはデートをする時間がない。
7	自分にぴったりの人がどこかにいるはずだが、まだ出会えていない。
8	何かを決めるとき、すべての選択肢を慎重に検討しがちだ。
9	友人からもっと積極的に行動するよう言われる。
10	運命の人とは自然に出会いたいので、アプリでの出会いはロマンチックじゃない。
11	独身であることに誇りをもっている。
12	めったにデートに出かけない。
13	ときめきは時間をかけて育むものではなく、会った瞬間にわかるもの。
14	運命の人は、出会った瞬間に確信できると思う。
15	最高の人を引き寄せるには、まずは自分が最高の人になる必要がある。
16	愛は直感。感じればわかる。
17	好みがうるさいと友人から思われている。
18	いまは仕事に集中しているので、恋愛はもう少しあとで考えたい。

ロマンス志向型

運命の人と出会い、末永く幸せに暮らす、というおとぎ話のような恋愛を求めるタイプです。恋に恋する人。自分が独り身なのは、まだ運命の相手に出会えていないからだと思っています。モットーは「恋愛は起こるべくして起こるもの」。

完璧志向型

事前に下調べし、すべての選択肢を検討し、正解だと確信がもてるまで石橋をたたくのが好きなタイプ。なにごとも慎重に決断します。そしてその決断をくだす前に、一〇〇パーセントの自信をもちたい人。モットーは「結婚の決め手は？」。

尻込み型

自分は未熟だからまだ恋愛を始めるべきではない、と考えるタイプ。自分自身に高いハードルを設けています。ものごとを新しく始める前に、完璧に自分を整えたいと思っており、恋愛に関しても同じように考えます。モットーは「最高のパートナーになれるまで待とう」。

これら三タイプは互いにまったく異なるタイプに見えますが、大きな共通点が一つあります。それは、非現実的な期待をもっていること。

ロマンス志向型は、恋愛に対して、非現実的な期待を寄せています。
完璧志向型は、パートナーに対して、非現実的な期待をもっています。
尻込み型は、自分自身に対して、非現実的な期待を課しています。

スコアが同じになる場合は、質問をもう一度読んで、どれくらい自分に当てはまるかを見直してください。どうしてもわからない場合は、これら三つの恋愛傾向の説明を写真に撮って、信頼できる友人に送ってください。というのも、このテストを検証しているとき、テストを受けている張本人よりも、その友人のほうが正確に恋愛傾向を見極められることを発見しました。これは盲点を見つけるテストであることを思い出してください。自分では気づかない行動パターンも、友人なら見つけられることが多いのです。

私の恋愛傾向は……（○で囲みましょう）

ロマンス志向型　　完璧志向型　　尻込み型

第3章から第5章では、それぞれのタイプが直面する課題とそれを克服するための方法を具体的に説明します。自分に当てはまるタイプの説明だけでなく、すべての章を読むことをお勧めします。自分とは違うタイプのデート相手を理解する役にも立つでしょう。

まとめ

1 **多くの人が恋愛の盲点に悩んでいる。**恋愛の邪魔をする行動パターンがあるが、自分では見つけることができないものだ。

2 よくある恋愛の盲点を、「三つの恋愛傾向」に分類した。どのタイプも、**非現実的な期待**が苦しみの原因である。

・**ロマンス志向型**は、恋愛に対して非現実的な期待を寄せる。運命の人と末永く幸せに暮らす、おとぎ話を求める。

・**完璧志向型**は、パートナーに非現実的な期待をもつ。あらゆる選択肢を検討するのが好きで、正しい選択への絶対的な確信を欲する。

・**尻込み型**は、自分自身に非現実的な期待を課す。恋愛のための準備がまだ整っていないと感じる。

3 自分の恋愛傾向を理解することで、**何が自分の足を引っぱっているのかを特定し、これらの盲点を克服する方法を知る**ことができる。

3

ディズニー映画の欺瞞
——ロマンス志向を克服する

セッションを始めて二〇分、すでに涙があふれていました。

「彼はどこかにいるはず。まだ出会っていないだけ」とマヤが言いました。

彼？　彼女のソウルメイトのことです。パンとピーナッツバターのように、切っても切り離せない運命の相手。マヤは、自分の夢をすべてかなえてくれる運命の男性について話し続けました。完璧な男性が、すぐそこで二人の出会いを待ち構えているはずだ、と。

その人に出会うためにどのような努力をしているのか私が尋ねると、「彼とは自然に出会いたいの。アプリなんてロマンスのかけらもない。運命に手を加えたくないのよ」とマヤは説明しました。

毎朝、出勤前に長い黒髪をドライヤーでブロウするマヤ。驚いたときには黒い眉を持ち上げ、にっこり笑うと輝くような白い歯が見えるので（自分のクリニックを経営する歯科医だから当然）、彼女の話は何から何まで、どこかドラマチックに聞こえます。イラン系移民の家庭に生まれ、彼女の両親は三五年間、彼女が言うところの「幸せな結婚生活」を送っています。マヤは両親みたいになりたいと願っているのです。

マヤにはこれまで、二人の彼氏――一人は大学時代、もう一人は卒業後――がいましたが、どちらも長続きしませんでした。別れを切り出すのはいつもマヤのほう。「正しいときが来れば私にはわかるの」と、マヤは眉を上げて言いました。彼女はディズニー映画の『リトル・マーメイド』を、ビデオテープがすり切れるほど繰り返し見て育ち、「末永く幸せに暮らしました」を夢見ているのです。

マヤは正真正銘の「ロマンス志向型」です。このタイプは、愛とは自然にやってくるもので、いまだに独り身である理由は正しい相手にまだ出会っていないからだと考えます。おとぎ話を体現することを意識しているわけではないかもしれませんが、自分の人生が似たような展開を迎えることを期待しています。いつか、完璧な相手が自分の人生に登場すると信じているのです。自分がすべきことは、ただそのときがやってくるのを待つだけ。そして白馬の王子様やシンデレラが現れると、なんの努力もせずに愛を手に入れるのです。ＢＧＭはもちろん、セリーヌ・ディオン！

おとぎ話の問題点

あなたがどうしようもないロマンティストであったとして、誰が気にするのかって？　デートコーチである私はもちろん、あなたも気にすべきでしょう。

行動科学では、**マインドセット（ものの見方）が大きな影響をもつ**ことが知られています。考え方や期待が一人ひとりの体験を形作り、それが情報の解釈や意志決定に影響を与えるのです。

恋愛に関して言うと、心理学者のレネ・フラニウクが、人間は二つのタイプに分かれると指摘しています。一つは、恋愛成就は正しい相手を見つけることにかかっていると信じる「ソウルメイト信仰」をもつタイプ。もう一つは、努力を注ぐことが恋愛の秘訣だと信じる「解決型マインドセット」をもつタイプです。

当然、ロマンス志向型はソウルメイト信仰をもつタイプです。この考え方が、恋愛のすべての段階でどのような行動をとるかに影響を及ぼします。まずは、どのようにパートナーを探すか。私がマヤに「なぜあなたはシングルだと思う？」と尋ねたとき、マヤは「まだ私のもとに愛がやってきていないだけ」と答えました。マヤにとって、愛とは、雷が落ちるように勝手にやってくるものなのです。なぜ自分から見つけに行かないのでしょうか？　ロマンス志向型は愛を待つだけで、愛をつくるための努力をしません（あるクライアントの女性は、「未来の夫」に同じ飛行機に乗り合わせることを期待して、フライトのたびにドレスアップするけれど、張り切りすぎていると思われるのを恐れて誰にもアプローチしませんでした）。

次に、デート相手を選ぶときにもマインドセットが影響します。ソウルメイト信仰をもつ人の多くは、パートナーの外見について非常に具体的な理想像をもっています。マヤは最初のセッションで、将来の夫の身体的な特徴について並べ立てました。「淡い髪色に淡い目の色、引き締まった肉体。筋肉はあるけれどムキムキではない感じ。センスのあるタトゥー。髪の長さは中くらいね。顔立ちは整っているけど、どこか男らしさもある、ちょいワル系。身長は一八〇センチメートル以上。きれいな手で、深爪していないこと」

ロマンス志向型は将来のパートナーの外見に確固たる自信をもつあまり、そのイメージに合わない人には、出会ってもチャンスを与えません。その結果、すばらしい恋愛の可能性を逃してしまうのです。

「運命の人」だと信じる相手と付き合い始めると、並外れたときめきを原動力に二人の関係を推し進めます。けれど避けようのない障害――たとえば、いつになく熱のこもった大げんか――にぶつかると、関係を修復しようとするのではなくあきらめてしまうのです。

マヤがこれまでの恋愛で行き詰まった理由は、彼女のロマンス志向で説明がつきます。マヤはこう言います。「誰かと付き合うたびに、〝ちょっと待って、なんでこんなに大変なの？〟って思ってしまう。愛って、努力して手に入れるようなものじゃないでしょ？　だからこの人は〝運命の人〟じゃないんだって」

対照的に、解決型マインドセットをもつ人は、恋愛には努力が必要であり、愛とは勝手にやってくるものではなく、行動の結果であると信じています。かれらは恋愛につまずいたとき、あきらめるのではなく、二人の関係を元に戻すのに必要な行動を起こすので、関係を長続きさせます。

もしあなたがロマンス志向型で、長続きする恋愛を望むのであれば、そろそろおとぎの国から抜け出して、解決型マインドセットとともに新たな物語をつくり始めましょう。

誰もがおとぎ話を期待する

ロマンス志向型だけが燃え上がるような大恋愛を結婚に期待するわけではありません。私たちの多くがそのようなロマンスを夢見ます。

しかし、昔からそうだったわけではありません。

事実、歴史上ほとんどの時代において、愛のために結婚するなんてばかげていると思われたでしょう。そもそも結婚とは、経済性と利便性にのっとったものでした。自分の父親の所有地が、相手の父親の土地と隣同士だから結婚する。あるいは、貧しい家に生まれて、相手から結婚と引き換えに牛一二頭をもらえることになったから結婚する。

婚姻史学者のステファニー・クーンツは、「一八世紀後半まで世界の大半の社会において、結婚は、きわめて重大な経済的かつ政治的制度であるため、当事者二人の自由意志にまかせるわけにはいかないと考えられていた。その決定が、愛のような不合理で一時的なものにもとづいてなされる場合は、なおさらのこと」と説明します。

人類がつねに愛を経験してきたことは古代の詩からも明らかです。世界最古の恋愛詩として知られる、四〇〇〇年前のシュメールの「シュ・シン王への恋愛歌」では、「わが王様、あなたを愛撫させてください。わたしの心のこもった愛撫はハチミツよりも甘いのです」と歌われています。しかし人類の歴史の大半において、結婚を決める諸要素に愛は含まれていませんでした。愛とは、婚姻関係以外でするものだったのです。隣人と情事をもったり、地元の鍛冶職人に恋をしたりしていたのでしょう。

アラン・ド・ボトンは、人類の恋愛観がいかに変化してきたか研究しています。彼は哲学者で、人生の意義を設計する短期集中講座「スクール・オブ・ライフ」を主宰しており、『On Love』［訳注：邦訳『小説 恋愛をめぐる24の省察』白水社］と『The Course of Love（愛の進路）』という二冊の恋愛小説が有名です。

アランは私に、人類の祖先が愛をどのように捉えていたか説明してくれました。「愛とは、非常に刺激的で、ある意味病気のような、恍惚の瞬間と考えられていたんだ。日常とはかけ離れた、神からの恩寵のような体験。それは、生涯に一度だけ、我が身にふりかかるかもしれないものだった。通常、それにもとづいて実際の行動を起こすようなものとは見なされていなかった。感情に身をゆだね、熱に浮かされたようなひと夏の若い恋を経験することはあっても、それによって結婚しようとは誰も思わなかった」

愛のために結婚するという考えが広まったのは一七五〇年頃、ロマン主義の時代にまでさかのぼります。愛の詩を吟じる哲学者たちによってヨーロッパで始まった思想運動が、世界中にまで広がったときです。ロマン主義が愛を「病気の一種」から、長期的な関係を求める新モデルへと押し上げました。そのモデルが産業革命により社会一般に浸透しました。機械化が進み、より多くの人々が富を得たことで、ようやく、生活のニーズを満たすためではなく、個人の満足を得るために結婚するようになったのです。

それから数世紀がたったいまでも、ロマン主義が私たちの恋愛観を支配しています。次のロマン主義の理想像を見て、いくつ自分に当てはまるか考えてみてください。

●愛とは直感。感じて、わかるもの。
●ソウルメイトとは出会うやいなや互いに惹かれ合うもの。その相手にのみ心を惹かれ、相手も自分にのみ惹かれる。
●ソウルメイトとは以心伝心で、何も言わなくてもわかり合える。
●結婚相手とは、一生を通じて情熱的な愛をもち続けることができる。
●ソウルメイトこそ、自分が求める唯一の人。親友や旅の友、情熱的な恋人など、あらゆる役割をこなしてくれる。
●よいセックスは結婚成功の証。ひどいセックスやセックスレス（さらに悪いと、浮気）は恋愛関係の終わりを意味する。
●お金の話は色気がない。愛とは、実際的なものではない。

共感する項目が多いほど、ロマン主義的思想の影響を受けているということです。

恋愛関係にこのような展開を期待すると、マヤのように強いソウルメイト信仰をもつようになります。「運命の人」を待ち続け、自分の現実離れした恋愛観にそぐわない人は拒絶して、何年もの時間を無駄にするのです。

ロマン主義的な理想に立ち向かう方法

映画やテレビ番組がロマン主義の甘ったるい理想を固定化してきました。それらが発する愛や長期的な関係についてのメッセージは、間違っているだけでなく有害でもあります。ここでは諸悪の根源をいくつか見てみましょう。

①ディズニー映画の「白馬の王子様」幻想

【ディズニーがまき散らすソウルメイト信仰】

「運命の人」がどこかにいる。わたしの理想通りの相手が。

ディズニー映画は、誰もがいつかは理想の王子様かお姫様と出会い、恋に落ちると言っています。このような思考傾向に苦しむのはストレートの女性だけではありません。私はこれまで、ジェンダーや性的指向の別なく、あらゆるタイプのロマンス志向型に出会ってきました。誰もがそろいもそろって、完璧なパートナー――里親制度に協力する建築家の男性や、博士号をもっているモデルの女性――が現れるのを待っているのです。その相手は、自分が求める資質をすべて兼ねそなえており、悪いところは一つもないはずだ、と。

ディズニーのアニメ映画の中では、登場人物は互いのことをろくに知らずに恋に落ちます。『リトル・マーメイド』でエリック王子の船が転覆したとき、王子がアリエルについて知っていたことといえば、彼を浜辺まで安全に運ぶだけの腕力をそなえたかわいらしい赤毛の女の子、ということだけ。王子はそこに恋をしたのでしょうか？　『シンデレラ』でヒロインが王子に夢中になった理由は、ダンスがうまく、落とし物を正しい持ち主に返そうと努力したから？　少しばかり浅はかではないでしょうか。

【解決型マインドセットの考え方】

白馬の王子様でも寝起きの息はくさい。

完璧な人などいません。あなたもそうです。心当たりがありませんか？　では、誰かをがっかりさせたときのこと思い出してみてください（自分の欠点が思いつかないのであれば、兄弟姉妹の誰かに電話で訊いてみましょう。喜んで教えてくれるでしょう）。

いまこそ、完璧さという呪縛を手放すときです。

マヤのように、あなたも将来の妻や夫の理想像をもっているかもしれません。向かいに住む男の子や大好きな映画スターへの初恋がその原型でしょうか。けれども、その理想の相手の外見は、あなたの期待通りではない可能性があることを受け入れましょう。その人は、あなたの理想より背が低かったり、あるいは高かったり、太っていたり痩せていたり、肌の色や体毛が濃かったり薄かったりするのです。運命の人の外見について視野を狭めていると、目の前の可能性から目を背けてしまいます。あなたが完璧でないのに、どうして相手に完璧さを望むのでしょう？　ダブルスタンダードはいけません。あなたは映画スターではないのですから。

②ディズニー映画の「末永く幸せに暮らしました」幻想

【ディズニーがまき散らすソウルメイト信仰】

恋愛で最大の難関は誰かに出会うこと。それさえ乗り越えればあとは楽勝。

ディズニー映画では、求愛から争い、二人の邪魔をする魔女まで、カップルが結婚にいたるまでの出来事がすべて描かれています。しかしひとたび敵に打ち勝って二人が結ばれると、カップルとしての試練はそこでおしまい。あとは「末永く幸せに暮らしました」。本当に？　まさか。私はこの、恋愛で一番難しいのは出会いであるという誤った考えを、「〝末永く幸せに暮らしました〟の誤謬」と呼んでいます。

【解決型マインドセットの考え方】

恋愛は楽になることなどない。どれだけ健全で価値のある結婚生活でも、努力を要する。

相手を見つけることは簡単ではありませんが、実際の試練はその後にやってくることが多いものです。本当に大変なのは、信頼関係を築き、維持するために日々努力を惜しまないこと。新婚期間もとうに過ぎ、二人の子どもを育てあげて三〇年連れ添ったパートナーを、一日の終わりに愛おしく思うこと。あなたの人生にふりかかる実際的、経済的、感情的、精神的な危機の中で、相手を愛する理由を思い出すことです。

③ラブコメの「すてきな出会い」幻想

【ラブコメがまき散らすソウルメイト信仰】

心配しなくても愛はあちらからやってくる。それも、友達に話したいくらいすてきな出会いになるはず。

ラブコメは、ディズニーのおとぎ話の大人版です。自分で映画のチケットを買うことができる年齢で、不器用な英国人男性に惹かれる人向けのおとぎ話。誰もが、ラブコメは現実には起こらないことを知っています。それでも、ひそかに人類の集合的無意識にすり込まれているのです。とりわけ「すてきな出会い」への期待は高いもの。ラブコメでは、男性主人公と女性主人公が初めて出会う、「すてきな出会い」の場面があります。たとえば二人の登場人物がそれぞれ、ファーマーズマーケットに出かけたとしましょう。現実でもあり得そうなシチュエーションです。あなたがおいしそうなトマトに手を伸ばしたちょうどそのとき、隣のハンサムな青年も同じトマトに手を伸ばす。目が合い、胸が高鳴る。彼は、「祖母のブルスケッタにはこのトマトが欠かせないんだ」と（イタリア語なまりの英語で）説明する。あなたは彼にトマトをゆずる。彼はお礼にカプチーノをおごらせて、と誘い、あなたはそれに応じる。そして一ヶ月後、大げんかののち、ＪＦＫ空港で保安係に両腕を押さえられた彼が、韓国の広告代理店で新たな職に就こうとするあなたに、「行かないでくれ」と懇願する。究極の愛情表明でクライマックスを迎えるのです。

ラブコメは、愛はあちらからやってくるもので、自分から探すものではない、という考えを助長します。ひとめぼれは現実に起こり得るので、すべきことは、日々を過ごすだけ（そしてファーマーズマーケットをうろついて大量のトマトを消費するだけ）。そうすると、いつか未来の花嫁・花婿がどこからともなく現れるはずだ、と。たしかに、パーティーやイベント、あるいは抗議集会など、日常には出会いがあふれていますが、この考えが問題なのは、自分の恋愛に過度に受け身になることを許す点です。

【解決型マインドセットの考え方】
愛には努力が必要——見つけるためにも、維持するためにも。ファーマーズマーケットで待っているだけでは不十分です。誰かを見つけるために努力する必要があります（その方法はPART2で紹介しますのでご心配なく）。恋の魔法は、映画のような偶然の出会いがなくても存在します。見知らぬ二人が出会い、人生をつくりあげることこそ、魔法なのです。どこで、どのように出会うかは重要ではありません。

④ソーシャルメディア幻想

【ソーシャルメディアがまき散らすソウルメイト信仰】

恋愛とは、がんばらなくても手に入るセクシーな愛のフェスタ（映える照明のもとで）。

少なくとも、ディズニー映画やラブコメは虚構であることが明らかです。それに引き換えソーシャルメディアは、まるで現実の世界かのように見せかけるぶん、たちが悪いと言えます。ソーシャルメディアでは、夕焼けに彩られたロマンチックな散歩から、レストランのように盛り付けられた手料理越しにキスする二人の写真まで、よりすぐりの理想の恋愛像が流れてきます。それに比べて自分の恋愛は……と、比較して、悲観するのです。

【解決型マインドセットの考え方】

まずもって、インスタグラムで目にするものは信じないこと。どの画像も、メッセージを伝えるために不要な部分が切り取られ、ぼかされ、ゆがめられているのです。恋愛について言うと、ソーシャルメディア上の画像は、過剰なほどフィルターがかけられた一部にすぎません。泣いている写真や鼻をかんでいる写真は誰も投稿しないように、彼女との痴話げんかや、彼女と付き合い続けるか思い悩む様子を投稿したりはしません。ソーシャルメディアは、このうえなく幸せで情熱的かつ写真映えする恋愛を、誰もが簡単に手に入れているように見せます。それを見ると、恋愛への期待値が天に届くほど高く上昇してしまいます。

恋愛関係にはいいときも悪いときもあります。もしいまの恋愛に苦労しているのであれば、それはいいサインです。結婚生活の大半は、おむつを取り替えたり、洗濯をしたり、お皿を洗ったり、といった日常生活で、それらの取るに足りない出来事はソーシャルメディアにはめったに投稿されません。それでも、そういった日常のささいな瞬間の中にこそ愛が生まれます。

愛とは、フィルター処理された夕焼け写真とはかけ離れたものなのです。

おとぎ話のロマンスから現実の愛へ

私はマヤに、ディズニーやラブコメ、ソーシャルメディアがいかに彼女のロマンス志向を助長しているか説明しました。マヤが愛を見つけるには、彼女の期待を変える必要がありました。マヤは胸の前で腕を組み、眉をひそめて言いました。「私の気持ちがわかる？　なんだか夢をあきらめろって言われているみたい。私の愛の理想像は存在しないって。妥協するか、あきらめるかどちらかだって。他の人たちは物語みたいな恋愛をしているのに、どうして私には無理なの？　どうして私にはうまくできないの？」

彼女の気持ちはよくわかりました。「マヤ、そうじゃないの。あなたには理想と違う恋愛に対して心を開いてほしいだけ。妥協してほしいってことじゃない。白馬の王子様は手が届かないから、二番手とデートするように、って聞こえるかもしれない。違うのよ。そもそも王子様なんて存在しないいんだから」

同じことがあなたにも言えます。そろそろ白馬の王子様には見切りをつけて、現実の誰かを探すときです。たとえば、ラリーという名前の男性はどうでしょう？

なぜなら、それがマヤと結ばれた男性の名前だからです。マヤがラリーと出会ったのは、彼女が休暇中の歯科医に代わって診察をしていたときです。私とのセッションを通して、マヤは、現実の恋愛を見つける妨げとなるソウルメイト信仰を手放すようになっていました。そしていまマヤは、想像もしなかったタイプ――二人の小さな子どもを育てる、バツイチ男性――といっしょに暮らしています。

「彼は猫背で、穴のあいたセーターを着ている。私のためにドアを開けてくれることもない」とマヤはほほ笑みつつ、自分がそのようなうわべだけの特徴を気にしていないことに驚いてもいました。「けれど、彼は私を笑わせてくれる。優しくて、いつもそばにいるように感じる。彼といると、自分がかしこくておもしろい人間みたいに思えるの。安っぽく聞こえるのはわかっているけれど、こんなに幸せなのは初めて」

二人はけんかもします。感謝祭はどちらの家族と過ごすか、マヤの友人のふりをした敵《フレネミー》の結婚式に本当に行く必要があるか、ラリーの飼い犬のための超高級ドッグフードにどれくらいの金額を費やすか。けれどもマヤは、そのようなけんかを間違ったことではなく、ものごとが正しく進んでいる証拠だと捉えています。

「これが私たちのロマンスなのね。二人でささいなことも大切にし、何でもオープンに話している。私たちは同じ人間ではないし、だからこそけんかもする。どんな関係にも努力が必要だとわかっている。私は、ラリーとの関係に力を注ぐことに決めた」

まとめ

1 マインドセットが大切！　**ソウルメイト信仰**から**解決型マインドセット**へ変えられるかどうかが、人生のパートナー探しを左右する。

・ソウルメイト信仰をもつ人は、理想の見た目や雰囲気でないという理由で将来のパートナー候補を拒絶する。愛は自然にやってくるもので、努力は必要ない、もしそうでなければ間違った相手だ、と考える。

・解決型マインドセットをもつ人は、恋愛には努力が必要で、よい恋愛関係は努力の積み重ねによりつくられると考える。

2 ディズニー映画やラブコメ、ソーシャルメディアが助長する**運命やおとぎ話への幻想**が、**愛を見つけ、維持することへの非現実的な期待をつくりあげる。**自分も含めて、完璧な人間などいないことを忘れずに。白馬の王子様も寝起きの息は臭うもの。

3 **「"末永く幸せに暮らしました"の誤謬」が、恋愛の難所は相手を見つけることだという誤解を生む。**実際には、出会いはただの始まりにすぎず、恋愛を持続するにも努力を要する。簡単な恋愛を期待していると、カップルの危機に瀕したときに不意打ちをくらう。

4 そろそろ、ちょっとした欠点もすべて受け入れて現実の愛を探すときだ。

4

「完璧」は「すてき」の宿敵
——完璧志向を克服する

スティーブンは、自分が何をすべきか直感的にわかったためしがない、と言いました。大切なことでもささいなことでも、何かを決めるときはつねに下調べを徹底していました。数ヶ月ごとに転職の面接を受けているのに(「選択肢は多いほうがいいからね」)、転職の気配は一向になし。父の日用のスコッチウイスキー選びには、口コミ評価を読むのに二時間もかけると言います。彼にとってすべての決断は、分解し、分析し、熟考すべき問題でした。スマートフォンのメモアプリは、賛成意見と反対意見を記したリストだらけ。数時間調べれば完璧な答えが見つかるのに、リスクのある選択をどうして受け入れなくちゃいけないんだ?

スティーブンの振る舞いは友人や求人担当者にうっとうしがられることもありましたが、その優柔不断さに本当に困っているのは当の本人でした。それと、彼女のギャビー。

ギャビーとスティーブンは愛し合っていました。付き合いは四年におよび、そのうちの三年間はいっしょに暮らしていました。けれどスティーブンはたびたび、「ほかの女性はどうだろうか？」と考えました。ギャビーのよいところはよくわかっています。ギャビーは看護師で、地域の動物シェルターから引き取った数匹の猫を世話しています。誠実で思いやりがあり、面倒見のよい女性。愛嬌があり、親切で、頭もいい。それでも、どこか足りない。スティーブンは、彼女がもっと社交的だったら、と思っていました。友人を夕食に招いて、抽象的なものごとをとことん語り合うような女性だったらよかったのに。

ギャビーは結婚して家庭をもちたいと思っていました。けれど例によって、スティーブンにはそこまで確信がありませんでした。

スティーブンが覚悟を決めるのを待ち続けて一年。ギャビーはもう限界でした。自分とスティーブンが付き合い始めたあとで交際を始めた友人の結婚式に出席するのはもうたくさん。ある夜おそく、ギャビーは涙ながらにスティーブンに訴えました。「もうこれ以上待てない。婚約するか、別れるかのどちらかよ」

それから数ヶ月間、スティーブンはどうすればいいのか頭を抱えました。婚約したい気持ちはあるのに、どうしても実際にプロポーズすることができませんでした。友人と結婚の賛否を議論しました。問題をじっくり考えるために、長距離を泳いだりもしました。それでも、自分が本当にどうしたいのか、これっぽっちもわかりませんでした。

彼の頭から離れなかったのは、「ほかの人と結婚すれば、あと五パーセント幸せになる可能性があるだろうか？」という疑問です。

マキシマイザーとサティスファイサー

スティーブンは完璧志向型《マキシマイザー》です。マキシマイザーは、できるかぎり最良の選択をすることにとりつかれています。このような性格の特徴を初めて説明したのが、アメリカの経済学者で政治学者、かつ認知心理学者でもあるハーバート・A・サイモンの一九五六年の論文です。サイモンによると、マキシマイザーは、完璧主義者の特殊タイプで、何かを選ぶ際、可能なかぎりすべての選択肢を検討しないと気が済みません。けれども無限に広がる可能性を目の前にすると、そのような強迫観念に気がくじかれ、最終的には何もできなくなります。

その正反対がサティスファイサー(「満足させる」を意味するsatisfyと「十分である」を意味するsufficeの混成語)です。このタイプは、到達すべき基準値はもっているけれども、ほかにもっといい選択肢があるのではないかと過度に心配することはありません。自分の尺度を理解しており、「十分な」選択肢を見つければそれで満足します。妥協しているわけではなく、ある程度の証拠を集めて、満足のいく選択肢であることさえわかれば、気持ちよく決断をくだせるのです。

たとえば二時間のフライトに乗るところを想像してください。飛行機が離陸し、あなたは座席のディスプレイでどの映画を見ようか画面をスクロールし始めます。最初に興味を惹かれた映画を選びますか? 五分後には座席にもたれかかり、『グッド・ウィル・ハンティング』に釘付けになっているタイプでしょうか? それとも、二五分かけて、コメディからドラマ、ドキュメンタリー、外国映画、テレビ番組まで、新作をすべてチェックし、「これだ！」という作品が見つかるまでねばるタイプでしょうか？

　前者のタイプはサティスファイサーの可能性が高く、後者は、間違いなくマキシマイザーです（それぞれは直線の両端に位置するので、直線上の真ん中になることも、あるときにはマキシマイザー、別のときにはサティスファイサーになることもあります）。

　マキシマイザーは意志決定にこだわります。入念に分析することで、最終的によりよい人生を手に入れられると信じています。けれどもそれは間違いです。サティスファイサーはよい決断をできるだけでなく、その決断に満足する傾向があるのです。なぜなら、これは繰り返し言う価値のあることですが、満足することは妥協することではないからです。非常に高い基準値を設けているサティスファイサーもいますが、かれらはその基準に到達した時点で検討をやめます。違いは、検討をやめたら、それ以外の選択肢を気にかけないことです。一方、マキシマイザーは、自分の基準に見合う選択肢を見つけても、すべての可能性を検討しないと気が済みません。

　恋愛について言うと、スティーブンのようなマキシマイザーは、十分に調査を行えば完璧な恋人を見つけることができ、自分の決断に絶対的な自信をもつことができる、と誤解しています。しかし完璧な恋人など（そして絶対的な自信も）存在しません。だからマキシマイザーは苦しみ、決断が遅れ、機会を逃すのです。つまり、サティスファイサーになるほうがいいのです。

なぜマキシマイザーになるのか

不安がマキシマイザーの苦しみの元凶です。かれらは、見逃すことへの不安だけでなく、間違った決断をすることへの不安も抱えています。マキシマイザーは選択肢の幅を広げることで完璧な選択ができ、不安を緩和できると信じます。しかし、間違った決断をすることへの不安が大きなプレッシャーとなり、完璧でないものはすべて失敗のように感じてしまうのです。

私がこのような心境に陥るのは旅行のときです。旅行中、ほぼすべてのことが完璧に進んでいても、間違いが一つでも見つかると（たとえば中心街から離れたホテルを予約していた、など）失敗したと感じずにいられません。「もうちょっと下調べしておけばよかった」と思い、後悔で旅行を台無しにしないよう葛藤します。

長期的なパートナーを選ぶことほど、マキシマイザーを悪化させることはありません。マキシマイザーは間違いを犯すことを恐れます。離婚して一人で子どもを育てることになったらどうしよう？　妻と話すことがないから家に帰るのがいやになることがないだろうか？　結婚に飽きて浮気してしまう可能性は？

人類の歴史の大半において（そして現代でも多くの社会において）、家族や地域社会、宗教指導者が人々の行動を指示してきました。どのような服を着て、何を食べ、どのように振る舞い、何を信じ、そしてもちろん、誰と結婚するのか。いま、個人主義と世俗化が進んだ文化では、自分のアイデンティティを決めるのは個人です。肉を食べるか？　安息日に働くか？　子どもに洗礼を受けさせるか？　シナゴーグで結婚式を挙げるか？　性自認は、男性か女性かそれ以外か？

私たちの生活は、かつては文化や宗教、家族に規定されていたものの、いまはまっさらな白紙状態です。それにより、私たちはありのままの自分を表現する自由を手にしています。同時に、正しい振る舞いをしなければならないというプレッシャーにもさらされています。自分の物語の著者は自分であるので、物語がつまらない責任はすべて自分にあります。「分析まひ」に陥るのも無理ありません。

すべてが宙ぶらりんの状態で、すべてが自分しだいであるとき、私たちは確固たる根拠を求めます。「結婚する前に、一〇〇パーセントの確信がほしいんだ」とスティーブンは言いました。

それこそまさに問題なのです。スティーブンは、いつものように「賛成・反対リスト」を使って正解を導くことが可能だと信じています。まるで、最高の掃除機を選んだり（ダイソン製のV11、星五つの評価が一六〇件）、最高の一日を計画したり（朝五時にサーフィンしておしゃれな穴場カフェでコーヒー。短距離トライアスロンののち、友人二人とそれぞれ会い、ビーチで瞑想。しめくくりは手料理とボードゲーム）するのと同じように、誰と結婚するのが正解か、答えがあると思い込んでいます。実際には正解など存在しないのに。

マキシマイザーの問題点

では、マキシマイザーのほうが好ましい結果を手に入れるのでしょうか？

この疑問については、客観的な結果と主観的な経験という二つの観点から考えることができます。言い換えると、選択の質と、それに対してどのように感じるか、ということです。

たとえばあなたが、朝のコーヒーに特別なこだわりのあるマキシマイザーだとします。家庭用のエスプレッソマシンを調べるのに何時間も費やし、アマゾンのレビューや、ニューヨークタイムズ紙の製品比較コラムを読みあさります。そしてイチオシされているブレビル製のバンビーノ・プラスを購入。いざエスプレッソマシンがやってくると、思っていたほどうまくキッチンにおさまらないのに気づきます。ああ、もっと小さいサイズにすべきだったか。レビューで警告されていた通り、手持ちのコーヒー豆の鮮烈な香りも漂ってこない。そうしてエスプレッソができあがるときには、あなたはいらだち、別の製品にしなかったことをすでに後悔しているのです。

ときを同じくして、サティスファイサーの友人もエスプレッソマシンを探していました。彼女はショッピングモールに行き、ネスプレッソのお店をのぞいて、店員に自分の希望を伝え、手頃な値段のエスプレッソマシンを手に店を出ました。そして、かわいい色合いのカプセルを選ぶところから、ミルクをスチームするところまで、毎日カフェラテを淹れるのがどれだけ楽しいかをあなたに教えてくれます。

以上のシナリオでは、あなたは最高のエスプレッソマシンを選んでいます。あなたのマシンと彼女のマシンを比較したサイトをいくつかチェックすると、あなたのマシンの圧勝でした。

けれど、満足しているのはどちらでしょうか？

サティスファイサーのほうが、はた目にはよくない選択肢を選んだとしても、自分の選択に満足していると答えます。というのも、マキシマイザーはつねに自分の過去の選択を批判するからです。マキシマイザーは二重の苦しみを背負っています。一つは決定に至るまでの苦しみで、もう一つは、間違った決断をすることへの恐怖心です。

心理学者で、『The Paradox of Choice』〔訳注：邦訳『なぜ選ぶたびに後悔するのか：オプション過剰時代の賢い選択術』武田ランダムハウスジャパン〕の著者、バリー・シュワルツは、マキシマイザーとサティスファイサーの違いは決定の質ではなく、その決定にどのような感情を抱くかであると説明します。「マキシマイザーはよい決断をくだしても、結局その決定に満足しない。サティスファイサーはよい決断をくだし、それに満足するのだ」

あなたの目標は何でしょう？　世界一のコーヒーメーカーを手に入れることですか？　それとも幸せになること？　もし幸せを望むのであれば、重要なのは、客観的な結果ではなく主観的な経験です。コーヒーの質も大切ですが、そのコーヒーについてどう感じるかをもっと重視すべきです。

サティスファイサーの知恵

マキシマイザーは決断する前にすべての選択肢を確認したがります。しかしそれは、恋愛においてはとりわけ難しいことです。世界中どころか、住んでいる町の適齢期の独身者全員とデートするわけにはいきません。結婚や、パートナーとの長期的な付き合いを望むのであれば、どこかの時点で、手持ちの情報にもとづいて決断する必要があるでしょう。

マキシマイザーの人はそのような考えに不安を覚えるかもしれません。選んだ相手に満足できなかったらどうするのか？　いいことをお教えしましょう。私たちは、自分を幸せにするための最強のツールを持っているのです。それは、脳。何かを選択すると、それが正しい選択であることを合理化するのに脳がひと役買ってくれるのです。

合理化（Rationalization）とは、自分が正しいことをしていると自分を納得させる能力です。たとえば、三〇日以内なら返品可能な、冬物の高いコートを買ったと想像してください。自宅に持ち帰ったあなたは、そのコートのいい点と悪い点について考えます。コートを返品しないことにしても、頭の中でリストアップした欠点を振り払うことはできません。他方、ファイナルセールで買ったコートなら、あなたはすぐにそれを気に入ったと思い込もうとするでしょう。どうせ返品できないのに、欠点をあげつらう必要なんてありませんから。これこそ、合理化の力です。ぜひ、活用しましょう。

これは恋愛にも当てはまります。誰かと付き合うと、それはよい決断であると脳が思い込もうとします。サティスファイサーはこのような脳の働きを先天的に理解しており、その恩恵を受けているのです。

ここで、「私はべつに〝よい〟決定を望んでいるわけじゃない。妥協したくないだけだ」と思うかもしれません。それはサティスファイサーについてのよくある誤解です。サティスファイサーでも、非常に高い基準値を設ける人もいることを思い出してください。かれらも、合格点に達する選択肢が見つかるまで探し続けるのです。違いは、基準に達するものが見つかれば、それで満足するという点。それ以外にどのような選択肢があるのか、気にしないのです。だから、ぜひサティスファイサーになるために取り組んでください。何よりも最良の選択は、幸せを選択することです。

秘書問題

サティスファイサーのような恋愛ができるようになるために、**秘書問題**として知られる、意志決定の問題をやってみましょう。あなたは秘書を一人雇おうとしています。秘書といえば女性を思い浮かべるでしょうが家父長制にもの申すためにも、男性の秘書としましょう。候補者は一〇〇人おり、一人ずつ面接をしなくてはなりません。面接を終えるたびに、その人物を採用するか別の人を探すかを決めます。不採用にした人はそこで終わり。あとで心変わりしても、その人を呼び戻すことはできません。

最高の候補者を選ぶには、どうすればチャンスを最大限生かせるのでしょうか？　あまりにも早い段階で決断するのは、後方で順番待ちしている強力な候補者を逃す可能性があるので避けたいでしょう。かといって判断を先延ばしにしても、最後の候補者がいまいちな場合もあります。この問題に対しては、数学的に正しい答えがあります。候補者の三七パーセントと面接し、そこでいったん停止して、その最初のグループの中から最高の人物を特定します。その人物が重要な基準値となります。そして残りの面接で、その基準値の人物を超す候補者が現れたらすぐに採用を決めるのです。

この論理は恋愛にも当てはまります。秘書問題では一〇〇人の候補者がいることがわかっていますが、恋愛では、パートナー候補がどれくらいいるのかわかりません。わかったとしても全員と出会うことはできません。それぞれに生活があり、物理的、地理的にも制約があるので無理でしょう。

そこで、付き合う可能性のある相手の総数ではなく、積極的にパートナー探しをする期間で考えてみましょう。三七パーセントルールを時間に当てはめてみるのです。ブライアン・クリスチャンとトム・グリフィスの『Algorithms to Live By』〔訳注：邦訳『アルゴリズム思考術：問題解決の最強ツール』早川書房〕では、結婚を望む独身男性についてこのように書かれています。「パートナー探しの期間が一八歳から四〇歳までだとすると、三七パーセントルールでは二六・一歳が観察から躍動への転換点となる」

つまり、二六・一歳までに、最初の八・一年の恋愛期間から重要な基準値、つまり、これまで付き合った中で最高の人物を特定するのです。そしてそれ以降、出会う人の中から、その基準値を超える最初の人と結婚すればいいのです。

私はこの秘書問題について、ソフトウェアエンジニアのダグに話しました。彼は自分で起こした事業を大手のテック企業に売ったばかりでした。ダグは三、四ヶ月ほどの短い交際を繰り返していました。女性と付き合うたびに、いつも彼女の欠点に目がつきました。あの子はぼくのジョークに笑ってくれたけど、彼女自身にはおもしろみがなかった。前の子は働き過ぎ。今度の子はなまけもの。

この基準値のアイデアを私が説明すると、ダグは相づちをうちながら口をはさみました。「なるほど、わかったよ。ぼくは三一歳だから、すばらしい妻になる可能性のある人とすでにデートしているというわけだね」その通り！

私はダグに宿題を出しました。「昨年付き合った女性全員の情報をスプレッドシートにまとめてみて。彼女の名前、出会い方、彼女といっしょにいるときのあなたの気持ち、共有する価値観をそれぞれ入力するの。他の情報を入れてもいいけど、彼女らの欠点の長いリストや、セクシー度ランキングはいらないから」

「了解。やってみるよ」

次のセッションで、ダグは自分のラップトップパソコンを取り出し、宿題の成果を見せてくれました。「ブリーレ」とページを読み込みながら言いました。「彼女がその人だ」

「その人って？　運命の人のこと？」と私は尋ねました。

「結婚相手じゃなくて、基準値となる人ってこと。彼女はかしこくて、おもしろくて、いっしょにいて楽しい、向上心のある美人だった。ああ、なんで別れちゃったんだろう？　まあ、もうどうしようもない。とにかくブリーレがぼくの基準値だ。次にブリーレと同等か、それ以上に好きになれる人に出会ったら、彼女と真剣に付き合うよ」

さあ、次はあなたの番です。適齢期を決めるために、デートを始めた年齢から、結婚したい年齢までの年数を数えてください。その数字の三七パーセントはいくつですか？　その数字を、デートを始めた年齢に加えてください。それがあなたの三七パーセント地点です。もしあなたがいま三〇代なら、すでにその地点を越えているでしょう。あとはダグに出した宿題をやってみて、あなたの基準値となる人物を割り出しましょう。

心配はいりません。なにも、次に付き合う人と結婚すべきと言っているわけでも、三七パーセント地点を越えている人はもう手遅れだとほのめかしているわけでもありません。あなたはすでに、合理的で情報に基づいた基準値を設定するための十分なデータをもっている可能性が高い、と言いたいだけなのです。**もうリサーチは必要ありません**。次に基準値と同等か、それ以上の人と出会ったら、その人と真剣交際を始めてみてください。

《ヒント》ジェンダー不平等と恋愛のタイムライン

私はフェミニストです。男性と女性は平等であるべきだと信じています。とはいえ、それは男女がまったく同じことを意味しません。生殖システムにおける男女の生物学的な差違は明らかです（これらの区分が全員に当てはまるわけではないこと、トランスジェンダーやクィアの人は特有の課題に直面することは承知しています）。

女性の生殖能力は三〇代で低下します。男性は六〇代後半以降でも子どもをもつことができます（ロバート・デ・ニーロの末っ子が生まれたのは、彼が六八歳のとき。とはいえ、時間が無限にあると思っている男性は、七〇歳の関節炎の手でキャッチボールをするところを想像してみてください）。

親愛なる読者諸姉へ。もし子どもをもつことを望んでおり、自分で出産したいと思うなら、適齢期を考える際にその目標も考慮することが重要です。子どもをもつのにパートナーは必須ではありませんが、何歳までに相手を見つけたいか、という点に影響する可能性があります。

値が張りますが、卵子凍結を検討するのも一つの方法です。かならず子どもをもてることを保証するものではありませんが、いくらかの時間稼ぎにはなります。私自身、三一歳になった月に、パートナーの精子と受精した受精卵を凍結保存しました。私たちはまだ子どもをもつ覚悟ができていなかったので、判断を先延ばしにしたのです。卵も決断もいっしょに冷凍庫に入れたというわけです。

不公平ですが、女性は男性よりも早い年齢で三七パーセント地点に達します。非常に残念ですが、どうしようもないことです。けれども、人生の後半で不意打ちをくらって後悔をするよりかは、いま、この状況を理解し、計画を立てることをお勧めします。

スティーブンの話に戻りましょう。いまだに「ほかの人と結婚すれば、あと五パーセント幸せになる可能性があるだろうか?」と考えていました。ギャビーが最後通告を言い渡した数ヶ月後、二人はふたたび話し合いの場をもちました。スティーブンは指輪購入に向けて何もしていないことを認めました。

ギャビーは彼に別れを告げました。引っ越しの荷物を詰め、お別れのセックスをし、ソーシャルメディアのプロフィール写真を新しくしました。

一方でスティーブンは、半分空になったアパートの部屋で一人、座り込んでいました。ソファもテレビも鏡台もなし。あるのは、ベッド一台と数脚の椅子、そして徹底調査の末に購入した超軽量のキャンプ道具だけ。

そのときには、スティーブンがまた私に連絡をくれるとは思いもしませんでした。これまで彼と似たタイプの人たちを見てきた経験から、スティーブンもまた新しい女性に出会い、しばらく夢中で付き合うけれど、一〇〇パーセントの確信をもてないと言ってまた別れるのだろうと思っていました。

ところが一年後、スティーブンが電話をくれました。

「ある人に出会ったよ」と彼は言いました。「残りの人生をずっといっしょに過ごしたいと思う人に」

私は驚くのと同時に、わくわくもしました。「詳しく聞かせて」

「この前の週末、いっしょに遠出したんだ。自転車に乗って、いっしょに料理して、セックスをした。この人こそ、ぼくの結婚相手だって思ったよ」

幸せそうな彼の話を聞いて、私も嬉しくなりました。でも、訊かずにはいられない質問があります。「例の頭の中の声はどうしたの？〝あと五パーセント幸せになる可能性があるだろうか〟ってやつは？」

彼は笑って答えました。「ああ、簡単じゃなかったよ。けれどがんばった。いまは彼女と経験を共有できることに感謝している。他の誰かとの可能性について考えることももうない。わかっているのは、この人となら人生をつくっていけるってことだけだ。このうえない人生をね」

スティーブンはサティスファイサーになることを学んだのです。不安と不確実さを受け入れること。徹底的とはほど遠い下調べにもとづいて決断することを。彼は努力して、自分のせりふの最後に入れる句点を、マキシマイザー特有の不安げなクエスチョンマークから、サティスファイサーの自信に満ちたピリオドに変えたのです。

最初、このスティーブンの話は、「**〝完璧〟を〝すてき〟の宿敵にしてはいけない**」という教訓になるかと思っていました。でもいまは一つの成功物語としてお話しできます。マキシマイザーの皆さん、自分に幸せのギフトをあげてください。満足というギフトを。

まとめ

1 **完璧志向型は正しい決断をすることにとりつかれている。**このタイプは決断をくだす前にすべての可能性を検討したがる。決めたあとでさえ、逃したものについてくよくよ思い悩む。**サティスファイサーは自分が求めるものを理解しており、自分の基準を達成したら探すのをやめる。**かれらは妥協するのではなく、決断をくだしたら他の可能性について悩まないだけ。

2 研究によると、**サティスファイサーのほうが幸せである可能性が高い。**なぜなら、決断そのものではなく、決断に対してどう感じるかが満足につながるからだ。

3 **現代の恋愛事情が私たちの多くをマキシマイザーにする。**誰に対しても満足できず、ほかにもっといい人がいるのではないかと考える。恋愛におけるマキシマイザー傾向は、精神的な苦痛をもたらし、決断を遅らせ、チャンスを逃すことにつながる。

4 マキシマイザーはパートナー選びに正解があると考えるが、それは間違いだ。**「秘書問題」の戦略を当てはめると、最高のパートナーを選ぶために必要な恋愛経験をすでにもっている可能性が高い。**つまり、「ほかにいい人がいるかも」と悩む必要などないということ。**合理化の力を活用して、自分の決断を受け入れよう。**

5

とにかくデートへ出かけよう

――尻込み気質を克服する

新しいクライアントのシェイと会ったのは、サンフランシスコの繁華街、シェイの仕事場から数ブロックほど離れた人目につかない中庭でした。彼は三五歳で、身長は一八〇センチメートル越え（あとで聞いたところによると、サンフランシスコのユダヤ人恋愛市場ではこれはかなりのアドバンテージであるとのこと）。

シェイについてほとんど知らないまま、私はミーティングに臨みました。彼は自信に満ちており魅力的に見えました。コーヒーを買うためにシェイがレジの順番を待っているあいだ、私は席について、なぜ彼が私に助けを求めて連絡をよこしたのか推測していました。誰と付き合うか決められないタイプかしら？　実りのない関係を終わらせたいとか？　それとも、失恋の痛手から立ち直りたいのかもしれない。

シェイが戻ってきて、カフェラテを手渡してくれました。「ええと、最初から話したほうがいいでしょうね」と彼は話し始めました。「私はいままで女性と付き合ったことがないんです。

いや、高校のときに一人だけ彼女っぽい人はいたかな。けれどそれ以来ずっとご無沙汰で」

私は彼の恋愛経験の少なさに驚きました。「その理由に心当たりは？」

「いつまでたっても心の準備ができないんです」とシェイ。「まずは、仕事をきっちりやりたかった。それですごくいい仕事に就いたけど、次は妻を養うのに十分なお金を稼がなくちゃ、って。で、まあお金も稼げるようになったんですが、今度は自分の心の準備を先に整えたくて、セラピーに通い始めました。いまは転職したばかりなので、新しい仕事に慣れるまではまだ付き合えないって思ってしまうんです」

シェイはゆくゆくは結婚して家族をもちたいけれども、そのための準備がまだ整っていないと思っていました。彼が私に連絡をしてきた理由は、両親からプロに助けを求めるようプレッシャーをかけられたから、というだけでした。

あなたはこの話を聞いて、「なるほど。彼なら大丈夫。準備ができたら恋愛を始められる」と思うかもしれません。

けれども、もっと詳しく話を聞いてみると、シェイはすでに準備万端であることがわかりました。大企業の弁護士を一〇年務め、経済的に安定しています。自分のことをよく知っており、人間的にも成熟している。趣味はギターを弾くこと（彼いわく「下手だけど」）。友人もおり、家族との仲もいたって良好でした。

私はこれまで、シェイのようなクライアントをたくさん見てきました。すごくモテそうなのに、積極的に恋愛をしないタイプ。私はこの手の人たちを**尻込み型**と呼んでいます。かれらが私に相談に来る理由は、恋愛をすべきだと感じるけれど、なかなか行動に移せないからです。デートに出かけない理由を尋ねられると、「〜したら」の言い訳を繰り出すのです。

「あと五キロ痩せたら……」

「仕事で昇進したら……」

「大学院を卒業したら……」

「出会い用のプロフィール写真を撮り直したら……」

「仕事が一段落ついたら……」

誰もが何かしら改善したいと思うものです。しかし、そのような向上心が言い訳になることもあります。たしかに、恋愛を始めるのは怖いもの。恐怖心が尻込み型を怖じ気づかせます。拒絶される恐怖、失敗する恐怖、完璧でない恐怖。かれらが恋愛を避けるのも無理ありません。挑戦しなければ失敗することもないのですから。

けれど、一〇〇パーセント準備が整うのを待っている人は、自分が見逃しているものを過小評価しています。

なぜ、待つのは間違いなのか

どんなことでも——おそらく恋愛はとくに——準備が完璧に整うことはありません。

完全に自己実現できたと思えるまで待ちたい気持ちはわかります。せっかく理想の相手に出会えたのに、時期尚早で拒否されるなんてたまりません。

尻込み型の人は、いつか、朝目覚めると「準備ができた」と思える日がくると思っています。けれどそんなことは現実には起こり得ません。人生とはそのようなものではないからです。気後れすることは誰にでもあります。大半の人はプレッシャーのかかる状況で不安を感じます。多くの人が、人には見せたくない一面をもっています。それでも、そのような人たちが、デートに繰り出し、キスをし、恋に落ち、別れを経験し、また恋に落ち、結婚するのです。つまり、どれだけ自分が完璧でなくても、とにかく外に飛び出して恋愛を始めなくてはならないのです。みんな、完璧ではないのです。あなたが生涯をともにする人でさえも。

それに、昇進や五キロの減量など、あなたが思い描く「完璧な状態」を達成し、恋愛関係を始めたとして、その愛は条件付きなのでしょうか？　あなたの恋人は、あなたが無職になったり、金銭的なピンチに陥ったり、チェダーチーズをむさぼり食うのがやめられなくなったり、一〇キロ太ったりすると、あなたを捨ててしまうのでしょうか？

恋愛するのを待ってばかりいると、あなたが思っている以上のものを逃します。経済学者がよく使う言葉を借りると、意志決定における**機会費用**（Opportunity Cost）というもので、ある選択肢を選んだときに払う代償を指します。たとえば、選択肢Aと選択肢Bという、相反する選択肢のどちらかを選ばなければならないとき、選択肢Bを選んだ場合、選択肢Aをあきらめることにより生じる代償が機会費用です。この概念を理解するために、簡単な例を考えてみましょう。

あなたは、大学院に進学すること（選択肢A）と現在の仕事を続けること（選択肢B）のどちらかを決めるとします。二年間の授業料と生活費は、二〇万ドル。そこで、大学院進学にかかる費用はどれくらいかと尋ねられれば、あなたは「二〇万ドル」と答えますね？

それは間違いです。機会費用を含めていないからです。大学院に進学するとフルタイムで働き続けることができないので、大学院進学にかかる総費用には、あきらめざるを得ない現在の給与額も含まれます。つまり、大学院進学の総費用は、授業料と生活費の二〇万ドルに、進学せずに働き続けた場合に二年間で稼ぐ金額がプラスされるのです。「二〇万ドル」プラス「二年分の年俸」というわけです。

あるいは、友人のサマンサがバーで行う誕生日パーティーと、職場の同僚、デビッドの引っ越しパーティーのどちらに行くかを決めるとしましょう。サマンサのパーティーに行く場合の費用には、そこで過ごす時間だけでなく、バーで使うお金や、翌日の二日酔いの気分の悪さも含まれます。デビッドや他の同僚と仲良くなるチャンスを逃すことも、機会費用になります。

恋愛に当てはめて考えると、尻込み型は、「もっと自分に自信をもててから」「もっとお金ができてから」と、そのときが来るのを待ちます。けれどもそれは、始めないことの機会費用を軽視していることにほかなりません。

学ぶチャンスを逃している

機会費用の一つ目は、学ぶ機会を逸していることです。さまざまな人と付き合ってみなければ、自分の好みがわかりません。デートの大半は繰り返しなので、時間をかけて学びながら少しずつ変えていくものです。とくに、パートナーに対する好みや価値観は間違っている可能性が高いものです（詳しくは第8章で）。何かを欲して、試してみてようやく、それを望んでいないことに気づく。学んで、前に進むのです。たとえば、マダガスカルをヒッチハイクで旅したことがあり、自分でズボンを縫う、自由奔放で浮世離れしたシルク・ドゥ・ソレイユのパフォーマーのようなミステリアスな人物に惹かれるかもしれません。数ヶ月ほど付き合った結果、神秘的な雰囲気に最初は惹かれたけれど、本当は温かくて愛情にあふれた（かっこいいズボンを持っている）パートナーを求めていることに気づくかもしれません。付き合ってみなければ、どういう人物と長い時間をともに過ごしたいか気づけないのです。

私のクライアントのジンを例に見てみましょう。彼女は三一歳で、初めての恋愛に挑んでいます。彼女は子どもの頃から引っ越しが多く、長く付き合う友人グループはおろか、女友達一人もできませんでした。勤勉で、ひっこみじあんな大学生活を送りました。新しい友達はできましたが、大学生の恋愛や求愛活動にはとうていなじめませんでした。「どうアプローチすればいいかわからなかった」とジンは打ち明けました。「そんなの一度も習ったことがないもの」

大学卒業後、ジンは広告代理店にインターンとして入り、トップのコピーライターにまで上り詰めました。彼女はあこがれの自分――都会的でおもしろく情熱的――へと成長しましたが、恋人はいませんでした。あまりにも気後れしすぎて、挑戦するのを先延ばしにしていたのです。

いま、ジンは自分の経験不足がパートナー探しを難しくしていることを実感しています。「私は実験し損ねたのね。自分の好みのタイプがわからない。その情報が不足しているから、パートナーを見つけるのがほかの人よりずっと難しいみたい」

デートは筋トレ

デートを先送りする尻込み型は、デートのスキルを磨くチャンスも逃しています。デートのやり方は自然に身につくもの、と信じるクライアントの多いことといったら！　デートは簡単ではありません。ほかのものごとと同様、習得するには時間がかかるものなのです。

私はクライアントに「レップ」が必要であると教えています。レップとは、筋力トレーニングで、ある動作を繰り返すことを指します。筋トレではレップ数を増やすことで筋肉を鍛えます。恋愛も同じで、デート回数を重ねることで「デート筋」を鍛えるのです。

デートに出かけずに家で「自分はまだ準備不足だ」と考えているあいだにも、あなたと似たようなほかの誰かは最初のデートに出かけています。かれらは話をするスキル、話を聞くスキル、そしてフレンチキスのテクニックを練習しています。デート筋をつけるレップ数を稼いでいるのです。

ジンはいまだに自分が半人前であると感じています。彼女いわく、「やっと人生の試合に出る準備ができたのに、ルーキーにありがちなミスをしちゃうの」。実際、最初は誰でもそのようなルーキーのミスをします。デートを始めた年齢に関係なくミスはつきものですので、いますぐとりかかったほうがいいでしょう。

デートとは、スタンダップ・コメディ〔訳注：一人で行う漫談〕とどこか似ています（願わくば、ヤジの飛ばされんことを)。どちらも観客がいてこその芸です。コメディアンがよく言うのは、家でジョークを思いついてもそれはただの台本にすぎないということ。観客の前に立って披露して初めて、ジョークになるのです。かれらは、初公演で会場中を笑いの渦に巻き込むことなど不可能だとわかっています。何度もやってみて学ぶ必要があるのです。だから、若手コメディアンは熱心にステージで場数を踏んでいます。ネットフリックスのコメディ番組、『アリ・ウォンのオメデタ人生?!』でブレイクする前のアリ・ウォンは、観客が芸を披露できるオープンマイクに毎晩通い、小さなクラブで何度もネタを練習していたそうです。

デートもまったく同じこと。おもしろい質問の仕方や人の心のつかみ方、初めてのキスの仕方を練習する必要があります。レップ数を稼ぎましょう。「準備中だから」と一人でだらだら時間をつぶしていても、これらのスキルはちっとも身につきません。デート筋をつける唯一の方法は、実際にデートすることです。

尻込み気質を克服し、デートを始める

行動科学では、世にも恐ろしい**意図行動ギャップ**(Intention-Action Gap)と呼ばれるものがあります。何かをしようと意図しても、実際の行動につながらない状態のことです。あなたはデートを始めようという意図をもっています。けれど、デートをしたいという気持ちと実際の行動のあいだにギャップがあるのです。そんなあなたの役に立つ、行動科学のテクニックを紹介しましょう。前述のジンもこのテクニックを使って、いくつもの初デートでの失敗を乗り越

え、ちょっとましな二度目、三度目、四度目のデートを経て、初めての彼氏ができました。

ステップ1：締め切りを設ける

締め切りは人に行動を起こさせるのに効果てきめんです。とくに短めの締め切りが有効です。たとえば、銀行からパスワード変更を求めるメールが届いたと想像してください。そのメールには締め切りが書かれていません。さて、あなたがパスワードを変更する確率は？　変更の意図はあっても、いつでもできると思うと行動を起こす前に忘れてしまいがちです。それが意図行動ギャップにはまっている状態なのです。

では、そのメールに「本日中にパスワードをご変更ください」と記されているとどうでしょう？　この場合、具体的な締め切りが迫っています。締め切りに遅れないよう、すぐにパスワードを変更するか、その日のうちに時間を確保するようにするでしょう。どちらにせよ、締め切りが短いと行動を起こす確率がずっと高くなるのです。

短いけれど実現可能な、絶妙な締め切りの効果について研究が進んでいます。行動科学者のスザンヌ・シューとアイレット・グニージーは、人々がパン屋のギフト券を引き換えに訪れる確率を観察しました。ギフト券の有効期限が二ヶ月ある場合、菓子パンの引き換えに訪れた人は一〇パーセント以下でした。しかし、有効期限が三週間しかない場合、三〇パーセント以上の人が引き換えに来たのです。最初の実験では、人々はあとでできると思い、行動を先延ばししました。他方、締め切りが迫っている場合、チャンスを逃すかもしれないという意識が高くなり、より迅速な行動につながったのです。

尻込み型は、恋愛の最初の一歩の締め切りを設けましょう。私のお勧めは、いまから三週間後です。それだけの時間があれば最初にやるべきこと——このあと紹介するデート前の準備——ができますし、かといって、いまの勢いをくじくほど遠い未来でもありません。

ステップ2：準備

締め切りを設けたら、デート前の準備にとりかかりましょう。マッチングアプリをダウンロードしてください。デート用の勝負服をそろえましょう。他者の話に注意深く耳を傾け、うまく人付き合いするために話し方教室に参加するのも一つの手です。友人と夕食をともにする機会があればチャンスです。自分のことばかり意識する（「自分はいい印象を与えているだろうか？」）のではなく、友人の話に興味をもって真剣に聞いているか（「この人は何を伝えようとしているのだろう？」）を確かめましょう。

デートは長らくご無沙汰という人は、デート用の写真を撮ってください。私のクライアントの一人は、アプリで出会うのに戦々恐々としていました。彼女の口癖は「プロフィール向きの写真がないんだもの」。そこで私は、すてきな顔写真を撮影するために投資するよう彼女を説得しました。写真が仕上がってようやく、彼女の覚悟ができたのです。彼女はアプリをダウンロードし、写真について「正の強化」［訳注：ある行為に対して報酬をもらうことで、その行為への動機が増すこと］を受け取り、翌週にはデートに出かけました。なにも、プロに写真撮影を依頼する必要はありません。映える照明と、まともなスマートフォンをもった友人がいれば十分です（ポートレートモードをお忘れなく！）。

準備の一環として、セラピストやデートコーチに相談するのもいいでしょう。自分が尻込みしてしまう原因や、口に出せない恐怖、前に進む邪魔をする過去の出来事などに気づくようになるでしょう。けれど、セラピー通いをデートを始めない言い訳にしてはいけません。セラピーは応急処置ではありません。ほんの数週間で完璧な自分に生まれ変わり、「準備万端」になれるなんて期待しないこと。セラピー通いは恋愛と同時進行で取り組んでください。

ステップ３：人に話す

自分の目標を他者に公言すると、目標達成に専念できるようになります。社会心理学者のケビン・マッコール率いる研究チームが、これを興味深い実験で実証しました。実験では、非常に難しい試験を間近にひかえた学生を二つのグループに分けました。一つのグループには、目標とするスコアをグループ内で共有するよう指示しました。もう一つのグループの学生には、それぞれの目標点を秘密にするよう言いました。その結果、目標を共有したグループの学生のほうが目標達成に向けて努力し、テスト勉強に多くの時間を費やしたため、目標スコア到達率が二〇パーセント高かったのです。

近しい友人や家族の二、三人に、デートに出かけることを伝えましょう。締め切りも共有してください。目標を公言すると、自分のメンツを守るためにやる気が出ます（ボーナスポイントとして、恋愛目標を自分の周囲の人に共有すると、かれらが出会いのお膳立てをしてくれる可能性もあります。詳しくは第9章の実践的なヒントをご覧ください）。

ステップ4：新たなアイデンティティを手に入れる

誰もが、娘、友人、ビヨンセのファン、ランナーなど複数のアイデンティティをもっています。そのときどきで、どのアイデンティティを使うかによって振る舞い方も変わります。スタンフォード大学とハーバード大学の研究グループが、それらのアイデンティティの一つを強化するだけで、人々の行動を変えられることを明らかにしました。調査対象となったのは、選挙が行われる週の登録有権者でした。研究チームは一つのグループには「投票することはあなたにとってどれくらい重要ですか？」と尋ねました。もう一つの、属性の似たグループに対しては少し言い方を変えて、「この選挙で有権者であることはあなたにとってどれくらい重要ですか？」と尋ねました。その後、投票記録を分析し、誰が実際に投票所にやってきたかを調べました。結果、投票に訪れたのは、有権者であることを尋ねられた人々のほうが、単に投票という行為について尋ねられた人々よりも一一パーセント多かったのです。

どちらのグループの人々も、投票するという意図はあったかもしれませんが、自分自身を有権者と捉えるよう後押し《ナッジ》された人々のほうが、計画を最後までやり通す傾向が強かったのです。かれらは自分たちを、ただの投票する人ではなく、有権者だと見なしました。そのようなアイデンティティが強化されたため、投票所を訪れて投票する確率が高まったのです。

デートへのやる気を引き出すのにもこの方策を応用できます。ただデートに出かける人としてではなく、デートの達人としてのアイデンティティを強化しましょう。鏡の前に立ち、声に出して「私は愛を求めている。私はデートの達人だ」と言ってみてください。ばかげていると思うでしょうか？　まだデートに出かけていない人はなおさら、恥ずかしいと思うかもしれません。でも、試す価値はあります。

かつてのクライアントのジェイコブは、最初の相談で自分のことを「ものすごく太っている」と言いました。彼いわく「母もでぶ、父もでぶの、でぶっちょ家族」とのこと。

ジェイコブは非営利団体の人材開発チームで働いていました。新入社員を迎え入れ、一週間の職場研修を実施するのが彼の仕事でした。「新しい出会いはいくらでもある。そこは問題ない。でも誰かの前で裸になるなんて想像もできないから、デートなんて考えたくもない。なんの意味も見いだせないよ」

ジェイコブは、「過去に減量を試したけどつい食べちゃうから、結局は体重に不満のあるシングルのまま」と説明してくれました。私は毎週、ジェイコブを、「痩せたらデートに出かける人」ではなく、「デートの達人」に仕立て上げようとしました。ジェイコブは鏡の前での自己暗示にも取り組みました。いやいやながらも、トライしたのです。

ある日、私は、ネットフリックスで『クィア・アイ　外見も内面もステキに改造』を連続して見ていた影響もあり、いつものセッションの代わりにジェイコブを買い物に連れ出しました。そろそろ、彼の体にご褒美をあげる頃合いでした。

試着室から出てきたジェイコブは「すごい。ぼく、けっこうイケてるかも」と言いました。大成功！　一〇代のおしゃれな店員に手伝ってもらったおかげで、ジェイコブはこれまで二サイズも大きい服を買っていたことが判明したのです。彼はモテそうなジーンズ、ジャケット、シャツを新たに購入しました。

それから一ヶ月のあいだは、ジェイコブの自己肯定感の向上に取り組みました。一生実現しないかもしれない新しい体型を待ち望むのではなく、彼の長所――きれいな目や悪ふざけのユーモアセンスなど――に目を向けました。

やがて、デートの達人としての彼のアイデンティティが強まっていきました。ずっと続けている鏡の前の自己暗示エクササイズも、いくらかましに感じるようになっていました。マッチングアプリをダウンロードし、一週間に一度はデートに行く努力を続けました。そしてある週末、デンバーからサンフランシスコを訪れていた大学時代の旧友と再会しました。散歩しながら、ジェイコブは彼女に自分のデート遍歴を語りました。そのとき初めて、彼女はジェイコブを恋愛対象として見るようになったのです。

次に彼女がサンフランシスコを訪れたとき、二人はデートに出かけました。そしてその次のときも。ジェイコブも彼女を訪ねてデンバーへ行きました。そしてまた彼女がサンフランシスコにやってきて……というのが一年続きました。そしていま、ジェイコブは彼女と暮らすためにデンバーへ引っ越したばかりです。最後に話したとき、彼はとても幸せそうでした。ついに、手に入ることなどないと思っていた、幸せで健全な恋愛を手に入れたのです。

彼がなくしたのは体重ではなく、窮屈なアイデンティティでした。自分のことを、「そのうちデートする人」ではなく、「積極的なデートの達人」と見なしたのです。自分の見方を変えたのが決め手でした。

あなたも、自分をデートの達人であると思ってください。すると、周りの人も同じようにあなたを見るでしょう。

ステップ5：小さく始める

ビートルズじゃないのだから、一週間に八回《エイト・デイズ・ア・ウィーク》もデートする必要はありません（ビートルズの曲「エイト・デイズ・ア・ウィーク」とかけたギャグってわかったでしょうか?）。心理学者のエドウィン・ロックとゲーリー・ラザムは、具体的な目標設定が目標達成の確率を上げるだけでなく、モチベーションと自信、自己効力感を引き出すことも発見しました。

私はクライアントに、基本的に一週間に少なくとも一度はデートをするよう勧めています。デートのために積極的にスケジュールを空ける必要があります。クライアントの一人は、毎週水曜日の仕事後にデートをするという目標を立てています。これは、一貫しており、単調な一週間にメリハリを与え、期待感を生むスケジューリングです。さらに、デートがうまくいけばその相手と週末にまた会うこともできます。

ステップ6：自分をいたわる

おわかりの通り、デートとは大変なものです。あなたはおそらく初めて、外の世界に出て行くのでしょう。怖くて当然。傷つくこともあるかもしれません。あるいは誰かほかの人を傷つけるかもしれません。

デートが思っていたようにうまくいかなかったら、親友に語りかけるように自分をねぎらいましょう。友人が電話をかけてきて、「もう、なんなの。こんなのうまくいきっこない。私には無理みたい」と言うところを想像してください。

あなたはどう答えますか？　相手のネガティブ思考に同調する？　まさか。おそらく励ましの言葉をかけるのではないでしょうか。「元気だして。たった一回のデートじゃない。外の世界に飛び出したのはいいこと。今回は失敗でも、学びがあったでしょ」

自分自身のチアリーダーになりましょう。いたわりの気持ちを自分自身に向けてください。

これが、この章の最初に登場した、尻込みタイプのシェイにとって重要な鍵となりました。シェイは私に相談するかたわら、セラピストとも毎週セッションを行い、将来の自分の理想像ではなく、いまの自分自身を受け入れられるようになりました。彼はいまも独身で、デートを重ねています。

さあ、次はあなたの番です。すぐに始めましょう。いまやらなければ、いつやるというのでしょう？

◆エクササイズ◆ **準備のためのチェックリストを完成しよう**

・以下の日付までに真剣にデートを始める（　月　日）
・マッチングアプリを少なくとも一つはダウンロードする
・プロフィールに使える写真を五枚以上集める
・デート用の服を二種類準備する
・デートを始めることを友人二人以上に伝える
・鏡の前で、「私は愛を求めている。私はデートの達人だ」（あるいはもっと簡単に、「私はデートの達人です」）と唱える
・一週間に一度はデートに出かけることを誓う
・自分自身をいたわる話し方――小さな子どもや親友に話すような――を練習する
・邪魔が入って勢いがそがれても、尻込み気質に甘んじるのではなく、何度でも挑戦する

元恋人との縁を切る

最後に一つだけ。これまで、尻込み気質のクライアントの多くが、なかなか真剣にデートに乗り出せない原因として、元恋人への未練をもっていることに気づきました。これはデートに挑む人全員に言えることがですが、元恋人との縁は切りましょう。

元恋人をキープしておきたい（恋愛対象、あるいは恋愛に発展する可能性のある相手として）と思うかもしれません。心変わりしたときのために選択肢を残しておきたい、と。そのような直感は、本書でとりあげるほかの多くのものと同様に、間違っています。元恋人をキープしておくと、前に進むのが簡単になるどころか、ややこしくなるのです。

これは研究で実証済みです。実験の一環として、ハーバード大学の心理学者、ダニエル・ギルバートとジェーン・イーバートは学生向けの二日間の写真撮影ワークショップを実施しました。学生はキャンパス周辺の写真を撮り、インストラクターの指導のもとでフィルムを現像しました。そしてワークショップの最後で、インストラクターが学生に、ロンドンで行われる特別展示会に出展する写真を、現像した写真の中から一枚だけ選ぶように言いました。あるグループの学生は、写真を選んでその日のうちに送らなければならず、あとで変更することはできないと伝えられました。もう一つのグループは、いま一枚だけ選び、数日後に電話で変更したいかを尋ねられることになりました。

インストラクターが二番目のグループの学生に写真の変更を希望するか尋ねたところ、変更を希望した学生はほとんどいませんでした。のちに研究者が学生を調査すると、写真を変更できなかったグループの学生のほうが、変更できたグループよりも満足度が高いことがわかりました。後者のグループのほとんどの学生は最初の選択を変えなかったにもかかわらず、なぜ満足度が低かったのでしょうか？

私たちは本能的に、不可逆な決断よりも、変更可能な決断を好みますが、長い目で見るとこの柔軟性が幸福度を下げることがよくあります。返品可能な新しいスマートフォンを選んだり、予約の変更ができる航空券を買ったり、イベントの参加可否に「たぶん」と答えたりと、あとで気が変わっても対応できる状態を人は望みがちです。けれど、写真を変更できた学生と同様に、私たちはあとで変更できると思うと、その決断にコミットしなくなります。そのようなコミットメントこそ、幸福になくてはならないものです。

前述したように、人は何かに専念すると、脳が合理化という魔法のプロセスを開始して、自分は正しい決断をしたと思い込もうとします。過去にさかのぼり、選んだものに対しては肯定的な要素を、選ばなかったものに対しては否定的な要素を考えるようになります。実験で写真を一度しか選べなかった学生は、すぐに写真選択に専念したため、合理化プロセスもすぐに開始されました。他方、選択を変えるチャンスをもらった学生は、他の写真を品定めしながら、あれこれ考えて数日を過ごしました。これにより疑念が生まれ、たとえ最初の写真のまま変更しなかったとしても、不確かさが残ったのです。脳が受け入れて前に進めば、その決断についていつまでもくよくよ考えることはありません。

言い換えると、人間は変更できる決断を求めるけれど、変更できない決断のほうが長期的には幸せになれるということです。恋愛対象として元恋人をキープしておくと、別れが変更できる決断になってしまいます。変更できない決断にして、前に進みましょう。

昨晩、惰性で元恋人とチャットしませんでしたか？　もしいまだに彼・彼女に恋心を抱いており、元のさやに戻れるかもとひそかに期待しているのであれば、次の「元恋人をさっさとブロックする六つのステップ」を試してください。

1. 大きく深呼吸。
2. スマートフォンを手にとる。
3. 彼・彼女の電話番号を削除する。
4. ソーシャルメディアでも、メールでも、ベッドの上でも、すべてで彼・彼女をブロック。相手の母親や妹があなたをフォローしているなら、彼女らもブロック（手厳しく思えるかもしれないけれど、元恋人が新しい恋人とヤドリギの下でキスしている写真を、母親が投稿してくる悲劇から未来の自分を守らないと）。
5. 今度こそ、彼・彼女の番号を徹底的に削除する。どうせどこかに保存しているんでしょ？お見通しです。
6. スマホを燃やす（冗談です。とはいえ、実際、最初のうちはスマホを見る時間を減らしたほうがいいでしょう）。

やり過ぎのように思えるかもしれません。とはいえ、元恋人のインスタグラムやフェイスブックをときどきチェックするのは有害です。それは心理学者のタラ・マーシャルとアシュリー・メイソンが実証しています。ある研究論文で、マーシャルは「フェイスブックで元恋人の情報を見ることは癒やしのプロセスを妨げる可能性がある」と書いています。メイソンは、元恋人と話すことが、心の健康を悪化させると指摘します。そしてお願いですから、元恋人と寝ないでください！　メイソンによると、「元恋人とのセックス」が前に進むのを難しくするそうです。つまり、元恋人につきまとう（あるいは寝る）のは、彼・彼女を乗り越えるプロセスを遅らせるのです。

　だから、自分のためにドアを閉めましょう。元恋人と話すのは禁止です。変更できる決断を変更不可にしましょう。

まとめ

1 **尻込み型は、まだ100パーセントの覚悟がないからと、デートに出かけるのを先送りにし、**ひたすら努力を続けようとする。**けれど100パーセント準備が整ったと思う人はいない。**どこかの段階で、一歩踏み出さなければならない。

2 **「完璧」なんて嘘っぱち。**誰もが不完全なもの。あなたの未来のパートナーでさえも。

3 **尻込み型はデートを先送りにすることで、デートスキルを身につけるチャンスや、自分の好みのタイプを知る機会を逸している。**

4 **尻込み気質を克服する方法**

・自分に締め切りを課す
・新たなデート生活に向けて準備する
・他者に自分の計画を話す
・「デートの達人」としての新たなアイデンティティを手に入れる
・小さな目標から始める
・自分自身をいたわる
・元恋人との縁を断ち切る！

6

愛着スタイルを知る
——自分の愛着スタイルに対処する方法

ビビアンとはバレエのバーを使ったエクササイズのレッスンで出会いました。彼女はいつも一番乗りで教室にやってきて、レッスンが始まる前からお尻の引き締めエクササイズやマイクロスクワットに熱心に取り組んでいました。私も、いい場所をとるために早めに教室に着くのが好きでした。私たちは毎週顔を合わせ、クラスのインストラクターが遅刻しても二人とも不機嫌が顔ににじみ出ないよう努めました。

ある朝、私たちはおしゃべりをして、共通点がたくさんあることを知りました。東海岸に共通の友達がいること。同じ年にサンフランシスコに引っ越してきたこと。近所のお気に入りのカフェも同じ。私たちはレッスンのあとでいっしょにそのカフェに通うようになりました。

彼女が打ち明け話を始めたのもそのカフェにいるときでした。「私が好きになる人は誰も私を好きになってくれないの。かといって私のことを好きな人は、みんな退屈」注文の列に並びながら、ビビアンは周囲に目をやり、声を落として言いました。「どうすればいいと思う?

妥協するしかないの？」

ビビアンは妥協する人間にはなりたくありませんでした。彼女は大手企業の広報部で、危機管理対応を任されていました。その年とその前年、会社が絶え間ない危機に見舞われていたため、訴訟や流れ弾にそなえてつねに戦闘態勢で働いていました。プライベートでは週に五日、エクササイズに行き、ヴィーガン食を徹底し、ヨットの免許も取ったばかり。すべてを思いのままにコントロールする女性。ただし、恋愛をのぞいて。

ビビアンは私がデートコーチとプロの仲人をしていることを知っていました。それまでも彼女の恋愛生活について少し話を聞いていましたが、本心を打ち明けられたのはこのときが初めてでした。

「じゃあ、ちょっと戻って、これまでの恋愛経験について教えて」と私は尋ねました。

「ひと言で言うと、期待はずれね」とビビアン。「最初の彼とは二年付き合った。付き合ってて言えるのか微妙だけど。あいつは否定するかも。ニューヨークで同じマンションに住んでいて、向こうの気が向いたときにセックスする関係。それから、ここに引っ越してきたときに最初に出会った人。なかなか本心を見せない人で、気づいたら自然消滅。そのあとマッチングアプリを始めて、何百万回ってほどデートしたけど、私のことを好きだって人が現れるとたんに気持ちが冷めちゃうのよね。ねえ、正直に教えて。私って呪われてるのかしら？　このまま一人で死ぬ運命なの？」

私は笑いながら、「まさか！　あなたは全然悪くない。美人だし、おもしろいし、ヨットの操縦もできる。間違ったものを求めているだけだと思うわ」と返しました。私はなんとか友達の立場でいようとしましたが、徐々にデートコーチ・モードに切り替わりつつありました。彼女の役に立ちたいと思ったのです。

「間違ったもの？　べつに、高身長とか高収入なんて求めてないけど——」

「そういうのじゃなくて」と私は口をはさみました。「**愛着理論**（Attachment Theory）って聞いたことある？」

愛着理論入門

私がクライアントに教える人間関係学の知見すべての中で、愛着理論はもっとも影響力のあるものの一つです。この有名なフレームワークを使うと、なぜ特定のタイプに惹かれるのか、なぜ過去の恋愛はうまくいかなかったのか、なぜ悪癖に苦しむのかを理解することができます。

愛着理論については、アミール・レイバンとレイチェル・ヘラーの『Attached』〔訳注：邦訳『異性の心を上手に透視する方法』プレジデント社〕や、スー・ジョンソンの『Hold Me Tight』〔訳注：邦訳『私をギュッと抱きしめて：愛を取り戻す七つの会話』金剛出版〕などの書籍で学ぶこともできますが、私の友人やクライアント、私自身にも大きな影響を与えた理論ですので、本書でもとりあげたいと思います。私は何年間も恋愛に悩む人々の相談にのってきましたが、このフレームワークを学んだおかげで、クライアントの考え方を一八〇度変えることができました。簡単ではありませんが、効果は絶大です。愛着理論から学んだことを生かして、幸せな結婚生活を送っている人を何人も知っています。

飲み物を注文したあと、ビビアンと私はカフェの奥の、クッションで囲まれたコーナーに腰を落ち着けました。私は愛着理論とは何か、なぜ重要なのか説明を始めました。

すべては発達心理学者のジョン・ボウルビィの研究にさかのぼります。ボウルビィは、子どもは母親に対して本能的な愛着をもっていると考えました。その後、心理学者のメアリー・エインスワースが、「ストレンジ・シチュエーション法」という有名な実験をもちいて、子どもの愛着の個人差を研究しました。エインスワースは母親と赤ん坊（生後一二ヶ月から一八ヶ月）を実験室に招き、さまざまな状況で行動を観察しました。

実験では、最初に母親と赤ん坊がおもちゃでいっぱいの部屋に通されます。母親が安全基地（必要なときに助けてくれる誰か）の役割を果たすため、赤ん坊は安心して遊んだり周囲を探索したりしました。その後、実験助手が母親に部屋から退室するよう指示し、母親のいないときと、数分後、母親が戻ってきたときに赤ん坊がどう対応するか観察しました。一時的に安全基地が不在でも、赤ん坊は自分の欲求が満たされると信じられるかどうかを実験したのです。

何人かの赤ん坊は、母親が退室するやいなや極度の不安のサインを示しました。これらの赤ん坊は母親が戻ってくると一時的に安心して泣きやみましたが、やがて母親を押しのけて、ふたたび泣き始めました。エインスワースはこのタイプの赤ん坊を「**不安型**」と呼びました。

別の赤ん坊たちは、母親が退室したときに泣きましたが、戻ってくるとすぐに泣きやんで遊び始めました。「**安定型**」の赤ん坊です。

第三のグループの赤ん坊は、母親が部屋を出ていっても、戻ってきても反応を示しませんでした。これらの赤ん坊は状況に左右されることがないように振る舞っていましたが、心拍数とストレスレベルの増加から、泣いている赤ん坊と同じ状態であることがわかりました。このタイプは「**回避型**」と呼ばれました。

エインスワースと研究チームの結論は、人はみな、等しく愛情と関心を求めるが、養育者への対応には個人差がある、というものでした。

その何年もあとで、この同じ理論が大人の愛着スタイルにも当てはまることが明らかになりました。誰に惹かれるか、どのように関係をつくるか、なぜ多くの恋愛が成功、あるいは失敗するのか。けれど自分の恋愛がうまくいかないからといって、母親を責めないように。両親との関係は、大人の愛着スタイルを決めるいくつもの要因の一つでしかありません。

「私はどのタイプなの？」とビビアンが言いました。

「そうねえ。母親と離れたときも母親が戻ってきたときも泣き続けた、不安型かな？　赤ん坊は欲求が満たされないと不安になり、怒りと不満でかんしゃくを起こす。大人の場合、捨てられるのを恐れてパートナーとつねに連絡をとり続けたいと思う」

「まさに私のことだわ」

私はビビアンにほほ笑みました。実はその前の週、私がレッスンを休んだとき、彼女はたてつづけに七通もメッセージを送ってきていたのです。

不安型の人は、親密さを取り戻さないといけないという思いに駆られ、脳が「**活性化方略**」

に支配されます。たとえば、パートナーのことを四六時中考えてしまったり、自分の長所を過小評価してパートナーの長所にこだわったりします。このような認知のゆがみがパニックにつながります。パートナーからすぐに返信が来なければ、捨てられたのではないかと不安になります。そんな不安を振り払えるのは、パートナーと活発にコミュニケーションをとれているあいだだけ。また、一人になることを恐れ、目の前の恋愛が人生最後なのではないかと不安になるため、たとえ恋愛関係の有効期限が過ぎていても、いまの相手に固執するのです。

「不安型の人はね」私は続けました。「非難しているわけじゃないのよ。このタイプは〝**抗議行動**〟をやりがちね」

不安型の人はパートナーの関心を引くために演じることが多いのです。電話やメッセージを過剰に送ったり、相手にやきもちを妬かせるために別れを切り出したり、わざと電話を無視して引きこもったりします。

では、回避型はどのようなタイプなのでしょうか。母親が部屋に戻ったとき、動揺しているのに興味のないふりをした赤ん坊のタイプです。このタイプは、欲求の一部しか満たしてくれない養育者を信頼できないと感じています。回避型が大人になると、つながりを望んでいないようなふりをして、拒絶される痛みを最小限に抑えようとします。自分の感情的な欲求を満たしてくれない他者を信頼しないため、誰かと親しくなることを避けます。親密さが増すと、離れようとします。このような、距離をとろうとする試みは「**不活性化方略**」と呼ばれます。「まだ真剣に付き合う準備ができていない」「ちょっと距離をおきたい」「仕事が大変だからいまは会えない」と言う人に遭遇したら、回避型の行動だと思ってください。

回避型の愛着スタイルをもつ人はパートナーの欠点にこだわる傾向があり、それを理由に関係を断ち切って一人に戻ろうとします。一人になったら、あるいは他の誰かといっしょになればもっと幸せになれるのではないか、と妄想をふくらませているのです。

私が回避型の説明をすると、ビビアンはうなずいて「私の元カレはみんなそのタイプよ」と言いました。

「自分を責めすぎないでね」と私は返しました。実際、これは「不安型―回避型ループ」と呼ばれる、きわめてよくあるパターンなのです。不安型の人は、逃げていく恋人を追いかけたいのです。ビビアンと、同じマンションに住んでいた元カレの関係そのものです。

「すごく楽しかったわ」とビビアン。「いつも〝電話をかけ直してくれるかな?〟〝今週末は会える?〟って思ってたの」拒絶される可能性が不安を生みだし、それをビビアンは恋のドキドキと勘違いしたのです。相手が身を引き始めるとビビアンの気持ちはいっそう強くなりました。

他方で、その回避型の男性はまったく別の感情をもっていたことでしょう。このタイプの人は自分の時間を失うことを恐れます。だからビビアンが近づいたとき、彼の不健全な恋愛観がいっそう強まり、さらに距離をおきたいと思ったはずです。

「これで」と私は続けました。「不安型―回避型ループが理解できたでしょ? 回避型の人は他者から距離をとるのがすごくうまくて、相手がとりわけしつこい場合にだけ恋愛に発展する」

「しつこさだけが私のとりえよ」とビビアンは言いました。

店員がようやく飲み物を運んできました。ビビアンは窓の外に目をやり、カフェの外のベンチに座っているカップルを眺めながら尋ねました。「で、残りのグループの赤ちゃんは？　お母さんが戻ってきたら泣きやんだ子たち」

「安定型の赤ちゃんね。母親が自分の欲求を満たしてくれると信じている。安定型の人は理想的なパートナーになるわ。信頼できて、頼りになるタイプ。修羅場を避けることが多く、やっかいごとが起きそうでも、うまくおさめることができる。柔軟で、心が広く、コミュニケーション上手。行動に一貫性があり、人との距離の取り方がうまい。親密な間柄に心地よさを感じる。安定型の人は、回避型や不安型の人よりも人間関係の満足度が高い傾向にあるの」

「そんな人とデートしたことなんて、文字通りゼロよ」ビビアンは答えました。「安定型の人って人口の一パーセントしかいないの？」

実際には、人口の五〇パーセントが安定型で、二〇パーセントが不安型、二五パーセントが回避型、残りは不安・回避型とされています。これは朗報のように聞こえます。けれど問題は、安定型の人は全人口の五〇パーセントを占めますが、独身人口で考えると極端に少なくなるのです。というのも、安定型の人は早々に売れてしまいがちだからです。このタイプは健全な恋愛関係を築くのがうまいため、その関係が長続きする傾向があります。その結果、恋愛市場は不安型と回避型ばかりになってしまうのです。

私が説明を終えると、ビビアンは「私はおりるわ」と、スムージーの最後の一口をすすりながら言いました。

エクササイズ

自分の愛着スタイルを知ろう

自分の愛着スタイルを知りたいなら、次の質問に答えてください。

1. 親密さや距離の近さにどれくらい心地よさを感じますか？　親密さを避ける傾向がどれくらいありますか？
2. パートナーのあなたへの愛情や関心にどれくらい不安を覚えますか？　二人の関係をいつも心配していますか？

親密さを求めるけれども、二人の将来に不安をもっていたり、パートナーが自分に関心をもっているのか心配したりする場合は、不安型かもしれません。関係が近すぎると気まずさを感じ、つながりよりも自由を大切にするのであれば、回避型でしょう。親密さにも一人で過ごす時間にも心地よさを感じ、恋愛関係に対する不安をそれほど頻繁に覚えないのであれば、安定型かもしれません。

私のウェブサイト（loganury.com）にオンラインテストがありますので、ご自分の愛着スタイルを確かめてみてください。

安定型のパートナーを探す

ビビアンは「あきらめる」と言ったにもかかわらず、この会話のあとの数ヶ月間、恋愛へのアプローチを変えようと努力しました。安定型のパートナーを探し始めたのです。これには時間がかかりました。彼女は新しい人とデートしては「退屈だったわ」と愚痴をこぼしました。よくよく話を聞いてみると、ビビアンは自分に親切にしてくれる男性に退屈さを感じるようでした。たとえば、ビビアンは二回デートした男性に、次の週末シアトルを訪れることを話しました。すると彼は、お勧めのレストランの一覧をビビアンに送ってくれたのです。その話を私にしたとき、ビビアンは「だからもう二度と彼とは会いたくない」と付け足しました。

「ちょっと、どうして？」私は言いました。

「明らかに彼、私のことを好きすぎでしょ。ちょっとイタくない？」

私は別の視点から見るよう必死でビビアンを説得しました。この男性は、彼女のことが好きだから役に立とうとしてくれているのです。これは安定型ならではの行為で、イタいわけではありません。私たちは、彼女が不安型―回避型ループを抜け出せるよう取り組みました。

もしあなたがビビアンの話に共感して、あなた自身、自分を不安型であると思うのであれば、これはあなたの宿題でもあります。あなたが退屈だと思う人すべてが隠れた安定型だと言っているのではありません。実際に退屈な人もいるかもしれません。けれど、そろそろ追いかけるのはやめにしましょう。それが、私がビビアンに課した宿題です。安定型の人と付き合うこと。

約束通りにメッセージを送ってくれる人。自分の気持ちを包み隠さず話してくれる人。駆け引きをせずに、修羅場を避けるか、被害を最小にできる人。

回避型の皆さんも同じです。安定型のパートナーを見つけてください！

自己制御できるようになる

パートナー探しと並行して、自分自身が安定型になるよう取り組むこともできます。愛着スタイルはどちらかというと生涯変わらないものですが、およそ四分の一の人々は四年間で愛着スタイルを変えています。それなりの努力を要しますが、愛着スタイルは変えることができるのです。

ビビアンは変わることを決意し、破滅的な衝動や感情をコントロールする**自己制御**に取り組みました。すぐに相手から返信がなくてもパニックに陥らないよう訓練しました。衝動を感じるときは、不安をやわらげるために散歩したり、友人に電話をかけたりするようにしました（どちらも、前日に職場のエレベーターで出会った男性にメッセージを一四回送りつけるよりも健全です）。

回避型の人は、自分が他者に対して距離をとろうとしているのを察知したら、自分の気持ちに目を向けてみてください。勝手にいなくなるのではなく、互いに距離をおくことを話し合えるようになりましょう。あるいは、パートナーの欠点ばかり気になり、そのせいで別れたくなったときは、視点を変えて、相手の長所を探すようにしましょう。完璧な人などいないことをお忘れなく。たとえいまの相手と別れても、次に出会う人も完璧ではないのですから。

愛着スタイルを自分の力で変えるのは大変です。なぜなら、いまの自分を形作るものの多くは無意識のものですし、また、過去を掘りかえすことで予期せぬ難問――母親との関係が自分の愛着スタイルとどのように関わっているのだろうか？　いまになってもっと健全な愛着スタイルを見つけることは、母親を裏切り、捨てることを意味するのか？――に直面することもあります。必要なものを、もっとも期待する人から受け取っていない、という事実に向き合わなければならないかもしれません。このような問題に対処するために、セラピストの助けを借りる人も大勢います。

ビビアンと私は、毎週レッスンのあと、彼女の恋愛について話し合いました。彼女はすぐに、自分に興味を示してくれる男性を「退屈」と呼ぶのをやめました。言い寄ってくる回避型の男性にはっきりと拒否を示したときには、鼻高々で私にメッセージをくれました。それからどうなったと思いますか？　六ヶ月後、ビビアンはヒューストンからサンフランシスコに引っ越してきたばかりのハンサムな男性と出会いました。金曜の晩、初デートのあとで彼が電話をかけてきて、「きみにすごく惹かれてるんだ。明日も会いたい」と言いました。ビビアンはそれを「イタい」とは思わず、その翌日、朝食をともにしました。すぐに朝食は散歩に変わりました。やがてビール醸造所《ブリュワリー》のパブで友人に紹介する仲になりました。二人で酔っ払って彼の家までタクシーで帰り、翌日は二人で長い昼寝をして過ごすようになりました。それから二年。二人はいまもいっしょに昼寝をしています。

まとめ

1 **愛着理論は恋愛を理解するためによく使われる枠組みである。**なぜ特定の人に惹かれるのか、なぜ過去の恋愛はうまくいかなかったのか、なぜいつも悪いパターンにはまってしまうのかを理解するのに役立つ。

2 **パートナーとの親密な関係を求める一方で、二人の未来に不安を抱き、相手が自分に愛情をもっているのか心配する人は、愛着スタイル「不安型」**の可能性がある。**関係が近すぎると気まずさを感じ、つながりよりも自由を大切にするのであれば、「回避型」**の可能性がある。**親密さにも、一人で過ごす時間にも、相手と明確な距離をとることにも心地よさを感じる人は、「安定型」**かもしれない。

3 **安定型の人は人口の50パーセントを占めるが、独身恋愛市場には極端に少ない。**というのも、かれらは早くに付き合い始め、その恋愛を持続しがちだからだ。**不安型と回避型が付き合うことがよくあるが、互いのよくない傾向を助長してしまう。**

4 不安型や回避型の人は、**安定型のパートナーを探し、自分自身の破滅的な衝動や感情をコントロールする自己制御能力を身につけることで、恋愛スキルを向上させられる。**

7

パーティーのパートナーでなく、人生の伴侶を探す

——長期的な関係の相手に求めるべき資質

ブライアンは、キアヌ・リーブス似の、魅力的な見た目でした。

私たちが出会ったのは、ネバダ州の砂漠で毎年開催されるサイケデリックな芸術の祭典、バーニングマン。初日の夜、頭からつま先まで白い麻の布に身を包み、防塵ゴーグルを首から下げたブライアンが、「キスしてもいい？」とささやいてきたのです。ユキヒョウを模した水玉模様のオールインワンを着た私は、おそろいのクリーム色の毛皮帽子を整えながらうなずきました。ポール・オークンフォールドのＤＪに合わせて、キスを交わす私たち。周りでは何千人もの参加者《バーナーズ》が踊っています。曲が変わると歓声が湧き上がり、私たちのキスもさらに激しくなりました。

のちほど、魔法使いのローブを羽織った誰かが、抱き合う私たちを撮ったポラロイド写真を手渡してくれました。「きみたち、すごく愛し合っているように見えたからさ」まさにその通り。この世のものとは思えない砂漠の荒涼とした風景を楽しみながら、私はブライアンとのロ

マンスにすっかり夢中になっていました。

サンフランシスコに戻ってからも私はブライアンに惹かれていました。ある日の午後、二人が働いているグーグル本社のベンチに座り、自分たちの「減圧」体験——バーニングマンのあと、現実世界に戻れるよう調整すること——について話し合いました。ブライアンの服は、麻の布からジーンズとTシャツに変わっていました。

私たちはカフェテリアからビールを何本か拝借し、サンフランシスコに戻るグーグル社員専用シャトルバスに飛び乗りました。私は頬をゆるめながら彼の隣の席に滑り込み、二人で一つのヘッドホンを分け合いました。左耳用をブライアン、右耳用を私が使い、彼の選んだアイアン・アンド・ワインの「トラピーズ・スウィンガー」に二人で耳を傾けました。私は目を閉じて、砂漠で踊った至福のひとときを思い出していました。「これこそ、愛だわ」と思いながら。

ブライアンはハンサムで、おおらかで、楽しい人でした。けれど、信頼できないところもありました。彼が約束通りにメッセージを返してくれるのか、あるいは家に来てくれるのか私にはまったくわかりませんでした。その一方でブライアンは、私が彼に夢中であることをよくわかっていました。それでいて、ある日には私に気のあるそぶりを、別の日には興味のないそぶりを見せていたのです。私は「彼は優しくて思いやりがあるだろうか?」「彼の判断は信用できる?」「子どもを忘れずに歯医者に連れて行ってくれるタイプかしら?」という種類の疑問は考えないようにしていました。

いま振り返ってみると、なぜ私は、長期的な関係を築ける真剣な相手を求めていたのに、あんなにも必死に彼と付き合おうとしていたのでしょうか。どうしてブライアンみたいな男性に夢中になったのでしょう？　当時の私の選択は、自分が求める恋愛を手に入れる役にはまったく立ちませんでした。長期的なつながりを築くために付き合うのではなく、短期的な楽しみを追求していたのですから。

プロムのパートナーか生涯の伴侶か

多くの人が将来の自分のために最適な選択をしようともがきます。それは恋愛以外の場面でも同じです。たとえば、家事を先延ばしするとき（どうせ最終的には自分でやらなければならないことをわかっているのに）、運動をサボるとき（長期的な健康に必要であることは知っているけど）、くだらないことにお金を使ってしまうとき（貯金すべきなのは承知のうえで）。これらはすべて、**現在バイアス**（Present Bias）にとらわれている瞬間です。「いま・ここ」に不釣り合いなほど高い価値をおき、将来の価値を不当に低く見積もってしまう判断ミスです。

長期的な関係に向かない恋愛をする人はたくさんいます。ブライアンを追いかけていた私もそうでした。私はそのような相手を、**プロムのパートナー**［訳注：プロムとは、北米やイギリスの高校で年度の最後に行われるダンスパーティーのこと。ペアで参加する］と呼んでいます。理想的なプロムのパートナーとはどのような人でしょうか？　写真映えがして、一晩中楽しませてくれ、友人に自慢できる人でしょう。私たちの多くが一〇年以上も前に高校を卒業しているのにもかかわらず、いまだに当時と同じ評価基準でパートナー候補を見定めています。あなたは本当にプロムのパートナーと結婚したいのでしょうか？　親の介護を手伝ってくれるのか、子どもの学校の懇談会に来てくれるのか、あるいは旅行中にひどい下痢になったあなたを介抱してくれるのか、わからないような相手と？

このようなことは、出会った当初は考えないでしょう。それらの疑問への答えは、その人にキスをしたいか、もう一度デートしたいかという気持ちにはつゆほども影響しません（誰も初デートで下痢のことを考えたくありません）。けれども長期的なパートナーを求めるのであれば、病めるときも健やかなるときもそばにいてくれる人を望むものです。信頼できるパートナー。いっしょに決断をくだす相手。つまり、**生涯の伴侶**です。

私は幸運にも、すぐれたカップルセラピスト、エステル・ペレルをメンターとすることができました。ペレルは私に、ラブストーリーとライフストーリーの違いを説明してくれました。逢い引きの相手はいくらでもいるけれど、いっしょに人生を築ける相手は非常に少ないものです。ペレルのアドバイスによると、結婚を考えているのであれば、「この人とどんなラブストーリーが展開するだろう？」と考えるのではなく、「この人といっしょに人生《ライフ》を築けるだろうか？」と考えるべきです。それこそ、ラブとライフの基本的な違いです。

私たちの多くが、思春期の頃はプロムのパートナーに恋をします。それもそのはず。一〇代の若者は、よい共同親権者になる人ではなく、チューしたい相手について考えるものですから。けれどもあなたはもう一五歳ではありません。長期的な関係を築ける真剣なパートナーを求めるのであれば、プロムの相手ではなく、生涯の伴侶を探し始めなければなりません。

パートナー候補を乗り換えるタイミング

では、いつパートナー候補の転換をすべきでしょうか？　唯一の正解があるわけではありませんが、行動経済学者のダン・アリエリーとの会話から、子どもをもちたい人向けにおおまかな目安を考えました。あなたが子どもをもちたい年齢の、六〜八年前にパートナー候補の評価方法を意図的に変えるべきです。これは科学的な数値ではなく、評価基準の転換時期について考える一つの見方です。

おそらく多くの人が、私のクライアントの多くと同様に、すでにその転換点にいるのではないでしょうか。すでに出遅れていると不安にさせたいのではありません。あなた自身のことを真剣に考え、真面目な付き合いのできるパートナー探しを始めてほしいだけなのです。

自分の胸に手を当てて考えてみてください。あなたが付き合いがちなのは、プロムのパートナータイプと人生の伴侶タイプのどちらでしょう？　私のクライアントのある女性は、一人暮らしをする男性と数回デートをしていました。彼女が彼の家を訪れ、トイレを借りると、洗面所のシンクは剃り落としたひげだらけ。ゴミ箱はあふれかえり、トイレットペーパーはありませんでした。女性のほうは、才能あふれるばりばりのキャリアウーマン。三四歳で、「子どもはたくさんほしい」と話してくれました。トイレや洗面所が不潔な男性は、よき夫・よき父親になれないとは言いません。けれど、三四歳で子どもを何人か産みたいのであれば、現実的にすぐにとりかかる必要があります。では、トイレを清潔に保つ男性と、学生寮で暮らしているような男性、どちらが家族をもつ準備ができているでしょうか？　私は彼女に、プロムのパートナーとはすぐに別れて、生涯の伴侶を見つけることにエネルギーを注ぐようアドバイスしました。

生涯の伴侶を探す方向に転換するには、現在バイアスを認識し、それに意図的に抵抗しましょう。

私たちが誤解している大切な資質

コーチングに加え、私はプロの仲人としてクライアントにデートのお膳立てをしています。私がこの仕事を始めた理由は、私の友人やクライアントの多くがアプリでの出会いに苦労していたからです。仲人として何十人もの人と出会い、かれらがパートナーに何を求めているのかを知りました。何百人もが私のウェブサイト、「ローガンズ・リスト」で、相手に希望する条件を登録しました。これらの経験から得られた膨大なデータにより、多くの人が、真剣に付き合う相手について、もっとも大切だと思っている資質がわかりました。それを、人間関係の学問分野おいて長期的な恋愛に実際に必要とされている資質と比べてみましょう。

恋愛科学については、ジョン・ゴットマンの数々の知見が役に立ちます。ゴットマンは四〇年以上にわたり、恋愛関係の研究をしてきました。何年ものあいだ、同僚のロバート・レベンソンとともに、研究室（メディアが呼ぶところの「ラブ・ラボ」）にカップルを招き、観察調査を行いました。研究では、カップルが互いの関係について話し合うのを記録しました。ゴットマンはカップルに、二人の出会いについてと、直近のけんかについて詳しく話すよう求めました。さらにはカメラをそなえ付けた部屋で夫婦に週末を過ごしてもらい、日常のやりとりを観察しました。

その調査の数年後、同じ夫婦を対象にフォローアップ調査を行い、二人の関係性を確認しました。夫婦は、幸せな結婚生活を維持している「成功」組と、離婚したか、結婚生活が破綻している「失敗」組に分けられました。ゴットマンは元のビデオ記録を調べて、成功組と失敗組を分ける行動パターンを研究しました。

ゴットマンの研究成果や人間関係学のその他の研究結果から、長期的な関係を成功させる資質をはっきりと見てとることができます。つまり研究結果が、よい生涯の伴侶の資質を教えてくれるのです。これらの資質は、私が仲人をするクライアントが求める資質とは異なっていました。私のクライアントたちは、短期的な魅力、つまり、よいプロムパートナーの特徴を重視していました。

意外と重要でないこと

私たちは長期的な関係に重要な資質を過小評価しているだけでなく、重要でない資質を過大評価しています。これはある部分では、**焦点錯覚**（Focusing Illusion）と呼ばれる認知の誤りのせいにすることができます。人間は、未来の幸福などの結果を期待するとき、ある要素の重要性を過剰に評価するきらいがあるのです。

行動経済学者のダニエル・カーネマンとデビッド・スカディがこの現象を研究しました。かれらはミシガン州とオハイオ州の大学生に、自分たちのような中西部の学生とカリフォルニア州の学生ではどちらが幸せだと思うか尋ねました。同じ質問を南カリフォルニアの学生にも投げかけました。

どちらのグループも、カリフォルニアの学生のほうが幸福であると予測しました。しかし、人生の全体的な満足度を見ると、カリフォルニアの学生も中西部の学生も差がないことがわかったのです。

どちらの学生も、温かい気候のもとで暮らすことが日々の満足度に与える影響を過剰に評価したのです。その理由としては、二つの地域を区別するものとして、気候が「目につきやすく、わかりやすい」要素であることが考えられます。かれらは、幸せに寄与するほかの要素――成績に関する不安や社会的なステータス、家族問題、お金、キャリアの見通しなど――をすべて無視しました。それらの要素は、気候にかかわらず、どちらのグループにも共通するものです。しかし、二つの地域での暮らしを比較するよう求められると、学生は気候に焦点を当て、その影響力を実際よりも大きく見積もりました。

カーネマンはこの研究結果を完璧に要約して、「あることを考えているとき、人生でそれ以上に重要なものはほかにない」と述べています。何かについて考えるだけで、ほかのものとの違いが際立つというわけです。

私たちはパートナーを選ぶとき、つい、この焦点錯覚のわなにかかってしまいます。私のクライアントはよく、パートナーの条件として「ダンスが好きな人」というようなものを挙げます。そのとき、かれらは自分がダンス好きであるという事実に注意を向けています。そうすると焦点錯覚により、そのことを考えるだけで、重要な条件であると過大評価してしまうのです。実際には、サルサ・ナイトを汗だくで踊り明かす常連客であっても、ダンスフロアで過ごす時間は月に数時間程度でしょう。それなのに、そのようなささいな特徴にこだわるあまり、長期的なカップルの幸せに相関のある、もっと重要な要素（あとで詳しく説明します）を無視してしまうのです。

容姿やお金などについても同じことが言えます。これらも重要ではありますが、私たちが思っているほど大切ではありません。

1. お金

誤解しないでください。たしかにお金は重要です。最低生活基準に満たないカップルは、基本的な需要を満たすのが苦しくなると結婚生活に支障をきたします。テキサス工科大学の心理学者がセラピーにやってくる夫婦を調査し、低所得層の夫婦は、中間所得層の夫婦に比べて、結婚生活にはるかに大きな不満を抱いていることがわかりました。事実、低所得層の夫婦は、離婚した夫婦が離婚の一ヶ月前に感じていたのと同程度の不幸を感じていました。

経済的な苦しさが結婚生活にストレスを与えることは周知の事実です。離婚の主な原因にもなっています。十分なお金があれば、上の子の歯列矯正と、下の子の数学の家庭教師のどちらを選ぶか、といった経済的に難しい決断を迫られることもありません。さらに、ハーバード・ビジネス・スクールの研究によると、料理や掃除など時間のかかる家事をアウトソースする余裕のある夫婦は、二人で充実した時間を過ごせるため、結婚への満足度が高いようです。

とはいえ、幸せになるためにはできるだけ裕福なパートナーを探すべき、というわけではありません。幸福になれるお金の上限を決めることは困難ですが、ダニエル・カーネマンとアンガス・ディートンの有名な研究によると、年収が七万五千ドルを超えると、「情緒的なウェルビーイング」（経済学者の言うところの「幸せ」）が増えないことが明らかになっています。

また、ほかの研究では、そもそもお金からどれだけ幸福を得られるかは、周囲の人々の豊かさによると示されています。つまり、重要なのは自分の家の大きさではなく、近隣の家と比べ、て自分の家が大きいかどうかなのです。

その原因は、人間が環境に慣れることです。私たちは、**適応**（Adaptation）――周囲の状況に慣れるプロセス――について忘れがちです。どんなにすばらしいものでも、目新しさはやがて薄れ、それに関心を向けることもなくなります。そして関心が薄れると、注目していたときと同レベルの喜びや苦悩を感じなくなります。これは一九七八年に心理学者のフィリップ・ブリックマンが行った研究結果からも明らかです。ブリックマン率いる研究チームは、宝くじの当選者の一年後を調査した結果、当選者の長期的な幸福度は意外と高くないことがわかりました。当選者の幸福度は非当選者とさして変わらず、それどころか、何も当選したことがない人々よりも、人生の小さな喜びに楽しみを見いだすことができなくなるのです。宝くじ当選者は自分した。の環境に適応したため、富が人生全体の満足度に与える影響は予想よりもずっと小さいものでした。

【パートナー選びのための大切なヒント】

人は決断をくだすとき、その決断がもたらす当座の喜びや苦悩に注意を向けがちです。けれど、私たちは「下手な占い師」であることをお忘れなく！　多くの場合、私たちはそれらの感情が時間とともにどのように変化するか予測できません。お金は大切ですが、それもある程度までのこと。将来のパートナー選びに経済的な要素を取り入れるのは間違いではありませんが、ほかの何よりもお金を優先しないようにしてください。

2. 容姿

現実のさまざまな場面において容姿がものをいうことは間違いありません。容姿のいい人は他者より多く稼ぎ、政治レースでは容姿の劣る相手に打ち勝つ傾向があります。人間の魅力について調査した複数の研究で、見た目のよい人々は、より説得力があり、信頼でき、外向的で、社会的な力をもち、性的に感じやすく、健康で、頭がよく、人好きすることが示されました。

恋愛に関しては、容姿を重視することには歴史的かつ進化的な理由があります。かつて生活とは、生き残るための絶え間ない闘いでした。色つやのよい肌や豊かな髪など、魅力的な見た目は健康と生命力を示すものでした。それがパートナー選びにおいて重視された理由は、その人の好ましい資質を子どもに受け継ぐだけでなく、その人自身が、子どもを育てるのに十分な時間、生き続ける可能性があることを意味していたからです。美男美女に惹かれるよう脳が訓練されているのも当然です。

現代においては、奇跡のような現代医学と食糧生産の工業化のおかげで、そのような問題に悩まされることはありません。子孫が生きながらえる可能性が高いため、パートナー選びにおいて生殖適応度（次世代に遺伝子を残す能力）を重視する必要はもはやありません。父親が一〇代の頃にニキビで悩んでいても、その子どもは問題なく長生きできるでしょう。

さらに、容姿を他の資質よりも優先するということは、時間とともに欲情が枯れてしまう事実を無視しています（本書では長期的に幸福な関係を求めていることをお忘れなく）。心理学者のタイ・タシロは著書、『The Science of Happily Ever After（〝末永く幸せに暮らしました〟の科学）』の中で、結婚生活の満足度の変化について一四年にわたる長期調査を分析しています。それによると、七年間でパートナーへの「情欲」（性欲）は「好意」（誠実さと親切さを特徴とする友愛）の二倍の速さで減退したとのことです。

生物人類学者のヘレン・フィッシャーがこの理由を説明しています。情欲とは、最初は驚くほど強力ですが、徐々になくなるものです。人は恋に落ちると、麻薬のように相手に依存します。フィッシャーは、コカインと恋が脳の同じ部位を活性化させることを発見しました。

情欲の減退は進化的な戦略でもあります。パートナーへの「依存」が続くのは、二人の子どもをもち、その子が四歳――（少なくとも大昔のサバンナで）ある程度自立する年齢――になる頃までです。子育てが一段落すると、情欲が消え、新たなパートナーと新たな子どもをつくるために脳が解放されます。そうして、少なくとも一人の子どもが成人し、DNAを受け継いでくれるチャンスを増やすのです。

セックスばかりしている段階で二人の関係性を評価する場合、情欲が薄れてきたときにどのような関係になるか、十分に予測できるものでしょうか？

また、よいセックスを求めるなら、魅力的な見た目の人がベッドでも最高という保証などありません。容姿のいい人は、ある種のスキルを、その必要がないために身につけていない可能性があるからです。この考えを極端にしたのが、コメディドラマ『サーティー・ロック』の「シャボン玉の世界」という話です。ジョン・ハム演じるキャラクターは、ハンサムさゆえに世間知らず。元プロテニス選手なのにサーブが決まらず、医者なのに喉の異物を取り除くハイムリック法を知らない。そんな彼について、ティナ・フェイ演じるリズは「彼は私と同じくらいセックスが下手なの」と愚痴を言います。彼女の愛想のよい上司は、そのよく知った現象について「超イケメン特有の問題だよ。シャボン玉の中にいると誰も真実を教えてくれない」と説明します。つまり、見目麗しい人が最高の恋人になると考えないこと。

最後に、適応について前述したことを思い出してください。どれだけ見た目のいい人と結婚しても、結局は慣れてしまうものなのです。当初の喜びは薄れます。私たちの性的衝動の大部分は目新しさと結びついています。つまり、パートナーがどれだけセクシーでも、その人に対する性的関心は、単純に自分にとって新しくないという理由だけで、時間とともに薄れるのです。インターネット上の知恵を拝借すると、「どんな美男美女にも、その人とのセックスに飽きた人がいる」というわけです。

恋心は冷めるし、情欲は枯れるもの。大切なのは相手に心を惹かれるかどうかで、絶世の美男美女をゲットすることではありません。

【パートナー選びのための大切なヒント】

肉体的な魅力が、長期的な相性を判断する目を曇らせます。社会がその人の見た目をどう評価するかではなく、自分がその人に惹かれているかに集中しましょう。長期的な関係にとってもっと重要な要素よりも情欲を優先してはいけません。

3.自分と似た性格

私のクライアントはよく、自分に似た性格のパートナーを探す必要があると訴えます。「私は外向的な性格なのに、彼は内向的。うまくいくわけない」とか、「私はすごく神経質で、彼はまったく気にしないタイプ。相性がよくないみたい」といった言葉を耳にします。

このような意見は、とくに年かさのクライアントに共通しているようです。若いときの恋愛は、二人の人間がいっしょにゼロから築き上げる、スタートアップ企業のようなものです。柔軟性が高く、まだ互いに望むものを探り合っています。他方、歳をとって、ゆくゆくは結婚に発展する長期的な関係を考えるようになると、二つの完成した個体が一つになるため、そのプロセスは企業の合併に近くなります。歳をとればとるほど、生き方が固定化し、自分の生き方に簡単になじめる人を求めるようになります。そして、似ている相手ほど、合併も楽だと想定するのです。

けれどそのような想定は間違いです。研究により、似通った性格は長期的な関係の成功を予測するものではないことがわかっています。ノースウェスタン大学の教授で結婚専門家のイーライ・フィンケルにインタビューしたとき、彼は「恋愛への満足度や幸福度と、性格の類似度に相関はない」と答えました。つまり私たちは、自分に似てないからという理由で、パートナー候補の選択肢を誤って狭めているのです。

問題は、「あなたは本当に自分自身と付き合いたいのか？」ということ。私なら絶対にごめんです！

私のクライアントに、パーティーの盛り上げ役タイプの人がいました。彼は人気者のイベントプロモーター。そんな彼が付き合っていたのは、もの静かで面倒見がよく、夜の一〇時にはベッドにいるのを好む女性でした。「もっと自分に似た人と付き合ったほうが楽しい人生になるのでは？」と彼は悩んでいました。

彼をソファに座らせて、私はこう言いました。「一つの部屋にあなたが二人いるだけですでに十分すぎるのに、カップルのうちの両方があなたになるなんてとんでもない！　どちらも注目の的になろうとけんかするだけよ。『アメージング・レース』っていうリアリティ番組は知ってる？」その番組では、カップルや友人、家族メンバーが二人一組で知らない場所を旅し、ミッションをクリアします。「似たもの同士のペアはけんかしちゃう。同じことでつまずく。うまくやるペアは互いに足りない部分を補うタイプ。互いに似たところなんてないペアね。たとえフライトを逃しても、一人が別のルートを探しだして、パニックになる相棒をなだめる。そういうペアが勝つの。生涯の伴侶についても同じことよ」

一年をかけて、彼はパートナーがもっと自分に似ていれば、と願うのではなく、二人の性格の違いに感謝するようになりました。最近になって、子どもをもつことを決意したそうです。

【パートナー選びのための大切なヒント】

同じ性格の人ではなく、自分の短所を補ってくれる人を探しましょう。

《ヒント》遺伝学

多くの人が、自分に性格の似た人を見つけたいと言います。しかし、ミシガン州立大学の研究者ウィリアム・チョピックとリチャード・ルーカスが、平均二〇年間連れ添った二五〇〇組以上の夫婦を調査したところ、性格が似ている夫婦ほど、その関係に満足していないことがわかりました。

また、遺伝子のことを考えると、私たちは遺伝的に自分と異なる人を好むように進化してきた可能性があります。ある理論では、私たちは遺伝的に異なる人の匂いに惹かれるとされています。その人とのあいだに子どもをつくれば、まったく異なる二種類の遺伝子を残すことになり、より強く、より生き残りやすい子孫を残せるからです。

このことを探究した研究に、スイスの生物学者、クラウス・ヴェーデキントによる有名なTシャツ調査があります。彼は、男女の学生からDNAサンプルを採取しました。匂いを採取するために、男子学生には同じ綿のTシャツを二晩着用し、そのあいだ、セックスなど匂いを発する行為を避けるように指示しました。その後、女子学生には六枚のTシャツの匂いを嗅ぎ、匂いの強さと好感度、セクシーさについて評価してもらいました。六枚のTシャツのうち、三枚は遺伝的に似ている男性のもので、三枚は遺伝的に似ていない男性のものでした。その結果、女性は遺伝子が異なる男性の匂いほど好むことがわかりました（偶然にも、経口避妊薬を服用している女性はこの効果が逆転します。結婚したカップルの女性が避妊薬をやめたとたん別の人に惹かれるようになり、事態がややこしくなることもあります）。

4．共通の趣味

以前、古い友人とドライブ旅行をしているとき、彼女とその夫がどれだけテニスが好きかという話題になりました。二人でテニスの話をしているうちにガソリンスタンドに着きました。彼女は車から降り、ガソリンが満タンになるのを待ちながらスマートフォンを見ていました。そして車内に戻ると、私の目の前にスマホを突きつけて「見て、うちの義理の両親。かわいいでしょ？」と言いました。ディスプレイに映っていたのは、六〇代の夫婦の、ピンボケした下手な自撮り写真でした。

彼女は車のエンジンをかけながら「正直、夫の両親がこんなに長く結婚しているなんてびっくり。共通点が何一つないっていうのに」と言いました。

「みんな、必要以上に共通の趣味が大事だって思ってる」と私は答えました。「実際に共有しているものを見過ごしている可能性もあるのに」その頃までに、彼女は私からゴットマンの話をすでに聞かされていました。

先ほども登場したジョン・ゴットマンは、著名な臨床心理学者のジュリー・ゴットマンと結婚しています。ジョンは人生の多くの時間を実験室で、カップルのかすかな表情を解読して過ごすことを選びました。彼が自分のことを「熱烈なインドア派」と呼ぶのも当然。「ピクニックで死ぬ方法なら一〇〇〇通りでも思いつける」というのが彼の定番ジョークです。ジュリーはカップルの役に立ちたいというジョンの情熱に理解を示しています。けれどジュリーにとっての楽しみといえば、大自然の中で過ごすこと。大学では競技スキーをしており、五〇歳の誕生日には、エベレストのベースキャンプまで登ることを夢見ていました。ピクニックさえ恐れるジョンが、アイスピックを手に、ジュリーとエベレストを登るところを想像してみてください。

もちろん、ジョンとジュリーは結婚前にこのような違いを知っていました。それでも、自分たちの職業柄、夫婦が長期間にわたって幸せな関係を築くのに共通の趣味は必要でないことを理解していました。かれらは三〇年以上、幸せな結婚生活を送っています。

重要なのは、自分の好きなことに時間をかけすぎて恋愛への努力がおろそかにならないかぎり、異なる趣味をもつことは問題ではないということです。もしあなたがワイン好きで、パートナーがワインに興味がなくても大丈夫。ソムリエと結婚する必要はありません。大事なのは、あなたがワインを味わったり、貴重なカベルネ・ソーヴィニヨンの新作を試しにナパへ旅行に出かけるとき、パートナーがあなたに罪悪感を抱かせようとしたり、「どうして年がら年中ワインを飲まなきゃならないんだ」と非難したりしないことです。よい関係には、お互いが別の趣味を楽しむ余裕があるものです。

【パートナー選びのための大切なヒント】

共通の趣味をもつ人を探す必要はありません。互いに趣味を追求する自由と余裕があれば、異なる活動を楽しんでもいいのです。

《ヒント》別の重要な他者

互いに異なる趣味をうまく調整するテクニックの一つとして、人間関係学者のイーライ・フィンケルが考案した**別の重要な他者**（Other Significant Other）という考えがあります。現代のカップルは、恋愛相手が自分の欲求すべてを満たしてくれると考えがちです。一人の相手がたくさんの帽子、実際にはほぼすべての帽子をかぶることを期待するのです。しかしそれらの帽子は、結婚前には社会的なネットワークの中で分散していたものです。

パートナーがすべてのニーズを満たしてくれることを期待すると、二人の関係に大きなプレッシャーが生まれます。そこで別の重要な他者という概念がそのプレッシャーを和らげるのに役立つでしょう。このように考えてみてください。一人の人の頭の上に何十個もの帽子を積もうとすると、その山は（そしておそらくその人も）倒れてしまうでしょう。代わりにスポーツ好きのいとこに野球帽を渡し、タイムリーヒットについて話したいときはそのいとこに電話するようにしましょう。カントリー音楽が好きな友人にはカウボーイハットを渡し、ツーステップダンスのパートナーが必要なときは、その友人と約束すればいいのです。

社会心理学者のエレイン・チャンとウェンディ・ガードナー、ジェイソン・アンダーソンの研究がこの考えを裏付けます。その研究によると、感情的な欲求を満たしてくれる人が、一人や二人でなく複数人いると、全体的な幸福度が高まるそうです。たとえば、怒っているときにはルームメイトに相談し、悲しいときは妹に頼る、といったふうに。

誰かと付き合っているときに別の重要な他者をあなたの人生に取り入れることもできます。まずは、あなたがパートナーに期待するけれど、相手にその気がない事柄を考えてみてください。たとえば、少人数での集まりを好むパートナーを、にぎやかなパーティーに誘っていませんか？　あるいは、アートに興味のない相手が、美術館・博物館めぐりに誘ってくれることを期待していませんか？　趣味が合わないからといって、相性が悪いというわけではないことを覚えておいてください。パートナーに向いていない役割については、代わりの友人や家族のメンバーを探しましょう。そうするとあなたのニーズが満たされるので、結局はあなたが幸せになれます。また、パートナーは自分のスキルや得意な役割に集中できるので、パートナーの幸せにもつながります。

思っている以上に大切なこと

クライアントの話を聞いていると、「情緒の安定した人を見つけることが第一目標」と言う人はほとんどいません。「難しい決断をくだせる人」を望む声もめったに聞きません。「優しさ」を挙げる人はいますが、たいていの場合、期待する最低（あるいは最高）身長を語ったあとです。しかしそれらは、人間関係学者が、見た目の特徴や共通の趣味よりも、長期的な関係の成功に寄与すると発見した資質の例なのです。

それらの資質の重要性が知られていないわけではありませんが、恋愛対象を決めるとき、これらの資質の価値が過小評価される傾向にあります（その理由の一つは、これらの資質は測定しがたいからです。いっしょにときを過ごして初めて気づくかもしれません。だからマッチングアプリは、測定しやすく、思っているほど重要でない特徴に重点をおいているのです。詳しくは次章で）。生涯の伴侶を見つけたい人は、次のような資質に目を向けましょう。

1．情緒の安定と優しさ

著書『The Science of Happily Ever After』の中で、タイ・タシロは何がパートナー選びに重要なのか、既存の研究成果を調べました。その結果、情緒の安定と優しさがもっとも重要でありながら過小評価されている特徴であることがわかりました。情緒の安定とは、自己制御力をもち、怒りや衝動に流されないこととタシロは定義します。情緒が安定した組み合わせのカップルは、互いに満足し、安定した関係を築くことが予測されるのです。

また、タシロは二〇一七年のＴＥＤトークで「優しいパートナーは最高です。かれらは寛大で、共感的で、あなたの支えになりたいと思うのです」と述べました。優しさと情緒の安定をそなえた人は、気遣いと思いやりをもってパートナーに接することができますが、それこそ、長期的な関係の成功の鍵だとゴットマン夫妻の研究で指摘されています。

【パートナー選びのための大切なヒント】

その人がどれだけ優しいのか知るには、見返りを求めない相手への接し方に注意してみてください。彼・彼女はウェイターに親切にしていますか？　地下鉄で席をゆずるでしょうか？　職場の新人が要領を飲み込むのを辛抱強く待っていますか？　友人や両親に思いやりのある態度で接しているでしょうか？

情緒の安定性を測るには、ストレスの多い状況への対処方法に注意してみましょう。パニック状態になるのか、冷静さを保つのか？　情緒の安定した人は落ち着いて対応します。衝動的な反射ではなく、時間をかけて考えて対応します。このことをクライアントに説明するとき、私はホロコーストを生き延びた著名な精神科医、ヴィクトール・フランクルの言葉を引用します。「刺激と反応のあいだに空間がある。その空間の中に、自分の対応を選ぶ力がある。自分の対応の中に、成長と自由がある」情緒的に安定した人は、その空間を活用するのです。

2. 誠実さ

人生がうまくいっているときはそばにいるけれど、あなたが助けを必要とするときにかぎって電話をくれない、頼りがいのない友人がいますか？　そのような友人は特定の状況においては問題ないかもしれませんが、パートナーがそうでは困ります。いいときも悪いときもいっしょにいてくれるパートナーを見つけましょう。誠実さは大切です。

姉が自分の結婚式のスピーチで読み上げた一節をよく思い出します。それはがん患者の診療にあたる医師、ロビン・ショーンサラーが書いた、「彼はあなたのバッグをあずかってくれるか？」という記事からの引用でした。

ショーンサラーは何千ものカップルが危機を乗り越えるのを目撃し、人間関係の中でもっとも大切なことを学んだと言います。「このようなカップルを間近で観察できることは非常に光栄なことですが、悪い点は、独身の女友達がマッチングアプリのお相手のプロフィールを見せてきたとき、つい声をひそめて愚痴ってしまうようになったことです。そのプロフィールには、〝好きなものは、夕暮れの浜辺での長い散歩、猫〟とか、〝フランス料理、カヤック、旅行〟といったことが書かれています。あるいは、長年の趣味として〝釣り仲間募集中。当方、餌釣りが得意〟と書いてあることも。これらのプロフィールを見ると、私はがん専門医用のお立ち台に上り、こう宣言したくなるのです――上等な釣りざおを持った友人を見つけるのは短期的にはいいかもしれない。けれど、あなたが本当に求めているのは、がんクリニックの待合室であなたのバッグをあずかってくれる人でしょう」
私の姉は、彼女が必要とするときはいつでもバッグをあずかってくれる、すてきな男性を見つけました。落ち込んでいるときにはそばにいて、気遣ってくれる男性と結婚したのです。誠実さを追求してください。あなたが業界の賞を受賞するときにも、がん病棟に入院するときにもそばにいてくれる人を探しましょう。

【パートナー選びのための大切なヒント】

誠実さを測る簡単な方法は、これまでのさまざまな局面でできた友人がいるかどうかを見ることです。その人は、何年ものあいだ古い友人関係を大切にしていますか？　大学時代の親友が落ち込んでいるときに距離をおきましたか、それとも今でも毎月のように映画を見に出かけていますか？　古くから付き合っている友人から、思いやりや支援を求められていますか？もちろん、引っ越しの多い人やなじめない場所に住んでいた人もいるので、この法則がつねに当てはまるわけではありません。けれど一般的に言って、昔からの友人関係は誠実さを示すものとなります。

3．しなやかマインドセット

スタンフォード大学の心理学者、キャロル・ドゥエックは**硬直マインドセット**（Fixed Mindset）と**しなやかマインドセット**（Growth Mindset）について何十年も研究を続けています。しなやかマインドセットをもつ人は、自分の知性やスキルを向上できると信じています。学ぶことが好きで、チャレンジ精神が旺盛で、失敗は、自分の能力を伸ばすために必要なサインであると捉えます。打たれ強く、リスクをとることに躊躇しません。他方、硬直マインドセットをもつ人はその正反対です。才能と知性は生まれつきのもので、リスクをとることは自分を困らせることにしかならないと考えます。

パートナーにはしなやかマインドセットをもつ人が適しています。避けては通れない問題が起きたとき、すぐにお手上げだとあきらめるのではなく、問題に立ち向かう人のほうがいいからです。しなやかマインドセットをもつ人は、人間関係をあきらめたり、ものごとを解決できないと決めつけたりするのではなく、よりよくするために前向きに取り組む傾向がずっと強いのです。

【パートナー選びのための大切なヒント】

しなやかマインドセットをもっているかどうか見極めるには、相手がさまざまな状況にどのように対処するか注意してみるといいでしょう。

しなやかマインドセットの見極め方

状況	硬直	しなやか
試練への対応	避ける	受け入れる
失敗への対応	あきらめる	ねばる
新たなスキルを習得することへの見方	恥ずかしい思いをする可能性	成長のチャンス
他者の成功への反応	脅威を感じる	刺激を受ける
自分に対する接し方	内なる批評家が声高に糾弾する	自分をいたわる

4. 自分の長所を引き出してくれる性格

つまるところ、恋愛とは個人の問題ではなく、二人がいっしょになったときに何が起こるかです。相手の行動が、あなたにどのような影響をもたらしますか？　相手の優しさは、あなたをリラックスさせ、大切にされていると思わせてくれますか？　あるいは、相手の不安があなたの不安を呼び起こすでしょうか？　相手が自分の中のどのような資質を引き出すのか理解する必要があります。なぜなら、その資質が、その人といっしょにいるときのあなたのアイデンティティになるからです。

あるクライアントが、条件的には完璧に思える男性と出会いました。その男性は、知性やキャリアの成功など、彼女が望むものすべてをもっていました。けれど残念ながら、二人でいるといつも、彼女は自分が小さくなったように感じました。彼は、なぜ彼女が自分の料理スキル以上のレシピを選んだのか尋ねたり、彼女の部屋に飾られたピカソのポスターをからかったりしました。彼女は彼とのデートの終わりにはいつも、自分の選択と、自分自身について自信をなくしていました。最初の頃は、彼の批判が自分を強くしてくれると彼女は思っていました。「彼は私を成長させようとしているだけ」とデートコーチの私を説得しようともしました。その後セッションを続けるうちに、実は彼が不安感の強いタイプで、彼の不安が彼女の不安を引き起こしていることに気づきました。履歴書の立派さは重要ではありません。実際に会うと、彼は彼女の自信をなくさせました。彼女は自分を責めてばかりの人生を選ぶことを拒否し、彼との関係を終わらせました。

また、ある友人は「彼女といると、ぼくは有能だと感じるんだ」と話してくれました。「いつでもぼくにアドバイスを求めて、それを受け入れてくれる。ぼくが重要で有能な人物であるかのように、いつも頼ってくれる」その友人は、彼女が引き出してくれる自分の一面をとても気に入っているのです。


【パートナー選びのための大切なヒント】


その人といっしょにいるとき、あるいはいっしょに時間を過ごしたあと、自分がどう感じるかに注意してみてください。元気が出た？　落ち込んだ？　退屈した？　やる気が出た？　幸せ？　求められていると感じる？　自分をかしこく感じる？　それともばかになった気分？

あなたのもっともよい一面を引き出してくれる相手を選びましょう。

友達を誘ってグループデートをして、第三者の視点を得ることも有効でしょう。「彼のことどう思う？」と尋ねるのではなく、「彼といっしょにいる私、どんな感じだった？」と訊いてみましょう。

5. うまくけんかするスキル

けんかは愉快なものではありませんが、かならずしも最悪の事態を引き起こすものでもありません。けんかの仕方や仲直りの仕方を教えてくれるロールモデルがいなくても大丈夫。うまくけんかするスキルを身につけることができます。

ちょっとした意見の食い違いから、怒鳴り合いの大げんかまで、けんかはものごとに対処するチャンスです。怒りを積み上げるのではなく、問題が起きた時点で対応しましょう。ある男友達は、恋人とけんかしないことを誇りに思っていました。あるとき、彼女が二人の家のインテリアをすべて彼女好みに飾りつけました。彼は自分の居場所がないように感じました。彼の好みや趣味は一つも生かされていなかったからです。彼はそのことを訴えたかったけれど、けんかしないことが健全な人間関係の証だと信じていたので、あきらめました。その結果、時間とともに彼女への恨みをつのらせていったのです。二人の共有スペースに彼の好みがまったく反映されていないことが、二人の関係すべて——彼がその中に存在しない関係——を表しているように思えました。彼は二人の関係に精力を注ぐのをやめ、職場の、自分の執務室で大半の時間を過ごし始めました。ついに彼がこの問題を口にしたときにはすでに手遅れ。二人の心は離れ、憤りがふくれ上がっていたのです。結局、二人は五年間におよぶ付き合いを終わらせることにしました。

うまくけんかするための第一歩は、人間関係には二つの問題があると理解することです。一つは解決できる問題。もう一つは、解決不能で、二人の関係につねにつきまとう永続的な問題です。ジョン・ゴットマンは、人間関係の対立の六九パーセントは永続的なものだと指摘しました。

永続的な問題のよくある例は、カップルの片方がアウトドア派で、もう一方がインドア派というものです。あるいは、一人がきれい好きで、もう一人は片付け下手。これ以外にも、仕事や家族、将来のビジョン、お金、セックスの頻度についての見解の相違なども含まれます。
たとえば、あなたがいつも五分（あるいは一〇分）遅刻するタイプだと想像してみてください。かたや、あなたの大切な人は、「なにごとも早め早めに。時間ぴったりは遅刻といっしょ。遅刻は来ないということ」をスローガンとする家庭で育ったとします。時間厳守をめぐってけんかすることは必須でしょう。この違いを乗り越えるための解決策——たとえば、別々に空港まで移動する、など——を考えるかもしれませんが、問題を解決することは不可能でしょう。ゴールは、互いを変えようと説得をすることでも、無理に合意に達しようとすることでもなく、違いを受け入れて生産的な解決策を見つけることです。

カップルセラピストの故ダニエル・ワイルは、著書『After the Honeymoon（ハネムーンのあと）』の中で、「長期的なパートナーを選ぶということは、必然的に、解決できない問題をひとそろい選ぶことである」と説明しました。目標は、けんかしない人を見つけることではありません。うまくけんかできる相手、けんかにより関係が終わると心配する必要のない相手を選ぶことです。うまくけんかするための二つ目の要素は、見解の相違から立ち直る力です。ジョン・ゴットマンは、「修復の試み」として、けんかが激化するのを防ぐための発言や行為について書いています。うまくいっているカップルは、冗談を言ったり、譲歩したり、相手に感謝の気持ちを伝えたりして、けんかの熱を冷ますことができるのです。

【パートナー選びのための大切なヒント】

誰を選ぼうとも、見解の相違は避けられないことを覚えておいてください。けんかの仕方に注意を払いましょう。自分の気持ちを相手にきちんと伝えられますか？　自分の声が相手に届いたと思いますか？　パートナーはけんかを和らげるために修復的な試みを実施しますか？　目標は、けんかを完全に避けることではなく、うまくけんかすることです。

6．難しい決断をいっしょにくだす力

どこかの時点で、あなたとパートナーは難しい決断を迫られることになるでしょう。もし、どちらかが遠くの町で信じられないような仕事のチャンスを得たらどうしますか？　あるいは、障がいのある子どもを育てることになったら？　高齢の両親を二四時間体制で介護する場合は？　そのような難しい問題をいっしょに考え、決断してくれる人を探しましょう。

あるクライアントが付き合った相手は、付き合い始めて一ヶ月もたたないうちに職を失いました。その恋人は夢の仕事を失ったショックを乗り越えて、新しい仕事を見つける必要がありました。すぐにいい仕事が見つからなければ、東部の故郷へ帰ることも決断しなければなりません。これは大変な試練でしたが、私のクライアントは、恋人の難しい決断を助けることを通して、困難な状況のもとで二人がいかにうまくやれるかがわかったと語りました。楽しいことではありませんでしたが、二人の相性のよさが明らかになり、絆が強まったのです。

【パートナー選びのための大切なヒント】

誰かといっしょに決断をくだすとはどういうことなのかを知るためには、実際にやってみるのが一番です。本物の決断（中華料理とタイ料理のどちらを注文するか、ではなく）をいっしょにくだしてみてください。二人の関係のストレス耐性をテストするのは大切です。なにも、人為的に危機をつくりだすこと（「助けて、おばあちゃんが誘拐された！」）を提案しているのではありません。二人が共通の試練に直面したとき、よくよく注意して見てほしいのです。たとえば、複雑な料理を作るときや、海外旅行をするとき、どのようなことが起こるでしょうか？　二人でドライブしているときに途中で車が故障したら？　それぞれの友人の結婚式が同じ日になった場合、どちらを優先しますか？　二つの同じようにいい（あるいは悪い）選択肢のあいだで板挟みになったとき、どのように対処しますか？

ダン・アリエリーは「カヌー・テスト」というものを提案しています。カヌーにいっしょに乗ってください。本物のカヌーです。漕ぐリズムを互いに合わせることができますか？　どちらかがリードして、もう一方が従いますか？　それとも二人ともリードしたいタイプでしょうか？　もっとも重要なのは、ものごとがうまくいかないときに、相手をどれくらい責めるか、ということです。チームとして、文字通り、荒波をどのように越えていくのか、注目してください。

プロムのパートナーはプロム会場に残して

このように、長期的な関係の成功にたいして重要でない要素は、初めて出会ったときにすぐにわかるような表面的な特徴であることが多いものです。そして、もっと重要な資質は、通常、交際中あるいは数回デートを重ねて初めて明らかになります。だからこそ、本当に大切なものに集中するために、自分の考え方を転換する必要があるのです。

そのような転換は簡単ではありません。私自身、その大変さは身をもってわかっています。

その昔、バーニングマンから四ヶ月後の土曜の夜、私はブライアンにその夜の予定を尋ねるメッセージを送りました。

「〝ブーティー〟に行くところ」彼からの返信には、DJがロボットや海賊に扮し、ドラァグクイーンがステージに登場する地元のダンスパーティーについて触れられていました。私もいっしょに行きたいと思ったけれど、彼からの誘いはなし。

代わりに、私のおごりでパーティー前に夕食をとる、という提案を私からしました。砂漠での楽しい記憶を彼に思い出させることができれば、パーティーに誘ってくれるだろうと思ったのです。

夕食後、彼がパーティー前に友人たちと集まるのに、私もなんとか参加させてもらいました。お酒を数杯飲んだあと、自分もかれらといっしょにブーティーに連れて行ってくれるようせがみました。

彼の友人たちがクラブに入り、私とブライアンは外に二人残されました。レザーのミニスカートにシルクのタンクトップ姿の私は、寒さに凍えるばかり（この服装を選んだのはパーティーに誘われるのを期待していたからで、サンフランシスコの悪名高い夏の夜の寒さについては完全に忘れていました)。ふらつくハイヒールの上で、私はぶるぶると震えていました。

彼は私のむき出しの両肩をつかんで、私の目を正面から見つめました。「頼むから中までついてこないでくれよ。今夜は友達とつるんで、女の子と出会いたいんだ。きみは家に帰ってくれ」

私は泣いてすがりましたが、三〇分後、彼は友人たちと合流するためにクラブの中に入って行きました。

私はどこで間違ったのでしょう? ダサいクラブの外で、一人アイライナーと鼻水を垂らしながら、複雑なメッセージをよこしてみじめな気持ちにさせるような人に恋い焦がれる——これまで見てきたどの恋愛アドバイスにも、こんな人生の瞬間を癒やしてくれるものはありませんでした。

ブライアンのような人を追いかけるのはこれが初めてではありませんでした。選ぶ相手を間違っていることはわかっていましたが、どうすれば正せるのかわからなかったのです。その一週間後、前進していると思い込もうと必死だった私は、ニューエイジ系のデートコーチ、ナディアを雇いました(当時の私はまだ恋愛を仕事にしていませんでした)。

ナディアと私は、彼女のオフィス兼リビングルーム兼「禅の庭」兼「エネルギーの連結点」と呼ばれる部屋の、ラグの上であぐらを組んで座りました。彼女の手助けで、私がブライアンを好きになったのは彼がおもしろくていっしょにいて刺激的だからということ、彼は私の夫の理想像とはかけ離れていること、そして、彼といっしょにいると引き出される、自分の不安な一面が自分で好きになれないことを理解しました。ナディアは堅いロシアなまりの英語で、「あなたの宿題は、交際中、どのように感じたいかに集中すること」と告げました。

次のセッションで、私は考えた答えを説明しました。「自分がかしこくておもしろく、価値ある人間だと思わせてくれる人、二人の関係に安心感を与えてくれる人といっしょにいたい」

ナディアは納得したようにうなずきました。

そのセッションからの長い帰り道、私は宿題を片手に、いらだちを感じていました。ナディアの助けに感謝しているのと同じくらい、私はまだブライアンにこだわっていたのです。その瞬間でさえ、ブライアンはどこにいて何を（あるいは誰のことを）考えているのだろう、と思っていたのです。

私はスマートフォンをチェックして、彼にメッセージを送ろうかと考えました。その瞬間、カレンダーへの招待メッセージが突然現れました。スコットという職場の同僚からでした。

スコットとの出会いは八年前、共通の友達といっしょに大学でランチを食べたときでした。その後、ブライアンとのいざこざがあった年の前の夏、グーグルの従業員用シャトルバス乗り場で再会したのです。そのすぐあと、私は職場で、ハーバード大学の同窓会的なランチに彼を招待しました。食事をとりながら、私は統計解析のR言語を学びたいと公言しました。そこで数学の博士課程を中退したばかりのスコットが、個人指導を申し出てくれたのです。

私たちは職場で毎週顔を合わせることにしました。親切で我慢強く、おもしろい――スコットには教師の才能がありました。ある個人指導のとき、彼が「R言語で作成したグラフをもとにすると、オールド・フェイスフル［訳注：イエローストーン国立公園にある、有名な間欠泉］の噴出回数の分布について何が言える？」と尋ねました。

「双峰分布？」

「その通り！」と彼は喜んで、私とハイタッチをしました。

残念ながら、その新たな恋の芽は出ませんでした。彼が異国情緒あふれる旅やバーニングマンの人混みを嫌っていることを話したので、私の恋愛対象ではなくなりました。けれどそれも過去のこと。その帰り道、私がナディアに話した資質をスコットがたくさんもっていることに気づいたのです。彼こそ、かしこくておもしろく、自分が価値ある人間だと思わせてくれる人、二人の関係に安心感を与えてくれる人でした。

大切な要素という新たなレンズを通してスコットを再評価してみて、最初の表面的な好みが障害となることに気づきました。スコットが一晩中砂漠でパーティーすることを毛嫌いしていても、私は彼といっしょにいるときの気分が好きでした。それから何年もたって、ナディアのアドバイスは的確であるだけでなく、いくつもの研究に裏付けられたものであることを知りました。

その運命的な土曜日、ドロレス・パークを歩きながらサンフランシスコのビルの稜線を眺め、彼からのランチの誘いに「イエス」と答えました。

そのランチは毎週の恒例行事に、やがて毎日の日課になりました。マッチングアプリで出会った人とひどいデートをしたあとは、互いに電話をかけて励まし合いました。スコットと彼の友人が、私の家の近くで、ユーチューブ向けの『シリー・バレー』という技術者のパロディ番組を撮影していたときは、収録前後の数分間、顔を見に行きました。

ある日、いつものランチを終えてそれぞれの仕事に戻ろうとしたとき、彼が木から落ちてきた白い花を拾って私の髪に挿してくれました。

「俳句の世界にいるような気分だ」とスコット。

私がその週の金曜日は空いていることを告げると、彼がデートに誘いました（つまり、実質的には私のほうから誘ったということ）。

スコットはブライアンとは大違いでした。私に好意をもっていることをはっきりと教えてくれました。私は彼に会っていっしょに過ごす時間が楽しみになりました。頭の中で「彼は私のことが好きかしら？」という声が鳴り響くこともありません。だって、実際にそうなのをわかっていましたから。スコットは「今日、きみといっしょに過ごせるのが楽しみだ」「きみの頭のよさが好きだよ」「すぐにでもデートに出かけたい」といったメッセージを送ってくれました。

その公式の初デートから二週間後、スコットの発言が気に触った私は、彼に攻撃的なメッセージを送りました。過去の恋愛経験から、これはけんかに発展するだろうとわかっていました。私はソファに座り、心臓をバクバクいわせながら、まばたきもせずに怒りにまかせてスマートフォンの画面をタップし、自分の失望をあらわにする短い好戦的なメッセージをたてつづけに送りつけました。次の展開は予想できています。私たちはメッセージを何度もやりとりし、最後には怒った私が昔ながらの抵抗手段、つまり、電話やメッセージの無視を決め込むのだろうと(愛着スタイル不安型のお決まりのパターンに拍手を!)。

けれども、そのようにはなりませんでした。スコットが「このことは直接会って話そう」と返信してきたのです。これほど安定した人と付き合うのは初めてでした。まったくもって新しい経験でした。私たちはすぐに議論に突入するのではなく、問題を話し合いました(彼のお母さんがセラピストであることも影響しているかもしれません)。

私がスコットをグーグルでのランチに招待してから六年。いっしょにバーニングマンに二回参加し(ついには彼も屈しました)、タイへ五日間のスキューバダイビング旅行に行き、いまはいっしょに住んでいます。バジル一鉢と多肉植物三鉢をダメにしました。

私たちは幸せに暮らしています。R言語は私たちの愛の言語です。

まとめ

1 人間関係学が、何が長期的な関係に本当に大切なのかを教えてくれる。**ずっといっしょにいてくれて、安心して頼れる生涯の伴侶を探すこと。短い付き合いなら楽しいけど、最後には失望させるプロムのパートナーは避けよう。**

2 **容姿やお金など、表面的な要素は、長期的な関係を築くのにそれほど重要ではない。**情欲は枯れるし、人は環境に適応するものだからだ。趣味や性格が似ているかどうかも同じである。

3 **長期的なパートナーとしてふさわしいのは、誠実で、優しく、情緒が安定している人。**互いに成長し、難しい決断をいっしょにくだし、建設的なけんかのできる人だ。

4 結局、恋愛とは二人の人間がいっしょになったときに何が起こるかである。**相手が自分のどのような面を引き出すかに注意すること。**その人といっしょにいるときの自分が好きかどうかが大切である。

PART

2

さあ、
外の世界へ

8

あなたの「好み」は間違いだらけ

――マッチングアプリの落とし穴にはまらないために

私はかつて、スコットをティンダー〔訳注：マッチングアプリの一つ〕で左スワイプ〔訳注：自分の好みでない場合にスマホ画面上で行う操作〕したことがあります。

スコットとの出会いは、前述の通り、大学で顔見知りになり、その数年後にグーグルのシャトルバスの停留所で再会したのがきっかけでした。実は先ほどは触れませんでしたが、彼が個人指導をしてくれる前にティンダー上で彼のことを見かけていました。スコットの写真をざっと眺めた私は、彼とのマッチングを拒んだのです。

それは二〇一四年、シャトルバスで家に帰るときのことでした。サンフランシスコの渋滞に巻き込まれてうんざりしている私に、ティンダーがどこか見覚えのある男性の写真を提案してきました。共通の友人がたくさん示されていたので、同じ大学に通っていたに違いありません。後ろ向きにかぶった野球帽。タンクトップ姿。太陽の日差しの中で、笑っていない目を不快そうに細めている。体育会系？　私の好みじゃないわ、と左スワイプしたのです。

どうして私はこの、私を最高に幸せにしてくれる人をオンラインで拒否したのでしょうか？ どうしてそんなにも間違った結論に達したのでしょう？

私は自分が求めるものと、長期的な関係の中で私を幸せにしてくれるものをわかっているつもりでした。そして、数枚の写真を見ただけでその人を正確に評価できると思い込んでいたのです。

どちらも間違いでした。

このような間違いをするのは私だけではありません。私のクライアントには、人徳もあり、友人も多く、趣味も多彩という、すべてを兼ねそろえているのに、いまだに独りという人がたくさんいます。どうしてか？ それは、かれらがデート相手を間違えているからです。それはかれらの責任でも、あなたの責任でもありません。実は、アプリのせいかもしれません。

スタンフォード大学の社会学の教授、マイケル・J・ローゼンフェルドの研究によると、いま、恋愛相手と出会うもっとも一般的な方法は「オンラインで出会う」で、次いで「バーやレストランで出会う」、「友人を通して出会う」となっています。

この二〇年間で、オンラインでの出会いが急増しました。ローゼンフェルドの研究では、オンラインで出会うカップルは一九九五年には二パーセントしかいなかったのが、いまでは三九パーセントにまで増加しています。また、オンラインで出会うカップルが増えるにつれ、友人や家族、仕事などの社会的なコネクションや、学校や教会など地域社会を通して出会うカップルは減っています。

大手のソーシャルメディアを見てもわかるように、アプリが人間関係を活性化させる一方で、利用者のあいだに有害な認知バイアスを蔓延させることもあります。多くの人がアプリを通して出会うため（アプリを使わない人でさえ、アプリ利用者とデートすることはよくあります）、気づかないうちにアプリ開発者が私たちの恋愛に驚くほどの影響を及ぼしています。アプリ開発者は、私たちが恋愛の決断をくだす環境をデザインしています。つまり、私たちの決断そのものにアプリ開発者が深く関わっていると言えるでしょう。

従来の経済学では、人の好みは一貫しており、変化の少ないものだと考えられています。しかし、行動科学者はそれが嘘だと知っています。実際には、**環境が影響する**のです。私たちは、物理的な場所であれ、デジタル環境であれ、意志決定を行う状況に影響されます。個人の選択は、選択肢がどのように提示されるかに大きく左右されます。好みは永久的なものだと思うかもしれませんが、実はかなり柔軟なものなのです。

例として、食の選択に環境がどのような影響を与えるのか見てみましょう。数年前、グーグルが従業員の「M&M's問題」を解決するために実験を行いました。その実験では、従業員がもっと健康的な食べ物を選ぶよう後押《ナッジ》しするために、行動科学者による内部チームが軽食提供の環境を変えました。色とりどりのチョコレートが人々を誘惑しないよう、M&M'sを巨大な透明ケースに入れて提供するのをやめたのです。ラベルを貼り付けた不透明な容器に入れ替え、魅力的に見えないようにしました。そして乾燥イチジクやピスタチオなどの健康的な軽食を、透明のガラス容器に入れて近くに置きました。

テック企業のかしこい従業員たちは、以前から健康的な軽食をいつでも食べられることを知っていました。けれど、食べ物を選ぶ環境を変えただけで、七週間のM&M'sの摂取カロリーがニューヨークオフィスだけで三一〇万キロカロリー減少したそうです。この実験に関するワシントンポスト紙の記事によると、「これは、二〇〇〇人いるオフィスの従業員が、一人につき、M&M'sの自動販売機用パッケージを九袋分減らしたことになる」とのことです。そのグーグルのオフィスでは従業員の好みは変わっていません。しかし、不透明な容器が重大な変化をもたらしました。環境が従業員の選択に大きな影響を与えたのです。

現代の恋愛では、意志決定を行う環境はマッチングアプリの中です。私たちはアプリが提示するマッチ候補や、それらが表示される順番に影響を受けます。だから私のクライアントの話によると、あるマッチングアプリでは好みでないと判断したまったく同じ人を、数週間後には別のアプリで「好き」とスワイプすることがあるそうです。このように、ささいな環境の違いが私たちの決断に大きな影響を与えているのです。

念のために言っておくと、私はアプリに反対しているわけではありません。アプリにより、他の方法では出会えなかったかもしれない何百ものカップルが幸せになっています。とくに、LGBTQ+のコミュニティや、人口の少ない地域の住民、五〇歳以上で出会いを求める人など、いわゆる「薄い市場」にいる独身者にとって、マッチングアプリは非常に有効です。また、マッチングアプリはどれも同じではありません。私が好きなアプリは、アプリを離れて実際にデートすることに重点をおいているものです。

（実際、本書を書きあげたあと、私はマッチングアプリ、ヒンジのリレーションシップ・サイエンス・ディレクターに就任しました。ヒンジはユーザーがアプリを離れて実際にデートに出かけるよう推奨するだけでなく――ヒンジのキャッチコピー「削除されるべくデザインされたマッチングアプリ」からも一目瞭然――、私がこの本でまさに成し遂げたいと思うこと、つまり、世界中の何千万もの人々の恋愛の成功を支援するために、私を雇ったのです）

しかし残念ながら、ある種のマッチングアプリは、私たちを間違った方向へ誘導しかねない情報提示の仕方をしています。

その間違いにはまらないようにしましょう。本章では、アプリを有効活用する方法と、アプリの落とし穴を避ける方法を紹介します。

私たちが求めるデート相手は間違っている

メールを書いていると、ジョナサンがドアをノックしました。初回セッションの開始予定から一五分過ぎており、もう来ないだろうと私は思っていました。

「申しわけない」とジョナサンは大きな手を私のほうに差し出しながら言いました。「なかなか仕事を抜けられなくて」

ジョナサンは背が高く、引き締まった体をもつ魅力的な男性でした。ほほ笑むときや、彼の肩書きである「ＣＥＯ」の「Ｃ」の音を発音するときにえくぼが浮かびました。中西部の出身でサンフランシスコに来て五年ほどたちます。そのほとんどを独り身で過ごし、期待できそうな関係もいくつかはありましたが、結局どれもダメになりました。マッチングアプリと数年間格闘したのち、私のもとへ相談に訪れたのです。

最初の数回のセッションで、ジョナサンが自分にどれだけ高いハードルを課し、恋愛以外の部分でどれだけ成功を収めているかわかりました。大学では学生総代を務め、国際的な賞をいくつも受賞し、ローズ奨学金〔訳注：オクスフォード大学の大学院生に与えられる、世界最古の奨学金〕までもらっていました。志が高いけれど思いやりがあり、おもしろい。

ジョナサンは説明しました。「アプリを使って何百回もデートをしてきた。自分の求めるものはわかっているのに、その理想の男性に出会えない。希望のタイプは、身長一九〇センチメートル以上で、引き締まった体の企業経営者。相談に乗ってくれるかな？」

「ええ、お手伝いしますよ」と私は答えました。「あなたが思っているようなやり方ではないけれど」

ジョナサンに背の高い適切なビジネスマンを紹介する必要はありませんでした。彼に必要なのは、恋愛のためのマインドセットを完全にリセットすることです。そのためには、まずはマッチングアプリが与える影響を理解しなければなりません。

問題1．人間の脳は、測定可能で、簡単に比較できるものを重視する。アプリは表面的な特徴を提示するので、私たちはその特徴を必要以上に重視してしまう。

前章で述べた通り、何十年にもわたる人間関係の研究により、長期的な関係の成功に大切な要素が明らかになっています。つまり、情緒の安定、優しさ、誠実さ、そして相手が自分をどのような気持ちにさせるか、です。

しかしマッチングアプリでは、それらの資質の一つも検索することができません。なぜでしょうか？　性格の特徴を正確に測ることはできないし、ましてや、それらの資質があなたに与える影響などわかりようがないからです。その代わりにマッチングアプリに掲載される情報は、確実に測定できて列挙できるものばかりです。身長や年齢、出身大学、仕事、さらには、かっこいいけれど親しみやすく、セクシーでありながら子どもっぽさもうかがえる「モテ写真」を選ぶのがどれだけ上手か。

これが問題なのです。経営コンサルタントがよく言うように、「あなたは測定基準そのもの」です。これについてハーバード・ビジネス・レビュー誌のコラムで、行動経済学者のダン・アリエリーが次のように書いています。「人間は自ら設定した測定基準にもとづいて自らの行動を調整する。何を測定しても、人はその測定基準において自分のスコアを最大化するよう駆り立てられる。つまり、人は測定するものを手に入れるのだ。以上」たとえば、飛行機の搭乗マイル数に応じて特典を受けられる、というマイレージ会員制度を作り、マイル数が鍵となることを顧客に伝えると、顧客の行動が変わるとアリエリーは説明します。顧客はマイルを最大化するために、遠く離れた空港からの非合理なフライトを予約し始めるのです。言い換えると、人は暗示にかかりやすいのです。測定基準を見せられると、それが大切だと思い込んでしまう。私たちは表面的な特徴を重視しがちですが、アプリがそれらの特徴を測定し、提示し、強調することで、もっと重要だと思わせるのです。

これに似た概念として、シカゴ大学の教授、クリス・シーが**評価可能性**（Evaluability）について書いています。シーは、ある特徴が比較しやすければしやすいほど、その特徴が重要に思えると言います。

たとえば、このようなシナリオを想像してみてください（思考実験ですので、あなたは男性に興味があると仮定してください）。私が道であなたに声をかけ、「二人の独身男性のどちらかと付き合えますよ。一人は身長一七五センチメートルで、もう一人は一七七センチメートル。ただし、身長の低いほうがお金持ち。どちらと付き合いたい？」と尋ねたとします。

大半の人が「どうして見ず知らずの他人がそんな変な質問をするのか？」と困惑して、ゆっくりその場から立ち去るでしょう。けれど、とどまる決断をした人には、私がさらなる質問を投げかけます。「背の低い男性が、背の高い男性と同じくらいモテるには、どれくらい年収が多ければいいと思う？」

その時点では、あなたは苦笑いしながら「具体的な数字を出すなんて無理だ」と答えるかもしれません。しかしダン・アリエリーの研究のおかげで、無理ではないことがわかっています。事実、アリエリーは、身長と収入、マッチングアプリ上での成功のあいだに数量化できる相関があることを見つけました。その数値はけっして小さいものではありません。人気のマッチングサイトのデータを用いてアリエリーが導き出した結論は、男性が一インチ［訳注：二・五センチメートル］背の高い男性と同じ魅力を身につけるには、背の高い男性よりも年に四万ドル多く稼がなければならない、というものでした。

そう、四万ドルです。

その理由を評価可能性が説明してくれます。現実の生活で、一七五センチメートルと一七七センチメートルの男性に出会っても、かれらの身長差に気づくことはほとんどないでしょう(また収入についても、向こうがいやらしくも教えてこないかぎり、知ることはないでしょう)。けれども前述の通り、比較できる特徴は重要に思えるのです。アプリにより、身長の比較が簡単になります。女性は昔から背の高い男性に惹かれてきましたが、デジタル世界ではその好みがさらに強くなります。マッチングアプリのプロフィールには身長が明記されているため、背の低い男性は現実世界よりもはるかに不利な立場に立たされるのです。ジョナサンがパートナー候補の身長にこだわるのも無理ありません。

では、女性の収入は魅力にどれだけ影響するのでしょうか? 実は、関係がないことがわかっています。マッチングアプリ上で独身男性は、独身女性ほどには、高所得者に魅力を感じません。その代わりに、男性が女性の魅力を評価するうえでもっとも気にする特徴は、ボディー・マス指数(BMI)でした。BMI一八・五(低体重ぎみ)の女性がもっとも好まれ、収入や学歴は問われませんでした。とはいえ、実際に男性が人生のパートナー候補に対して、スリムさを他の何よりも優先するということではありません。かれらも、数少ない「比較できる特徴」のわなにはまっているだけなのです(まったく!)。

これで私がなぜティンダーでスコットを左スワイプしたのか説明がつきます。私はマッチングアプリで強調される表面的な特徴をもとにパートナー候補を選んでおり、そこでつくりあげていた理想のパートナー像にスコットが当てはまらなかったのです。当時、どのようなタイプが理想かと訊かれたなら、私は「一七三センチメートルの赤毛でビーガンのエンジニア」と答えたでしょうか？　まさか。「身長一七五センチメートル以上」と安易に希望条件を設定し、ティンダーでスコットを見ることさえなかったかもしれません。けれど、十分すぎるほど多くの人と付き合って、スコットが私をもっとも幸せにしてくれる人だと気づきました（彼が写真から想像したような体育会系ではまったくないこともわかりました）。

ここから言えることは、アプリは、測定可能で、比較可能な特徴を強調するため、私たちを惑わせる可能性があるということです。私たちは、人間関係学でもっとも重要だとされている資質は無視し、表面的な特徴が重要だと思い込まされているのです。

問題2．自分の求めるものをわかっているつもりだが、それは間違い。アプリのせいで、すばらしいパートナー候補を除外してしまう。

相談にやってくるクライアントが、パートナーに求める資質を長いチェックリストにしていることがよくあります。けれども奇妙なのは、私たちの大半が、そこまでたくさんの人と付き合ったことがないということです。どちらかといえば経験に乏しく、とくに長期的な関係の相性を見極める経験は少ないのにもかかわらず、自分を幸せにしてくれるものを熟知しているかのように思い込んでいます。

これは大切なポイントですので、次の一文に傍線を引いてください。多くの人は、どのようなパートナーが長期的に自分を幸せにしてくれるのかわかりません。

私たちは自分の望むものをわかっているつもりです。それを長いチェックリストにして持っています。けれどもあなたが恋に落ちる相手が、それらの資質をもっているとはかぎりません。最終的なパートナーはまったく予期しなかったタイプかもしれません。私がビーガンのエンジニアを探していなかったのと同じように。

長期的な幸せをかなえてくれる人についての勘違いは、テクノロジーが生みだした新たな問題ではありません。けれども現実の生活では、背の高い人や低い人、太った人、痩せた人、知的な人、おもしろい人、内向的な人、信心深いタイプ、無神論者など、あらゆるタイプのパートナー候補に出会います。読書会や陶芸教室、友人の誕生日パーティーといった物理的な世界でパートナー探しをしていれば、いわゆる自分の理想像とは異なる人たちとも出会います。そのうちの一人に惹かれ、付き合うことがあるかもしれません。そして、自分より背が高い人、あるいは信心深い人を求めていると思い込んでいたけれども、それは大間違いであったと嬉しい驚きを覚えるかもしれません。

それがマッチングアプリになると、自分の「タイプ」ではない人を除外できるため、間違いを証明するチャンスがありません。以前、配偶者とオフラインで出会ったという人たちに直接インタビューをしたことがあります。私は「いまの配偶者にマッチングアプリで遭遇したら、右と左、どちらにスワイプしたと思いますか」と尋ねました。多くの人が「アプリではいまの配偶者は除外されるだろうから出会うことはなかっただろう」と答えました。「アプリでは相手の年齢制限を自分より一歳上までにしていたけれど、いまの妻は五歳上なんだ」とある男性は言いました。別の人は、「私はアプリではユダヤ人の男性にしぼっていたけれど、いまの夫は仏教徒」と答えました。

多くのデジタルサービスでは、登録時に初期設定が求められます。たとえばネットフリックスでは、どのような映画が好みかを訊かれます。マッチングアプリだとパートナーの希望条件を入力します。希望する年齢の上限と下限は？　身長は何センチ以上（あるいは以下）がいい？喫煙者はどうか？　飲酒の習慣は？

現実的に考えると、マッチングアプリでマッチ候補の数をしぼるために希望条件を設定するのは理にかなっています。アプリが際限なくマッチ候補を紹介するわけにはいかないため、どうにかしてしぼり込まなければなりません。それなのに大半の人が、この最初の決断に注意を払いません。マッチ候補を早く見たくて、急いで希望条件を入力するからです。そこでの注意力は、デリカテッセンでサンドイッチの具材を選ぶ注文用紙に書き込むときと同じくらいのものです。けれども、スモークターキーやディジョンマスタード、エクストラシャープチェダーチーズとは違い、付き合う相手の希望条件として大慌てで選んだ内容が私たちを幸せにも不幸にもします。

この最初の決定に、私たちの恋愛は大きく左右されます。自分で設定した制約により、最高の相性かもしれない人が除外されてしまいます。それは、空腹で早く昼食にありつきたくて注文用紙の「ターキーのみ」にチェックを入れてしまったがために、その後もサンドイッチを買うときはいつもターキーサンドにばかり目がいってしまうようなものです。

もちろん、マッチングアプリで登録後に希望条件を変えることはできますが、大半の人が変更しません。これは、**現状維持バイアス**（Status Quo Bias）というものによるためです。人間は、波風を立てることを避け、ものごとをそのまま維持する傾向があります。サブスクリプション型のビジネスがもうかるのもこのためです。毎月自動でメンバーシップが更新されるスポーツジムの会員になると、月ごとに継続するかを決めなければならない場合よりも、退会の電話をかける確率がぐんと減るのです。

マッチングアプリの登録についても同じことです。最初の段階で希望条件を設定すると、それを変更する可能性が非常に低くなります。アプリは最初の基準、つまり、私たちが求めていると思い込んでいるタイプの人々を紹介します。もし自分より背が高い女性とは付き合えないと信じているなら、アプリは背の低い女性ばかりを候補にあげるため、その思い込みが間違いだと証明されるチャンスは永遠に訪れないというわけです。

問題3．アプリは、買うものを選ぶようにパートナー候補を選ぶ、「恋人ショッピング」を加速させる。

多くの人が、買い物をする前にいろいろと下調べをします。たとえばカメラを買いたい場合、画素数や画質、重さ、バッテリー寿命、価格などあらゆる角度から比較し、検討するでしょう。

マッチングアプリは、パートナー候補を選ぶときにもショッピングと同じような比較ができるという錯覚を与えます。

実際、かつて研究者たちは、他人や友達から恋人へと移行するプロセスを「恋人づくり《リレーションシッピング》」と呼びましたが、いま、新しい靴を買うかのようにパートナーを選ぶ、「恋人《リレーション》ショッピング」という新たな現象を指摘しています。しかし、パートナー候補を買い物と同じように扱うのは問題です。

マイケル・ノートンやダン・アリエリーら行動科学者のチームが、ある研究論文で、多くの消費財は「検索可能なモノ」であり、カメラや洗濯洗剤、大型テレビなどのように、客観的な特徴をもとに測定できるものであると指摘します。そして、それとは異なるものとして「体験財」を説明しています。「(体験財とは) そのもの自体の機能ではなく、それが引き起こす感情により評価されるものである。たとえば、映画や香水、子犬、レストランでの食事のように、主観的、美的、全体的、感情的な特徴により定義され、人の感覚を呼び覚ますものである。もっとも重要なことは、人はそれらを評価するためには、その場に存在しなければならないということ。人づてに判断することはできない」誰もが、前評判は悪いけれど、笑わせてくれる映画を見たことがあるでしょう。あるいは、数々の評価を得ているけれど、自分の口には合わないワイン。自分自身で体験することによって、嬉しい驚きや意外な失望を感じるのです。そのような評価プロセスは、「広角レンズ付きがいいな」と考えるよりもずっと個人的なものです。

この論文の著者たちによると、人間は体験財です。私たちはカメラとは違い、どちらかというとワインに近い（私と似た人なら、フルボディーの辛口、時とともに成熟するタイプ）。パーツの比較や対比では測れないものです。けれどもマッチングアプリは、生きて、呼吸している三次元の人間を、二次元の検索可能なモノに変えてしまいます。人間をパーツごとに分解し、比較してもっともっといいものを見つけ出せるという幻想をつくりだしているのです。

そもそもマッチングアプリは、履歴書的な特徴リストを提示するだけでそれ以上のものは与えてくれません。その人の「体験的なよさ」を評価するには、いっしょに時間を過ごすよりほかないのです。

問題4．アプリのせいで優柔不断になる

ティンダーをダウンロードした最初の晩、私はスワイプに六時間を費やしました。コメディドラマ『フリーバッグ』のファーストシーズンを一気見するのにかかる時間よりも長時間です。何百、もしかしたら何千ものプロフィールを見ました。マッチングアプリは重要な資質について私たちを惑わすだけでなく、誰と付き合うかという選択を難しくします。人間の脳は、こんなにもたくさんの選択肢の中から選ぶようにはできていないからです。

心理学者のバリー・シュワルツが発見した、選択のパラドックスについて思い出してください。私たちは選択肢が多ければ多いほど幸せだと思いがちですが、そうでないことが多い、というものです。実際、選択肢が多すぎると、選択の過重負荷《オーバーロード》が一因で、幸福度が下がります。選択肢を比較することに圧倒され、あきらめて何も決められなくなる可能性があるのです。

コロンビア大学の教授、シーナ・アイエンガーと、スタンフォード大学の教授、マーク・レッパーがこのことを実証した研究が有名です。その実験では、食料品店にジャムの無料試食コーナーを作りました。二四種類のジャムを並べたほうが、六種類のジャムを並べたときよりも多くの人が試食コーナーを訪れました。しかし、二四種類のジャムから試食した人よりも、六種類だけの選択肢を与えられた人のほうが、実際の購入にいたる確率がはるかに高かったのです。ここから研究者たちが導き出した仮説は、選択肢が六つの場合はどのジャムが一番か自信をもって決めることができるが、選択肢が二四あると圧倒されてしまい、何も決断できない、というものでした。

食料品店であれば、決断しないことはジャムなしで店をあとにすることを意味します。それがマッチングアプリの世界では、恋愛に発展しないことを意味します。また、パートナー候補を選ぶことは二四種類のジャムから一つを選ぶよりもずっと難しいものです。二四どころか何千人もの中から、おそらく残りの生涯すべてをささげる一人を選ぶのですから。選択肢に圧倒されてデートにまったく出かけないという決断をするかもしれません。あるいは、たとえデートをしたとしても、誰と真剣に交際すべきか決められないかもしれません。

選択肢が多すぎると決断が難しくなるだけではありません。シュワルツは、選択の過重負荷を乗り越えて決断をくだしたとしても、もとの選択肢が多いと、選んだものに対する満足度が下がると言います(第4章で述べた完璧志向《マキシマイザー》タイプは、この影響を大きく受ける可能性があります)。

私たちは「もしほかのものを選んでいたら?」「別のほうがよかった?」「もっと幸せになっ

ていたの?」と考え始めてしまい、それが、後悔に向かう暗い道へとあなたをいざないます。また、その効果は増幅します。選べる選択肢が多くなればなるほど、自分の選択に後悔する可能性も増えるのです。その結果、憂鬱感にさいなまれます。

この場合、多すぎるのは逆効果ということ。少なくとも、満足度は下がります。

私は多くの恋愛相談にのってきたので、誰もが選択のパラドックスを経験するわけではないことはわかっています。人種や年齢、ジェンダー、性的指向、住む場所などといった要素すべてが、パートナー候補の人数に影響します(クライアントの多くが「もっと候補者が多ければいいのに」と言います)。けれど、マッチ相手がたくさんいる人や、どれだけ多くの人数をスワイプできるか、というゲームに興じている人なら、すでに選択のパラドックスの影響に気づいているかもしれません。マッチングアプリを使う目的は実際のデートに出かけることで、毎晩スワイプしまくることではないのをお忘れなく。

問題5.相手を詳しく知らない場合、実際よりも好ましい情報で知らない部分を埋めようとする。その人に対して非現実的な妄想をつくりあげ、その結果、失望する。

私の大好きな映画、『クルーレス』の中で、転校生のタイが、学校一人気の少女、シェールに、クラスメイトのアンバーのことをどう思うか尋ねるシーンがあります。シェールは「あの子はモネそのものよ。絵みたいでしょ。遠くから見るならいいけど、近くで見るともうめちゃくちゃ」

私はこのような判断の過ちを**モネ効果**（Monet Effect）と呼んでいます。ある人についておおまかな認識しかもっていない場合、脳がすばらしい結果を期待して、楽観的に足りない部分を埋めます。その結果、その人が実際よりも魅力的に思えてきます。あとでその人が目の前に立つ現実の人間になって、ようやく欠点に気づくのです。

このような現象は実業界でも見ることができます。企業が新しいＣＥＯを探す場合、内部人材を昇格させるか、社外の人材を雇うかを選びます。このような決定に関する調査によると、外部採用をすることに決めた会社は、候補者に対して非常に高い期待を抱くようです。外部人材を評価する企業は、その候補者についておおまかな情報しかもっていません。候補者は自分の成功体験をアピールするでしょう。他方、社内の候補者ならもっと情報が多く、その人の過去の成功も失敗もわかっています。内部採用に比べて、外部採用のＣＥＯが給与の割に業績が振るわないのは、モネ効果が原因なのです。

恋愛でも同じことです。マッチングアプリでプロフィールを見ることとは、遠く離れたところから人を見るのと同じです。得られる情報は、入念に選ばれた数枚の写真と、基礎情報だけ。実際にデートをしてみると、声が気に入らなかったり、テーブルマナーが最悪だったり、相手のおやじギャグを受け入れられなかったりします。これらの欠点を普通だと思う——実際に普通のことで、誰にでも欠点があります——代わりに、ただがっかりしてしまう。脳内の完全無欠な恋人はどこかへ行ってしまった。いてもたってもいられずトイレに駆け込み、ティンダーを開いてまたもやスワイプを始めるのです。いまのデート相手はあきらめて、ディスプレイに映る別の人物、モネ効果で完璧に見える相手についてまた妄想を始める。けれどもその相手にも、実際に会うと欠点があるのに気づきます。また同じサイクルの繰り返し。「隣の芝生は青い」というのと同じです。つねに、いま手にしているものよりも次のもののほうがよいと思ってしまう。非現実的なつながりを果てしなく求めるサイクルにはまっているのです。

かしこくデートしよう

これらの問題すべてが、デート相手を選ぶうえで重大な決断をくだすのを難しくしています。実際にはたいして重要でない要素に注目してパートナー候補を比較し、本当の可能性を見過ごしてしまいます。マッチングアプリは、もっとかしこく使いこなさなければなりません。

フィルターを変更する

アプリで目にする人々は、登録時に自分で設定した条件を反映しています。その当時まで時を戻してみましょう。さあ、ダウンロードしたばかりの自分を思い出してください。小鳥たちがさえずり、期待で胸がいっぱい。身長や年齢などの希望条件を入力するよう求められたとき、大急ぎでこのステップを終わらせたはずです。だって、何百人もの恋人候補がその先で待っているのですから。

このような事情から、あなたは間違いを犯したのかもしれません。自分が求めるものをわかっていると思い込んで、その実、間違っていたのです。だから、アプリが紹介する候補の幅をもう少し広げてみましょう。スマートフォンを手にとり、設定を更新してください。もちろん、すべてのアプリで。当然、いますぐ。自分には若すぎるとか歳をとりすぎているとかでこれまでは除外していた人たちのために、もう少し柔軟になってください。理想の身長ではないけれど、すてきな人物とデートしてみましょう。

また、「大卒以上」や「カトリック教徒限定」といった、数値以外の条件についても考えてみてください。このようなイエスとノーの区分けは、より深い価値観の好み——知的好奇心だとか、伝統的なものとのつながりなど——を反映するものであるのに、アプリではそこまで捉えることができません。

さあ、いますぐに行動してください。終わるのを待っています。

このエクササイズをジョナサンにもやってもらいました。彼は身長の条件を緩和し、すぐに以前よりも多くの男性を見られるようになりました。知性とユーモアセンスはゆずれませんが、これらの資質を見極めるには、プロフィールを読み、メッセージをやりとりし、実際にデートに出かけるしか方法がないことをジョナサンは認識していました。アプリのフィルター機能では、このような資質を分別することができません。

スワイプの仕方を変える

希望条件の設定は変えましたね。では続いて、選択プロセスを更新しましょう。

自分の思い込みに挑んでください。一度、クライアントの女性がアプリでマッチ候補を選ぶところを観察したことがあります。かっこよくて自己紹介文のおもしろい男性が表示されました。なのに彼女は左スワイプで拒否。その理由を彼女に尋ねると、「だって仕事がコンサルタントよ。コンサルって退屈じゃない」との答え。は?! コンサルタント全員が? 一人残らず? 彼女はその男性に関するたった一つの事実だけで、自分に必要なことはすべてわかった気になっていたのです。職業は人柄に関係ありません。同じ仕事をしている人でも、性格がまったく異なることもあります。

ほかの例を見てみましょう。ある旅好きなクライアントは、いろんな場所を旅行したことのある男性を探していました。私は、彼女にとって重要なのは冒険心や好奇心であり、これまで何カ国を旅したことがあるかではないことを彼女に理解させました。

それから数ヶ月後。彼女はすてきな男性に出会いましたが、その人は経済的な事情からこれまで国外に出たことがありませんでした。けれども彼女は、私と二人で明らかにした重要な資質を自覚していました。彼のほうは、起業という形でその資質を体現していました。彼女は彼が初めてのパスポートを取得するのを手伝いました。いまでは、二人で定期的に旅に出ています。もし彼女が、(当初の予定通り)出入国のスタンプがいっぱい押されたパスポートを持っている人だけに限定していたなら、彼にチャンスはなかったでしょう。

その人の過去や現在を知っていても、未来までわかるわけではありません。

「イエス」と答える理由を探しましょう。マッチングアプリを使っていると、他者の欠点を探して、「ノー」という理由を見つけたくなりますが、批判的な見方をやわらげるようにしてください。私はこれまで、「教師」や「ヨガインストラクター」と書かれているとすぐに「ノー」とスワイプする人々を見てきました（「教師じゃ収入が不十分ね」「水晶を集めて、ぼくのチャクラを整えようとする人とは付き合えない」）。実際にはその人たちのことをまったく知らないのに。数枚の写真と基本情報という、ほんの一部しか見えていないのに。少しでも可能性があるなら、右スワイプをして何が起こるか見てみましょう。マッチしそうな人を評価するとき、欠点ではなく魅力的なところを探しましょう。

アプリ上で特徴を解読するのは、科学というより芸術です。プロフィールの質問への回答だけで判読できると思わないでください。「カトリック」にチェックがついていても、「カトリック家庭で育ったけれど熱心に実践していない人」なのか、「毎週日曜日は教会の最前列にいる人」なのかわかりません。あなた自身でも回答に悩むような漠然とした質問への回答から、その人たちの本心を正確に読み取れるとは思わないこと。実際に会ってみて、直接尋ねてみてはどうでしょうか？

かならずしも相性がいいとは思えない人ともデートしてみましょう。それが、思い込みを廃して、実際の自分の好みを明らかにする唯一の方法です。

ある知り合いの女性がフェイスブックで、最近のマッチングアプリを使う人たちがいかに「哀れで、見当違い」であるか、熱のこもった投稿をしたことがあります。その証拠として、最近彼女が目にしたプロフィール画像もアップロードされていました。その画像を見ると、「もっとも非合理な恐怖」という質問に「結婚式のハッシュタグにふさわしくない名前の人と結婚すること」との回答。その知り合いの女性は、この回答が軽薄で、彼女の投稿を引用すると「ミレニアル世代の恋愛の崩壊」を表していると考えました（結婚式のハッシュタグを知らない人のために――カップルが結婚式の写真をSNSに投稿するとき、自分たちの名前をもじったハッシュタグを付けるのです。たとえば私の友人ダニーが、エリック・ヘリツァーと結婚したとき、ハッシュタグはロックバンドAC／DCの曲「地獄のハイウェイ《ハイウェイ・トゥ・ヘル》」をもじって、#highwaytohelitzer《ハイウェイ・トゥ・ヘリツァー》でした）。

私とほかの多くの人々が、この投稿に反論するコメントを付けました。私も最初はコメントしたい衝動を抑えていたのですが、どうしても何か言わずにはいられず、こう書きました。

「一意見だけど、マッチングアプリの一つの質問への回答だけで、その人を厳しく非難するのはどうかと思う。私はたくさんの人がプロフィールをつくるところを見てきたけど、みんな早くマッチ候補を見たいから、質問への回答はどうしても大急ぎになるの。件《くだん》の回答は、あなたにはちょっと浮ついたように見えるかもしれないけれど、私はおもしろくて皮肉が利いていると思う。この回答からわかることは、彼が結婚式のハッシュタグに飽きるくらい何度も結婚式に出てきたこと、だからおそらく友人の多い誠実な男性だろうということ。それに、もし彼の友人の多くが結婚しているなら、おそらく彼も腰を落ち着けたいと思っているのかもしれない。また、彼がしゃれ好きで、だじゃれのハッシュタグにふさわしい名前をもつ人と結婚したいと思っていることもわかる」

彼女からの返信には、彼女自身もだじゃれは大好きで、その男性に対する元の見方を考え直すつもりだと書かれていました。時を戻して「イエス」にスワイプできればいいのに、と彼女は言いました。
誰にでも「イエス」とスワイプするよう勧めているわけではありません。直接会うと、プロフィールでわかるよりずっと魅力的な人かもしれない、という事実を受け入れてほしいのです。

同時に多人数をかけもちしないこと

ここで、「さっきまでのアドバイスと違うんじゃない？」と思うかもしれません。私が言いたいのは、フィルターを広げていろんなタイプの人を視野に入れ、そのうちの数人とデートしてほしい、ということです。ただし、同時にたくさんの人とデートしないでください。そんなことをしても、モネ効果を悪化させるだけです。

ひたすらスワイプとデートの約束を繰り返すのは簡単です。アプリに依存しているように感じても、あなたが悪いのではありません。事実、ティンダーは意図的にそのように設計されていると多くの人が思っています。ドキュメンタリー映画『Swiped: Hooking Up in the Digital Age（スワイプ：デジタル時代のお付き合い）』の取材中、ジャーナリストのナンシー・ジョー・セールズは、ティンダーが心理実験――とくに、著名な行動学者、バラス・スキナーによる、無作為につつくと餌が出てくることをハトに学習させた条件づけ実験――に影響を受けていることを発見しました。「それこそ、スワイプのメカニズムよ」と、セールズは、カーラ・スウィッシャーのポッドキャスト「レコード・ディコード」の中で説明しました。「スワイプすると、マッチするかもしれないし、しないかもしれない。それで、ゲームをプレイしているときみたいに興奮するの」ティンダーに登録した最初の晩、私が六時間も費やしたのも無理ありません。

アプリをゲームのようにプレイするのはやめましょう。自分自身のペースを守り、デートに出かける相手の数を制限するほうがよい決断をくだせます。そのデート相手をしっかり理解するよう努めてください。希望条件を広げることがメニューの品数を増やすことだとすると、少数の人とデートに出かけることはそれぞれの料理をゆっくり味わうことです。

あるクライアントは、かけもちするデート相手は三人までと決めていました。その人数であれば、それぞれの相手と関係を育てるチャンスを確保し、かつ、いっしょにいるときに自分がどのような気持ちになるか比較することができます。彼女にとって理想の数でした。もしアプリにのめり込みすぎて、同時期に多人数とやりとりして、つねにカレンダーが初デートの予定でいっぱいの人は、二四種のジャムから試食した人たちと同じ結果を迎える可能性があります。より多くのジャムを試食するでしょうが、どれを買えばいいのかわからなくなるのです。その結果？　糖分とパサパサのトーストの食べ過ぎで腹痛をかかえて、一人さみしく帰路につくのです。

アプリを味方につける

ここまで、他の人のプロフィールをどのように評価すべきかを見てきました。一方で、相手もあなたのプロフィールを評価します。もし、思うような結果を得られないと悩んでいるなら、マッチ数を増やして、よりよいデート相手に出会うための、エビデンスにもとづいたヒントをご紹介いたします。

映える写真を選ぶ

もちろん、写真が大切です。ほとんどのマッチングアプリで写真がもっとも大きな面積を占めています。写真だけ見てスワイプし、一枚目の写真が気に入った場合のみほかの情報をスクロールする、という人も少なくありません。

マッチングアプリ、ヒンジの研究者が、どのタイプの写真がユーザーからもっとも肯定的な反応を引き起こすかを調査した結果が、二〇一七年のブログで公開されています。この分析のために、研究者らは一〇〇〇人の利用者のプロフィール写真を無作為に選び、その写真の質（スナップ写真かポートレート写真か、笑顔で歯を見せているか、など）にもとづいてタグ付けし、その効果を評価しました。その結果、次の知見が得られました。

●どのような見た目か、独身なのかについて、見る人に推測させるような写真は避けるべし。フィルターがかかった写真や大切な人がいるのを匂わせる写真は、そのような要素のない写真に比べて、「いいね！」の数が九〇パーセントも少ない結果が出ました。つまり、サングラスをかけた写真や、デート中の恋人に向けてポーズをとっているような写真はやめましょう。もっと悪いのは、集団で写っていてどれがあなたなのかわからない写真です。私はそのような写真を「ウォーリーを探せ」写真と呼んでいます。集合写真は多くても一枚にとどめ、どれがあなたの顔かわかるよう、はっきりと目印を付けましょう。

●女性の場合、一人で映っている写真、視線をそらしている写真、歯を見せてほほ笑んでいる写真では、「いいね!」の確率が七〇パーセントアップします。

●男性は、一人で映っている写真、歯を見せずにほほ笑んでいる写真、カメラへまっすぐに視線を向けている写真は、好感度が上がります。

●スナップ写真のほうがポートレート写真より好まれます。投稿写真のおよそ八〇パーセントがポートレート写真ですが、スナップ写真のほうが「いいね!」をもらえる確率が一五パーセント高くなります。

●自撮り写真は人気が低く、とくに洗面所での自撮り写真は「いいね!」をもらう確率が九〇パーセント減少します（新たな恋人候補にトイレを連想させる写真は避けよ、というのがプロからのアドバイス）。写真を撮ってくれる友達がいることをアピールしてください。

●白黒写真は威力抜群。全投稿写真の三パーセントしかないのに、「いいね!」をもらう確率が一〇六パーセントアップします。写真を撮るときにモノクローム設定にするのも検討してください。

私はクライアントがプロフィール写真を設定するのを手伝う中で、大半の人がもっとも魅力的な写真を選ぶのが下手であることに気づきました。そこで、あるシステムを作りました。まず、クライアントに一〇〜二〇枚の写真を送ってもらうよう頼みます。かれらの了承を得たうえで、その写真をオンラインのアルバムにまとめて、クライアントと出会う可能性の低い、国内中の私の知人に送ります。その知人らが、どの写真を気に入ったか、どれを削除すべきか、重要な一枚目にはどの写真を使うか、写真に順位をつけます。多くの場合、どの写真が一番効果的かは意見が一致します。そしてほとんどの場合、その写真はクライアント自身が選んだ写真とは異なります。パターンが見えてきたら、そのフィードバックに合わせてクライアントの写真を選びます。

エクササイズ　映える写真を選ぼう

自分の写真を一〇〜二〇枚集めて（顔写真と全身写真、料理やハイキングなど、好きなことをしている写真の組み合わせが理想的）数人の友人に送ってください。どの写真を残し、どの写真を削除すべきか、どれを一枚目の写真にすべきか尋ねてみましょう。あるいは、アプリで実験することもできます。写真を入れ替えて、どの写真のときにマッチ数が増えるか見てみましょう。

気の利いたプロフィール文を書く

自分を正確に伝えること。以前、アウトドア好きの男性を探す、アビーという女性のコーチングをしたときのことです。彼女は、最近流行りの、あごひげを生やしてチェック柄のシャツを着た「セクシーな山男系《ランバーセクシャル》」に惹かれていました。彼女はプロフィールにハイキング中の写真を載せ、自然に関心があると書いていました。実際には、自然の中で過ごすことが大嫌いなのに。「ねえ、アビー」と私は彼女に言いました。「あなたのバッグのキーホルダーには〝キャンプ反対派〟ってはっきり書いてあるじゃない。このプロフィールはあなたじゃない。あなたが求めるタイプの男性に合わせた、理想のあなたでしょ」私たちは二人で、彼女の本当の性格に忠実なプロフィールをつくりあげました。最近のベルリン旅行で撮った芸術的な写真を追加しました。彼女がジャズの生演奏と高いウイスキーに夢中であることも書きました。あたりまえのことのように思えるかもしれませんが、いいプロフィールとは、あこがれの自分ではなく、自分そのものを表すものです。自分自身を率直に見せることで、将来の苦悩からも逃れられます。たとえばアビーの場合、想像上の山男ふうのボーイフレンドに、五日間の雪崩《なだれ》トレーニングコースに参加したくないと伝えなければならない苦しさを避けることができました。

会話がはずむよう、具体的に。プロフィールの目的は、過度にかしこさをアピールすることではなく、会話をはずませることです。読み手に興味を抱かせ、つながりを築く機会となるようなプロフィールにしましょう。ヒンジの質問項目、「友人の結婚式にいっしょに行く人に求めるもの」を例に考えてみましょう。「結婚していないこと」と書くとおもしろいけれども会話の糸口にはなりません。その代わりに「スパイス・ガールズの『ワナビー』の歌詞を暗記していること」と書くと、九〇年代の音楽や、カラオケで誰がスケアリー・スパイスのパートを歌うかといった話題で盛りあがるかもしれません。あるいは「私にダンス対決を挑むこと」と書くと、特技について話すきっかけになります。会話をはずませるには、具体的に書くことが一番です。自分を際立たせるために奇抜な内容を入れましょう。たとえば、「音楽が好き」と書いてあっても、あなたのことは何もわかりません。だって、音楽は誰でも好きですから。旅行や食べ物、お笑いについても同じことです。トム・ハンクスが好き、と言っているようなものです。彼はアメリカのヒーローだから当然でしょう。料理が好き、と書くのではなく、あなたの得意料理やベトナム料理のフォーに入れる隠し味について書きましょう。具体的に書けば書くほど、マッチ候補がそれにコメントをして、つながる可能性が増えます。

嫌いなものでなく、好きなものを強調すること。かぎられたプロフィールのスペースを、自分が求めていないもので埋め尽くす人の多いことに驚かされます。その気持ちはわかりますが、それではネガティブな印象を与えます。類は友を呼ぶ、と言います。文句を言うのが趣味の人ではなく、実際の趣味を共有する人を呼びよせるために、プロフィールのスペースを活用しましょう。嫌いなものや避けていることではなく、胸が高鳴るものをアピールしましょう。

最初のひと言を工夫する

「こんにちは」や「初めまして」はもういりません。週末はどうだったかなんて訊いても、退屈なだけ。最初のひと言として適しているのは、（またしても）具体的なひと言です。

最初の声かけの目的は、会話を盛りあげ、実際に会う段取りを整えることです。プロフィールを見て、ほかの人が気づかないような、細かい内容にコメントをしましょう。ユーモアも交えるといいでしょう。たとえば、カメラから視線をそらした写真ばかりの男性には、「不思議そうに遠くを見つめている写真が好きみたいですね。何を見ているのか知りたくてしかたない！」。あるいは、テレビドラマ『ジ・オフィス』が大好きというプロフィールの人には、あなたの好きなマイケル・スコットのせりふをメッセージで送ってみてください。最初のメッセージに工夫をこらしていることを相手に示しましょう。

そしてお願いですから、誰かとマッチしたらメッセージを送ってください！　そのつもりがないなら、どうしてスワイプするのでしょう？

連絡を絶やさない

誰にでも現実の生活があるので、四六時中、スマホ画面を見つめているわけにはいきません。ものすごく忙しい一日であっても、通勤中や仕事のやる気が出ないときに一五分でも時間をつくり、メッセージに返信しましょう。勢いをそがないように。

本番に臨む

できるだけ早い段階で実際のデートに出かけましょう。アプリを使う目的は、メル友をつくることではなく、実際に会うことです。デート前にメッセージをやりとりしすぎることの弊害を私は何度も見てきました。デート前にひっきりなしにメッセージ交換をしていると、頭の中で妄想をつくりあげてしまいます（#モネ効果）。それで実際に会ってみると、相手が妄想と異なるためにがっかりするのです。余計な妄想さえなければ相性がよかったかもしれないのに。メッセージでの相性がいいからといって、実際に対面したときに気が合うとはかぎりません。

それなら、もっと早い段階で実際の相性を確かめてみませんか？

メッセージからデートへ移行するには、「この話、すごく楽しい。よかったら日曜の午後に散歩しながら話を続けない？」と誘うといいかもしれません。

実際に会うことのハードルを下げましょう。そのための一つの方法は、デートの具体的な日時を提案することです。「オンラインと同じようなやりとりを現実でも続けられるなら、気が合うかもしれない。木曜日に飲みに行かない？　夜の七時はどう？」都合のいい日時を調整するのに何度かやりとりが必要かもしれませんが、最初にこのように提案すると選択肢が狭まります。スケジュール調整に時間をかけすぎると、勢いとドキドキがなくなってしまいます。

けれど、なかなかデートにたどりつけないこともあります。関心がないわけではなく、ただ忙しすぎて、二人の都合が合わないこともよくあります。何度もメッセージのやりとりをしたあとで、オンラインでの会話から実際のデートに移行するにはどうすればいいのでしょうか？

私のお勧めは、優しく、冗談めかして招集をかけることです。「このオンラインでのやりとり、本当に楽しい。対面でも気が合うか確かめてみたいな。今週、軽く飲まない？」

あるいは、次に何かおもしろい話題が出たときに、「ちょっと待って。この話は直接聞かなきゃ！　今週、空いてる日はある？　話の続きを聞かせて」と切り出してみましょう。

もっとうまく出会う方法もある

デートに出かけることは簡単ではありません。全宇宙が敵になって自分を混乱させ、愛を見つけさせないようにしているのでは、と思うかもしれません。けれど望みはあります。アプリから解放されたい人のために、次の章では実生活で出会う方法を紹介します。リアルで出会いましょう。リアルでの出会いなんて起こるわけないとあきらめていても、まだ可能性はあるのです。さらにその次の章では、デートをふたたび楽しむための方法を紹介します。お楽しみに。

まとめ

1 **自分がパートナーに何を求めているのかわかっているつもりでも、長期的な幸福をもたらすものについての直感は、たいてい間違っている。**

2 **マッチングアプリは間違ったものに注意を向けさせる。**人は測定できるものを重視する。アプリでは表面的な特徴しか測定できないので、浅はかな考えが助長される。

3 **アプリの選択肢に圧倒されると、優柔不断になる。**アプリでは、買うものを見つくろうように人間を見比べて比較する、「恋人ショッピング」の習慣が形成される。

4 **アプリをかしこく使おう。**希望条件を広げてより多くの人と出会い、スワイプするときには批判的にならないように。同時期にデートする相手は数人にとどめ、できるだけ早く実際のデートに繰り出そう。

9 リアルで出会う
――マッチングアプリ以外で恋人を見つける方法

「もういや！」アリシアが、オフィスのドアも閉めきらないうちに、バックパックをどさりと下ろし、靴を脱ぎ捨てながら言いました。「アプリはやめる！」

クライアントの二八歳看護学生、アリシアは、アプリでの婚活を何年も続けていましたが、なかなかパートナーにめぐり会えませんでした。何千回もスワイプして、初デートに何度か出かけましたが、二度目のデートはほぼありませんでした。

アリシアは黒人です。これまで、クライアントの人種には言及してきませんでしたが、マッチングアプリでは人種差別が横行しているため、ここで触れておく必要があります。マッチングアプリが黒人女性をさらに難しい状況に押しやっています。出会い系サイト、オーケーキューピッドを仲間と創業したクリスチャン・ラダーは、自社のブログおよび著書『Dataclysm』［訳注：邦訳『ハーバード数学科のデータサイエンティストが明かす：ビッグデータの残酷な現実』ダイヤモンド社］の中で、サイト利用者の行動を分析しました。その分析によると、黒人女性は、最初に受け取るメッセージ数が他人種の女性に比べて二五パーセント少ないのです。さらに、黒人女性から先に男性にコンタクトをとった場合も、他人種の女性よりも返信をもらう確率が二五パーセント少ないという結果が出ています。アジア系の男性も同じような傾向と闘っています。白人、黒人、ラテン系の女性の評価によると、アジア系男性の好感度は他人種に比べて三〇パーセント低いとラダーは指摘します。

アリシアはソファに沈み込み、「私はアプリに向いていないみたい。直接出会いたいんだけど、いまの時代、もうそんなこと無理だって思うのは私だけ？」と尋ねました。

この手の不満は、クライアントや同僚、友人からいつも聞いていました。親世代の人たちは、教会のダンスや映画館の行列、昼休みの公園での出会いについてよく話してくれます。けれど、そんな出会いは古きよき時代のもののように聞こえます。

「ううん、あなただけじゃない」と私は答えました。「ある男性のクライアントに、公の場所で知らない人にアプローチするか訊いたことがある。すると彼は、〝拒否されたり、気味悪がられたりするリスクがあるから絶対にやらない。いまの時代、出会うならここだよ〟ってスマートフォンを指さしたの」

「少なくとも私は違う」

「そう、違う」と私。「アプリは難しいもの。いい人に直接出会う方法を見つけましょう」

アプリに行き詰まりを感じている人や、恋人探しの漁場を広げたい人には、リアルで出会うための四つの戦略をお勧めします。

1. イベントに参加する

アリシアはよく、オンラインでイベントの広告を見たり、友人から話を聞いたりしていましたが、どのイベントに行くべきか決めかねていました（ここでもまた、選択のパラドックスが！）。仕事が忙しく自由な時間が少ないため、失敗に終わる可能性の高いイベントにおしゃれして出かけるのは疲れるし、失うもののほうが多いように感じていました。いつも考えすぎて、行動できなくなっていました。「ノーブラにヨガパンツでのんびりしていてもいいのに、どうして退屈になりそうなイベントに、わざわざ五時半から出かけなきゃいけないの？」とアリシアは言いました。

イベントこそアリシアが誰かに出会うチャンスになると私は確信していました。だからあとは、正しいイベントを選ぶ手伝いをするだけ。私はノートを取り出すと、私が考えた**イベント選びのマトリックス**という図（次ページ）を見せました。このマトリックスは、多忙な人が戦略的にベストなイベントを選ぶのに役立ちます。新しいイベントについて耳にしたら、以下の二つの要素にもとづいてそのイベントをマトリックスに書き込んでください。

1. そのイベントでは、ほかの人とどれくらい交流があるか？
2. そのイベントを個人的にどれくらい楽しめるか？

イベント選びのマトリックス

リアルで出会うための戦略

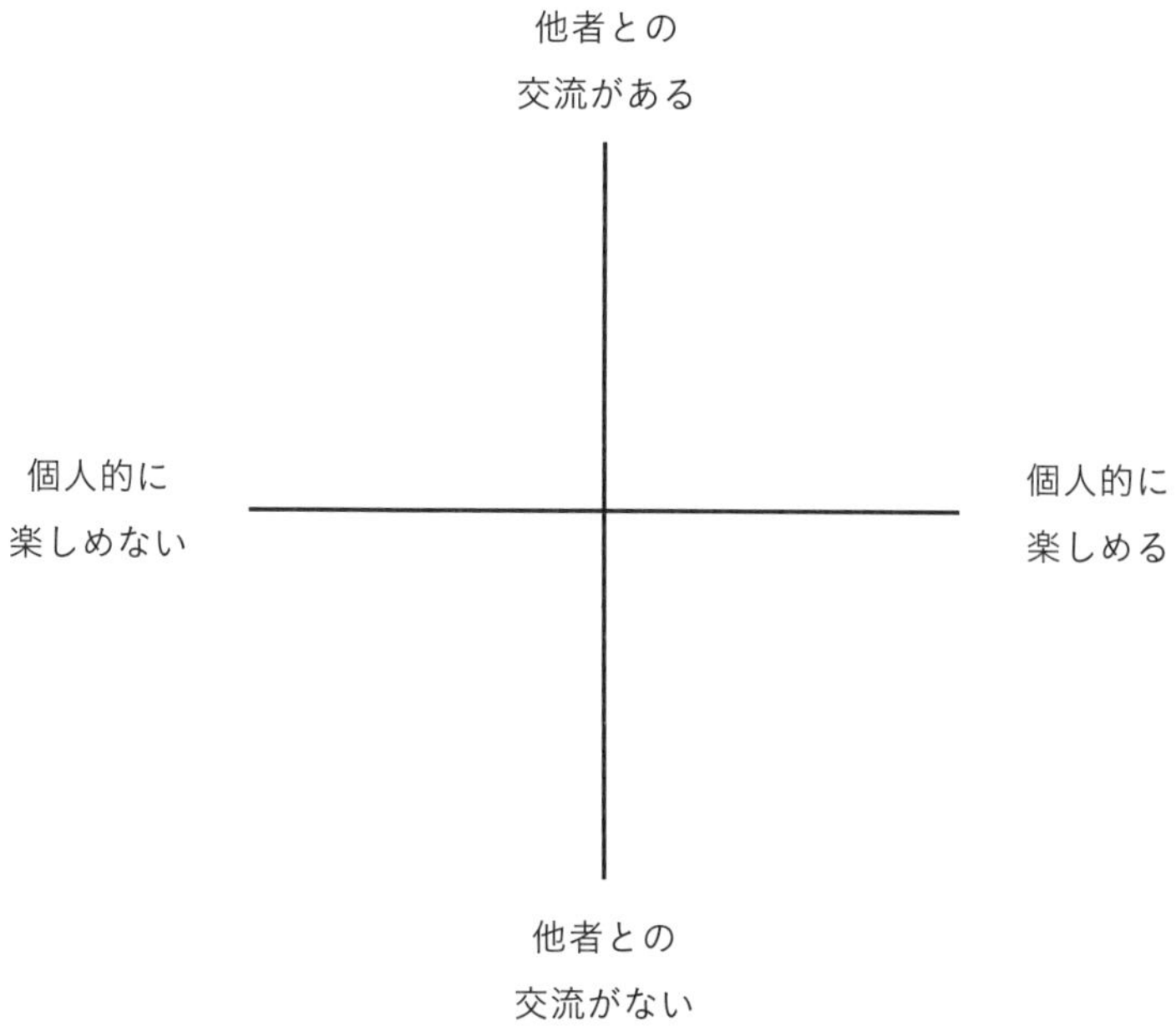

縦軸は、そのイベントで人と人が交流する可能性がどれくらいあるかを表します。言い換えると、このイベントの参加者同士が出会って、おしゃべりをする機会が十分にあるか、ということです。たとえば観劇のように、交流のない静かな活動なら、一番下に位置づけてください。あるいは、参加者の大半と会話するような、大規模な交流が期待できるイベントであれば、上のほうに位置づけます。

横軸は、そのイベントを個人的にどれくらい楽しめる可能性があるかを示します。確実に好きなイベントは右側に、行きたくないイベントは左側に記入します。なぜこの観点が重要なのでしょうか？　自分が楽しめるイベントに参加すると、エネルギーを得られるため、自分の中のもっともいいところが引き出される可能性が高いからです。満ち足りてリラックスして、ありのままの自分でいられます。それこそ、誰かと出会うのに最高のタイミングです。また、自分が楽しめそうなイベントなら、たとえ恋愛対象になりそうな人と出会えなかったとしても、時間の無駄だったとは思いません。少なくとも、自分の好きなことはできるのですから。

アリシアと私は、ソファに座って人気のイベントサイトを開きました（単純に「近場のイベント予定」とグーグルで検索するのでも大丈夫）。開催予定のイベントをスクロールしながら、それぞれのイベントをマトリックスに記入していきました。

ウエイト・リフティング教室はどうでしょう？　アリシアは走るほうが好きなので楽しめるとは思えません。それに、並んでうなり声をあげても会話がはずむとは思えない。楽しめる可能性が低く、交流もなさそう。左下のスペースです。

では、無料の自転車修理クリニックは？　打ち解けた雰囲気になりそうですが、アリシアは自転車を持っていないので、左上へ。楽しめる可能性が低く、交流の可能性が高いコーナーです。

恋愛映画『ビフォア・ミッドナイト』の上映会は？　リチャード・リンクレイター監督の名作続編にはずれがないのは確かですが、集団で映画鑑賞しても誰ともつながりを築けません。しゃべっているのはスクリーンに映っている人だけですから。このイベントは右下の角、楽しめる可能性は高いけれど交流の少ないコーナーへ。

最後に見つけたのが、文化や政治、社会問題について論じ、数々の受賞歴をもつジャーナリスト、タナハシ・コーツについて議論する読書会でした。大当たり！　アリシアはコーツ作品の大ファンで、読書会は交流がすべてです。気に入った人がいれば、グループでの会話から一対一のおしゃべりに持ち込むことも簡単です。右上のスペースに記入しましょう。ついに、可能性の高いイベントが見つかりました。

ただし、イベント選びのマトリックスを使うだけでは不十分です。アリシアは右上のスペースに記入したイベントに実際に参加する必要がありました。ここでまた、おなじみの行動科学の出番です。

心理学の教授、ゲイル・マシューズは、**目標を公言する**と、自分で設定した目標の達成率が高まると指摘します。そこで私はアリシアに、「月に二回、右上のスペースに該当するイベントに参加できると思う？」と尋ねました。彼女は、どれだけ忙しくてもかならず実行すると約束しました。

また、私はアリシアに「今週末までに、選んだイベント二つをメールしてくれる？」と、**締め切り**を設けました。締め切りがあると、先延ばしにする生まれつきの傾向を避け、行動を起こしやすくなるからです。

アリシアはマトリックスをすぐに活用し始めました。一ヶ月もたたないうちに、年に数回しかデートがなかった状態から、ひと晩で六人のパートナー候補と出会うようにまでなりました。どこで出会ったと思いますか？　タナハシ・コーツの読書会です。

自分のマトリックスを作ろう

リアルでの出会いを求めているけれど忙しくて、どのイベントに参加すればいいか決めかねている場合は、前掲したイベント選びのマトリックスに各イベントを配置してみましょう。右上のコーナーに当てはまるものがあれば、それに決まりです。そのようなイベントにたくさん参加するうちに、自分が楽しめて、上質な会話も期待できる、自分にぴったりのイベントをすぐに見分けられるようになるでしょう。

イベント選びのマトリックス
リアルで出会うための戦略

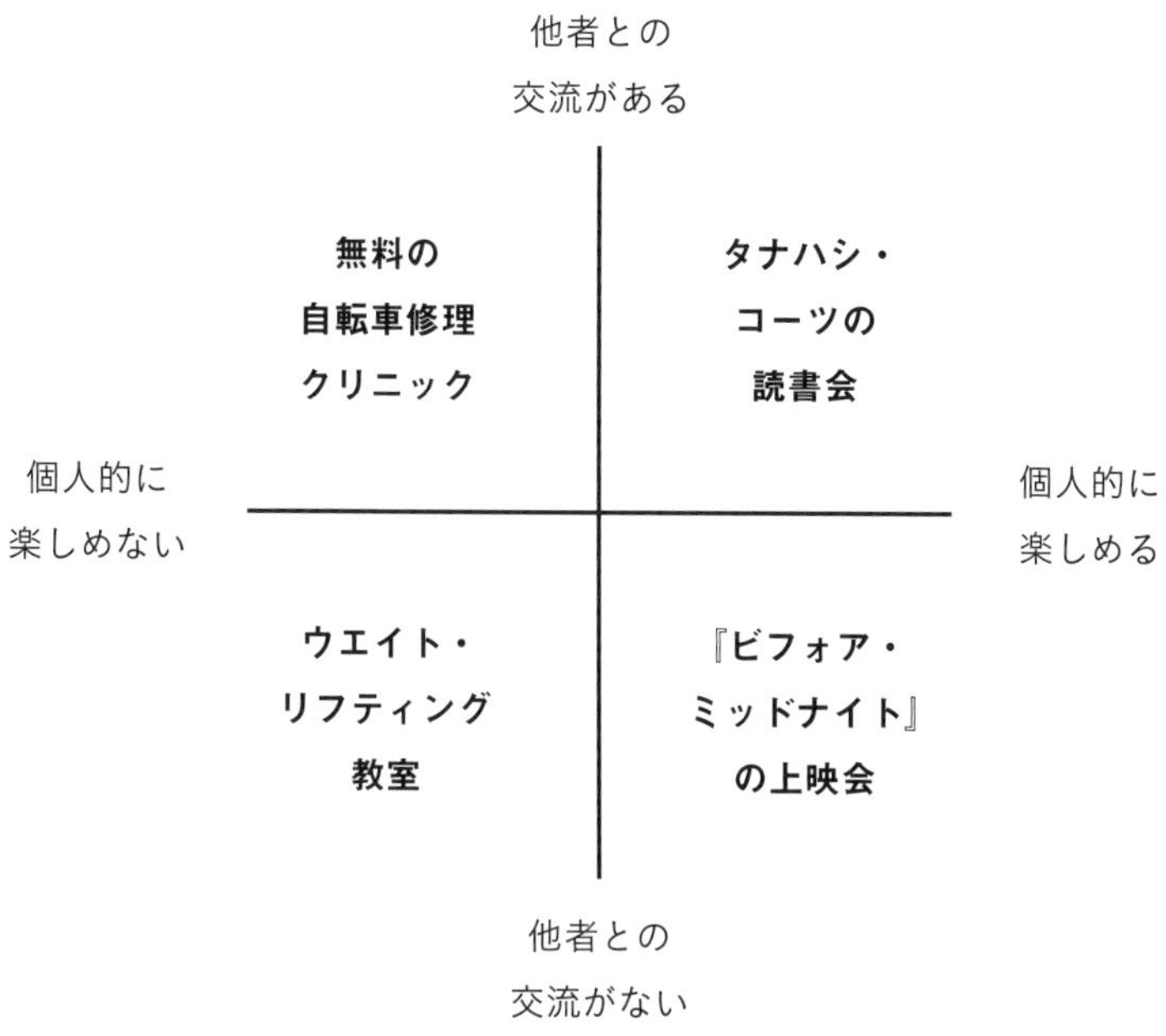

◆エクササイズ◆　イベントに参加しよう

三〇日以内に、一つのイベントに参加することを誓います。
私が今月参加するイベントは「　　　　　　」です。

おもしろそうなイベントの探し方

地元で開催されるフェイスブックのイベントに注目しましょう。興味のあるグループのフェイスブックページをフォローしたり、メーリングリストに登録したりしてください。多くのイベントが無料で参加できます。また、いつも楽しげなイベントに参加している友人はいませんか？　もしいれば、次の機会に誘ってもらえるよう頼むか、どこでイベントを見つけているのか尋ねてみましょう。地元の大学で開催される講演会を探したり、「ギャラリーのオープニングイベント」や「映画祭」といったキーワードに、自分の住む街の名前を加えてグーグル検索したりしてもいいでしょう。教会やシナゴーグもウェブサイトをもっているところがあります。見つけたイベントをマトリックスに配置してみてください。忙しい人はとくに、右上のスペースに当てはまるイベントに注目すること。

あるクライアントは、人権を守るためのデモで彼女に出会いました。新しい出会いを求めて、知らない人同士で結成するバレーボールチームに「フリーエージェント」で登録した人もいました。結局彼女はミドルブロッカーの男性と付き合うようになり、いまでは週に二日、二人でバレーボールを楽しんでいます。また、私の友人が結婚相手と出会ったのは、二人が大好きなポッドキャストの、リスナー向けの集まりでした。

友人のジェーンとジョーイは、ボールを転がして得点を競い合うアーケードゲーム、スキーボールのプレイ中に出会いました。ジョーイは三回もスキーボールの全米チャンピオンになったことのあるすご腕で、ジェーンは地元のバーのスキーボール・ナイトに参加していました。二人は結婚してかわいらしい赤ちゃんも生まれ、ジェーンは参加するスキーボールリーグの事務局長を務めています。

ボランティア活動中に出会ったというすてきな話も耳にします。ボランティア活動は親切な人と出会うのに最適です。親切さは過小評価されているけれど非常に重要な資質であることを、もうおわかりですね。

イベントを最大限活用する方法

イベントに参加するだけでは十分ではありません。出会うためには、実際に知り合いになる必要があります。

イベントには一人で参加するのが理想です。グループでの会話に割り込むよりも、一人でいる人のほうが話しかけやすく見えるからです。スマートフォンに手を伸ばしたくなるかもしれませんが、できるだけポケットにしまっておきましょう。

どうしても一人で行くのがいやなら、同伴者はかしこく選びましょう。自立していて、気遣いができ、前向きで、あなたに協力してくれる人が最適です。いっしょにいて居心地のよい人、あなたが出会いを求めているのを理解してくれる人を誘ってみましょう。あなたがほかの人と話すと不機嫌になる人は避けること。

また、母親がよく言うように「第一印象を決めるチャンスは一度きり」です。自分に自信のもてる服を着てください。気のあるそぶりも大切です。周囲の人と目を合わせ、ほほ笑みかけてから、視線を別の方向に移してください。

最初はスモールステップで、一回のイベントで少なくとも一人と出会えるよう心がけてください。自分から自己紹介しましょう。絵画でも、バンドでも、イヤリングでも、靴でも、そのとき共有しているものごとについて、近くの人に話しかけてみましょう。大切なのは、たとえその人に魅力を感じていなくても、誰かと出会う練習をすることです。そうすると、気に入った人と出会ったときに自信をもって接することができます（筋トレのレップ数を稼ぎましょう！）。また、新しい友人ができると交友関係も広がり、新たな恋愛対象に出会うチャンスも増えます。

「でも、相手が独身だってどうやってわかるの？」という質問がクライアントからよくあります。残念ながら、わかる方法はありません。友人のルーカスは、女性に付き合っている人がいるのか直接尋ねるという大胆な作戦をとっています。「付き合っている人はいるの？」と尋ねて、女性が少し間をおいて「いいえ」と答えた場合、彼女には気軽にデートする相手はいるけれども、自分にもまだ可能性があると判断するそうです。

あるいはカジュアルに、「○○についてもうちょっと話したいんだけど、どうやって連絡したらいい？」と尋ねてみるという手もあります。そうすると、電話番号でもインスタグラムのアカウント名でもメールアドレスでも、相手に都合のいい連絡手段を教えてくれるかもしれません。連絡先を尋ねると、たいていの人はその動機に気づきます。もしほかに大切な人がいるなら、何かしらの方法でそれを伝えてくるでしょう（すでに相手がいたり興味がなかったりすると、連絡先を教えること自体を拒否するかもしれません）。

女性の皆さんは、自分から行動することに不安を感じなくても大丈夫です。大半の男性は女性からのアプローチを歓迎しますし、もし相手が女性の大胆で自信にあふれた行動に嫌悪を抱くのであれば、相性がよくないと思いましょう。

男性の皆さん、「気味が悪い」と思われるのでは、と心配する気持ちはわかります。けれどもイベントで知らない人に話しかけることは、本質的には気味悪がられることではありません。本当に気味の悪いのは、最初は魅力的なのに、気味の悪い言動へと変わる人です。さりげなく性的なほのめかしをしたり、性差別的な発言をしたり、相手が興味のないそぶり（何度も振り返って別の方向を見たり、短い返事をしたり）を見せているのにもかかわらず、押しつけがましく会話を続けようとする人です。「口説き路線」と「キモい路線」の境界線に迷う人は、「お友達路線」に徹して、相手が会話を進めてくれるのにまかせましょう。

なかなか最初の一歩を踏み出せない人には奥の手を紹介します。飲み物をほしくなくても、トイレに行きたくなくても、とにかく列に並びましょう。行列に並んでいる人は、基本的に退屈しています。近くの人との会話など、ちょっとした気晴らしが歓迎されます。ちなみに、私が最近この方法を試したのは、サンフランシスコからアトランタ行きのフライトに乗るときでしたが、搭乗グループE〔訳注：航空券が一番安く、搭乗順が最後のグループ〕に関する私のジョークは大ウケでした。

2．友人や家族に出会いをセッティングしてもらう

スタンフォード大学の研究によると、出会いの方法として「オンライン」、「バーやレストラン」に次いで三番目に多いのが「友人の紹介」です。

私のクライアントの多くも、セッティングしてもらうのを求めていますが、なかなかその機会がないようです。

その理由を明らかにするために、独身者のグループとパートナーがいる人のグループに、なぜ友人のために出会いをセッティングしないのか尋ねてみました。答えは多岐にわたりました。「そんなの考えたこともなかった」「もし友人が助けを求めているなら、自分から言ってくるはずだ」と言う人たち。「友人のプライバシーを尊重し、干渉したくない」と言う人たち。「不釣り合いな相手を紹介したら、友人を侮辱したことになるかも」と心配する声もありました。

けれども希望はあります。私が話を聞いた人たちはみんな、出会いの場をセッティングすることにためらっていたものの、友人の力になりたいと答えたのです。そのような気持ちをあり

がたく活用しましょう。友人はあなたのことをよく知っており、あなたが知らない人と交流があるので、すばらしいリソースとなります。

出会いをセッティングしてもらうための方法をいくつか紹介します。

・**出会いをセッティングしてくれるよう頼む。**簡単なようでいて、友人に助けを求めるのはなかなか難しいものです。友人に連絡をとり、「最近、出会いを求めてるんだけど、誰かいい人紹介してくれない？」と頼んでみましょう。

・**自分が求めるタイプを友人に伝え、プロムのパートナーではなく、生涯の伴侶を意識する。**たとえば、「好みのタイプは知的で、芸術が好きで、社会正義に関心のある人」や「優しくて思慮深く、食べるのが好きな人がいい。体は引き締まっているけれど、筋トレにハマりすぎていない人」のように。友人はすぐに誰かを思い浮かべるかもしれませんし、そうでなくても、かれらが新しい人と出会ったときに気にかけてくれるかもしれません。

・**友人に自分の写真を送る。**友人からマッチ候補に送ってもらうために、見映えのする（けれども現実的な）写真を選びましょう。

・**デートの誘いには「イエス」と答える。**これは絶対です。もし誰かがデートのセッティングをしてくれるなら、「イエス！」と答えましょう。セッティングしてくれる友人は、あなたの時間を無駄にするつもりはないはずです。それなら、何か失うものがありますか？　時間？　お金？　とにかく出かけてみましょう。私の友人のステフは、「もし気に入りそうな人がいたら、とにかく一回はデートする」と言っています。だから私は、誰かを紹介してもその後の音沙汰がない友人よりも、ステフのために出会いをセッティングすることが多いのです。以前、デートをセッティングしてほしいと友人に頼まれたことがあります。私は彼女に相手の男性の写真を送り、男性側にも彼女の写真を送りました。二人ともデートに同意し、彼が彼女にメッセージを送ったのですが、彼女は返信しませんでした。彼女はその男性に不必要な拒絶をつきつけたのです。私は彼女には今後一切、出会いをセッティングしないと誓いました。

・**友人に感想を伝える。**デートがうまくいったら、友人にお礼のメッセージを送りましょう。なんなら花束を贈ってもかまいません。あまりうまくいかなかったなら、紹介してくれたことに感謝し、うまくいった点といかなかった点を報告しましょう（デート相手が友人と仲のいい場合は言葉選びを慎重に）。感想を伝えることで、友人はあなたが望むものをより深く理解できるようになります。感想をもらうと嬉しいものなので、さらなる出会いをセッティングする気になるでしょう。あるいは、あなたの好みが行き過ぎていることを友人が教えてくれる機会にもなります。あなたの理由を聞いた友人が、もう一度同じ人を試すよう勧めてくれるかもしれません。友人の話に耳を傾けましょう。

・インセンティブを与える。ばかげていると思うかもしれませんが、効果抜群です。前職の同僚は、結婚相手となる人を紹介してくれるなら大金を払うと私に言いました。いくら払うつもりなのか尋ねると、数千ドルという答えが返ってきて感心しました。第一に、その金額は、彼女が生涯の伴侶を見つけることにどれくらいの価値を見いだしているかを語っています。第二に、その同僚のことは好きでしたが（楽しくて、情熱的で、温かく、世話好きな人です）、もしインセンティブがなければ、彼女に誰を紹介しようか考える時間をとらなかったでしょう。それがインセンティブのおかげで、よさそうな男性に出会うと「彼女に合うだろうか？」とすぐに考えるようになったのです。また、別の友人の父親は、娘のためにデートを五回セッティング（五人の男性とのデートでも、同じ男性と五回のデートでも）した人には、「ナッツ・ドットコム」からナッツの詰め合わせを気前よく送ってくれます。私は去年、三セットも受け取りました。数ヶ月前、スコットが自分の友達を彼女に紹介し、二人は結婚すると私たちは予想しています。高級ナッツ一生分が届くのを、首を長くして待っているところです。

他者のデートのセッティングをして恩送り《ペイフォワード》する方法

1．**スマートフォンの連絡先一覧やフェイスブックの友達リストを見て、誰が独身なのか思い出しましょう。**以前いっしょに働いていたすてきな女性はどうでしょう？　前向きで、新しいことに挑戦するのが好きな子でした。最近、恋人と別れたのではなかったでしょうか？

2．**合いそうなペアを見つけたら、二人のうちで、好みがうるさそうなほう、あるいは、よく知っているほうに連絡をする。**「ねえ、あなたの恋人によさそうな人がいるの。彼の写真を送るね。思いやりがあって、頭がよくて、楽しいことが好きな人なんだ。二人の出会いをセッティングしてもいい？」ただし、気をつけることが二つあります。一つは、あまりにもたくさんの情報を与えすぎて相手を圧倒しないこと。もう一つは、情報が少なすぎてもモネ効果を引き起こす可能性があること。友人の興味を引くのに十分な情報を与えるようにしてください。

3．**好みのうるさそうな一人が「イエス」と答えたら、もう一人に同様のメッセージを送って興味があるか尋ねる。**

4．**もう一人が拒否したら、一人目にやんわりと伝える。**「彼、いまはデート相手を探していないんだって。誰かと出会ったばかりなのかも」思いやりをもって接しましょう。現実は厳しいものですから。

5．**両者とも「イエス」と答えたなら、グループトークか二人宛のメールで二人をつなげる。**内容は手短に。私は何かおもしろいことや風変わりなことを言うようにしています。デートプランを提案することもあります。私が実際に送ったメッセージを紹介します。「アダムとモリーへ。滑り台の新しい滑り方を一〇個思いついたら連絡してね」「クレイグ、こちらタラ。タラ、こちらクレイグ。二人がすぐに会えますように。二人でゴールデンゲートパークを散歩して、五匹以上の犬をなでるのをお勧めするわ」もちろん、二人がこの通りにデートする必要はありません。二人がつながれるようにばかげた提案をすることが目的なのです。

6.**二人にまかせる**。二人のデートを細かく管理しないこと。グループトークをやめて、二人だけで話すよう促しましょう。デートのあとで、二人が何を求めているのかをもっと理解するために感想を尋ねてもかまいません。けれども、繰り返しますが慎重に。どれくらい情報を共有するかは、二人しだいです。

7.**パーティーを開こう!** いくつかのカップルを成立させ、何十もの友人グループをもつ友人のジョージーナは、「ゲイの大ブランチ会」と称する昼食会を毎月開催しています。フレンドリーなイベントにすることで、完璧な仲介人としてのプレッシャーをやわらげているのです。参加者は、恋人でも友人でも、新たな出会いを求めてやってきます。ジョージーナは誰と誰が合うか気にする必要がありません。すてきな友達をひとところに集めて、かれらにまかせるだけなのです。

3. すでに知っている人とつながる

実は運命の相手が見えるところに隠れている、ということもあります。その人は、友人かその友人、同じ教会の委員の誰か、あるいは所属するランニングクラブのメンバーかもしれません。やるべきことは、その人を別の角度から見てみること。それこそ、私が体験したことでした。スコットと私が恋愛関係になるまで、フェイスブック上では八年、実生活では一年間、友達として付き合っていました。デートコーチに相談して得られた考え方のおかげで、新たな視点からスコットを見ることができたのです（本当に効果があることは私で実証済み）。

何ヶ月も知り合いだった同僚や、何年もつるんでいた友人と恋に落ちる話をよく耳にします。何ヶ月も相談にのっていたクライアントは、最終的には数年来の知り合いの女性と落ち着きました。彼が就職面接の準備を手伝ってもらうために彼女に連絡をとったことから始まり、二〇分の練習は、好きなスポーツチームから父親の最近の死まで、四時間の会話へと発展しました。彼は、長いあいだ友人だと思っていた女性が、もっと大きな存在になり得ることに気づいたのです。

自分の友人グループを思い出して、いまだ独身で、あなたと「友人としての相性がいい人」がいないか考えてみてください。いっしょにいて楽しく、信頼できて、魅力を感じそうな人はいるでしょうか？　自分に正直に。誰が頭に浮かびましたか？

その人に電話をかける前に、リスクが高いことを承知しておいてください。誰かを不快にさせたり、友人グループの人間関係に悪影響を与えたりはしたくないものです。友人を恋愛対象として誘うと考えると、不安でいっぱいになるでしょう。そのような不安は、慎重にことを進めるよう示唆しているのです。

それでもこの道を進むなら、相手の境界線を尊重してください。酔った勢いで誘いかけることを勧めているわけではありません。ビールを片手に、控えめに「私たち、友人以上の関係になれるかもって考えたことある？」「おかしな想像なんだけど、私たちが結婚したらどんな夫婦になるかな？」と言ってみるといいかもしれません。もし向こうも興味があるなら、その会話を続け、あなたが知りたいことを教えてくれるでしょう。あるいは、恋愛対象としてあなたを見ないかもしれません。それでも、話題にする価値はあります。相手が興味を示さないからといって、どのような最悪の事態が起こるでしょうか？　ジョークにして笑いとばし、次に進みましょう。

4．外出先で自己紹介する

一人で通勤しているところを想像してください。電車に乗るとき、「おしゃべり禁止車両」と「おしゃべり推奨車両」の二つの選択肢があったとします。当然、静かなおしゃべり禁止車両を選びますよね？　密室の車内で、あかの他人から一一匹の保護ネコの話や足指の欠損の話を聞かされるなんて、誰だってごめんでしょう。

行動科学者のニコラス・エプレイとジュリアナ・シュローダーは、「Mistakenly Seeking

Solitude（間違った孤独の追求）」と題する論文の中でそのような傾向について観察しました。通勤者のグループに電車で見知らぬ人と交流をもちたいか、誰とも話さずに一人で座っていたいかを尋ねると、大半の人が静かに過ごすほうを選択しました。

その後、通勤者が実際に楽しむのはどちらの体験かを見るために実験を行いました。シカゴの公共列車を利用する通勤者を、「隣の人と話すグループ」と、「つながりをもたない」グループ、「普段通りに通勤する」グループに無作為に割り振りました。その結果、見知らぬ人と会話をしたグループが乗車体験をもっとも肯定的に捉えており、他者とつながりをもたずに一人でいたグループはもっとも否定的に捉えていました。シカゴの公共バスでも同じ実験を繰り返し、同様の結果が得られました。

知らない人との会話を避けようとする直感は間違っているのです。私たちは、自分が孤独を求めていると思い込んでいます。社会的なつながりがどれほどの喜びをもたらすか、過小評価しているのです。

目を開いて、周りを見渡してみましょう。知らない人に声をかけてみましょう。かといって、公の場で見知らぬ人にいやがらせをすることを容認しているわけではありません。相手の反応をよく見てください。誰かにアプローチするときは、身の回りにあるものについてコメントしたり、質問を投げかけたりして、その人がおしゃべりに応じてくれそうかを確認しましょう。相手があなたの投げかけに応えないようであれば、それ以上は話しかけないこと（どうか、変質者扱いされないように！　私の評判にも傷がつきます）。旅行でたまたま同行した人にほほ笑みかけたり、コンサートであなたと同じように人混みをかき分けて前へ進もうとする人に話しかけたりすると、思いがけず楽しめるでしょう。すばらしい可能性を秘めた相手や、その人の知り合いで世界はあふれているのです。

スコットの両親はニューヨークの地下鉄で出会いました。スコットの母親となる女性は、心理学の博士課程で読んでいる本を手にしていました。スコットの父親となる男性は、その本のタイトルに気づき、「ああ、発達心理学を勉強しているんだね？」と声をかけました。そのひと言が、三五年以上も続く幸せな結婚の始まりとなったのです。

かれらの「出会い」の話を聞いたとき、私が最初に考えたのは、「そんな出会いは現代では起こり得ない。だって当時は誰もヘッドフォンをつけてなかったもの」というものでした。だから、世界を旅するときは電子機器をポケットにしまっておくように。巨大なヘッドフォンを頭からかぶっている人ほど、「話しかけないで！」オーラを出している人はほかにいませんから。

あるクライアントが恋人と出会ったのは、空港のラウンジでした。二人とも仕事であちこちを飛び回っていました。彼のほうから、「私のと同じスーツケースですね。この、とんでもなく頑丈なやつ」と声をかけました。すぐに二人は、アメリカ中のいろんな空港でデートするようになりました。

マッチングアプリは、たくさんの人と出会うのに有効です。そのうちの数人を本当に好きになるかもしれません。けれども、リアルで出会うことの楽しさもばかにできないことをお忘れなく。

アリシアはタナハシ・コーツの読書会で出会った男性と数ヶ月間付き合いました。彼と別れたあとも、イベント選びのマトリックスを使って多くの恋人候補と出会いました。いま彼女が付き合っている相手と出会ったのは、卒業一〇周年を祝う大学の同窓会でした。「そのイベントがマトリックスの右上スペースに位置していなければ、参加していなかった」とアリシアは言います。

まとめ

1 現代ではマッチングアプリが出会いの主流となっているが、**いまでもリアル（現実の生活）で出会うための方策を練ることができる。**

2 **イベントに参加しよう。イベント選びのマトリックス**を使い、自分が楽しめるかと他者との交流があるかにもとづいて、出会いの可能性の高いイベントを選ぶこと。

3 **友人や家族に出会いをセッティングしてもらおう。**出会いを求めていることを知らせ、気軽に手配してもらえるよう工夫しよう。紹介してくれた場合はデートに出かけ、感想（と感謝）を伝えること。インセンティブを与えるのもいい。

4 **すでに知っている人とつながろう。**運命の人は見えるところに隠れているのかもしれない。すべきことは、考え方を変えることだけ。

5 **外出先で自己紹介をしよう。**ヘッドフォンをはずして、身の回りの世界と交流してチャンスを広げよう。イベントに参加して何を話せばいいかわからない場合は、順番待ちの列に加わり、その行列自体を話題にしよう。かっこうの話題となるだろう。

10 デートは就職面接ではない
――すてきなデートをするために

ジョナサンは最初の二ヶ月でめざましい成長をとげました。さまざまなタイプ、以前は付き合うのを拒否していたタイプともデートに出かけるようになっていました。

ある日の午後、ジョナサンは直近のデートについて報告の電話をかけてきました。「彼はすばらしい人だよ。情熱的で、かしこくて、価値観も似ている。本の趣味もいいんだ。仕事も充実しているみたいだし」と言ったところでジョナサンはひと息おいて「でも、合わないみたい」と続けました。

「どういうこと？」と私は困惑して尋ねました。

「なんか、ビビッとこなかったんだ」

「それは残念」と答えた私は、危険な「恋の火花」信仰に対する非難演説を繰り広げないようにしました（次章でします）。「デートでは何をしたの？」

「ぼくは出張やら会議やらでものすごく忙しいから、ぼくのオフィスのすぐ下にあるカフェに来てもらったんだ」

「時間は？」

「朝の七時」

「どれくらい話したの？」

「二〇分ってところ」

「なるほど。で、そのときどう感じた？」

「正直に言ってストレスだったよ。八時から大口の投資家と会うことになってたから、そのことが気がかりで」

「ところであなた、朝は得意なほうだっけ？」

「まさか。朝はだめ。夜型なんだ。出勤前のコーヒーを飲むまで頭が使いものにならないよ」

「そう」と私は大きく息をつきました。ジョナサンが私と同じ視点からものごとを見直してくれることを願って、こう言いました。「つまりあなたは、朝はカフェインを摂るまで目が覚めないタイプで、気がかりな仕事の打ち合わせをひかえているのに、朝の七時に二〇分間、彼とコーヒーデートをすることにしたわけね？」

「そう。で、ビビッとこなかった」

ジョナサンはがんばっていました。それは間違いありません。忙しいのに、デートのためにできるだけ時間と場所を見つけるよう努力していました。けれどデートとは、単純にそのための時間をつくるだけではだめなのです。

環境がものをいう

グーグルの従業員がM&M'sチョコレートの消費量を減らした話を思い出してください。チョコレートがガラス容器から不透明な容器に移されると、食べる量が減ったという実験です。

この例は行動科学のもっとも大切な教訓の一つを示しています。それは、人間が決断をくだす環境が重要だということ。

ジョナサンは「ビビッとこなかった」と考えながらその朝七時のデートを終えました。恋愛の可能性はなさそうだ、今回のデート相手は「その人」ではないのだろう、と。けれど、単にかれらが間違った状況で出会っていただけだとしたら?

私たちはデートをするとき、デートの物理的な場所だけに影響されるわけではありません。デートの**環境**には、時間、活動、お互いのマインドセットも含まれます。ジョナサンとのセッションを始めた頃、彼はデートを「やることリスト」の一項目、ジムに行くことやドライクリーニングを取りに行くことと同じ活動の一つと捉えていました。それで、疲れてセクシーさなど微塵もない態度でデートに臨み、相手になんの魅力も感じないことに驚いていたのです。これは彼だけの問題ではありません。私のクライアントの多くが、愛を見つけたいけれどもほかの仕事に忙殺され、デートという体験から楽しみやときめきを排除してしまっています。かれらが興じているのは、一般的なデートではなく、私の呼ぶところの**評価型デート**です。

評価型デートは楽しくないだけでなく、長期的なパートナーを見つけるのにひどく効率の悪い方法です。この章では、デートへ臨むためのマインドセットを、評価型から**体験型**に変える方法を紹介します。履歴書を見ながら「この人は私にふさわしいか？　共通点は十分にあるか？」と考えるのをやめ、二人でいっしょにいる瞬間に集中して「この人といっしょにいるとどんな気分だろうか？」と自問するようにしましょう。二人でいるとどのような展開が期待できるかに注意を払いましょう。好奇心をもってデートに臨んでください。予想外の展開を楽しみましょう。

また、物理的・精神的に適切なデート環境をつくり、愛をつかむための最高の状態を整える方法も紹介します。

これはデートなのか、それとも就職面接なのか？

次のような状況を想像してみてください。あなたは評価者にどう思われるか心配しながら、おそるおそる部屋に入ります。きちんと整えた服装はどこか落ち着かない。どうか汗をかきませんように（ああ、残念。膝の裏とわきの下はもう汗だくです）。テーブルのほうまで歩いて行き、床に鞄を置いて握手。それから、向かいの椅子に座ります。

「何か飲み物でも？」

あなたは「アイスティーを砂糖なしで」ともごもごと答えます（これもテストのうちなのだろうか？　アイスティーでどう判断される？）。

アイスティーがやってきました。

面接の始まりです。

「どこの学校を卒業したのですか？」

「専門分野は？　どうしてそれを選んだのでしょう？」

「これまで経験した、最大のリスクは？」

「五年後のプランをお聞かせください」

評価者は、あなたにも何か質問をするよう求めます。

四五分後、面接が終わります。

あなたは立ち上がり、握手をします。親しげな笑みを浮かべ、「またお会いできることを楽しみにしています」と述べ、その場を立ち去る。

さあ、答えてください。これはデートでしょうか？　それとも就職面接？　これが会議室でなく、ワインバーでの会話だとしたらどうでしょう？　場所は変わっても雰囲気は基本的に同じです。きっとあなたもこのような不毛なデートの経験があるでしょう。私の友人やクライアントも「もうデートを楽しめない。なんだか仕事みたいで」とよく口にしています。その気持ちはわかります。デートはある意味、ひと仕事です。うまくデートするには時間と努力を要しますし、いつも楽しいともかぎりません。何度も拒否されたり、失望させられたりするのは最悪です。もしデートが長期的なパートナーを見つける唯一の方法でなければ、多くの人がとっくの昔に音《ね》を上げていたことでしょう。けれども、デートがひと仕事だからといって、実際に仕事でやるようなことを真似る必要はありません。これは人脈づくりや就職面接ではないのです。仕事と同じように振る舞うべきではありません。

この種のデートでは、性的な要素が入り込む余地がありません。さらに悪いことに、就職面接のような構造のデートでは、人は「再生ボタン・オン」モードになってしまいます。これは行動科学者のクリステン・バーマンが、人間がロボットのように定型的な返答を繰り返すよう促されたときの様子を表した言葉です。これまでのデートで何度も繰り返してきた話を再生し、履歴書に書かれた内容をすらすらと並べたてる。そのようなときは、ただ情報を吐き出しているだけで、相手と心を通わせることはありません。

エステル・ペレルは現代のデートの精気のなさをこう記しました。「人々は席について、脈拍をチェックし、何かしらの生理的反応——火花が散る感覚——が見られるかを確認する。この凍りついた状況の中で、互いにインタビューし合い、〝ビッ〟とレーダーが反応する瞬間を求める。ちょっとおかしいんじゃないの？」もしデートで、相手と自分の反応を評価しようとするのであれば、あなたはその場に存在しないも同然です。相手はあなたがどのような人物かわからず、あなたもその瞬間を楽しむどころか、体験すらしていないのです。

初デートの目的は、その人と結婚したいかどうかを判断することではありません。その人物に興味をもてるか、その人ともっといっしょにいたいと思う何かがあるかを確かめることです。

いいデートにするための10ステップ

マインドセットを改め、デート内容を意図的に選ぶことで、就職面接のようなデートではない、もっとすてきなデートを計画することができます。デートの楽しさを取り戻しましょう。

1．デート前の儀式でマインドセットを変える

マインドセットはデートの雰囲気をつくるだけでなく、結果にも影響を及ぼします。イギリスのハートフォードシャー大学の研究者、リチャード・ワイズマンは、マインドセットが体験に与える影響を研究しました。ワイズマンは、自分のことを特別に幸運だと思う人たちと、特別に不運だと思う人たちを集めて実験に参加してもらいました。実験では、全員が新聞を渡され、その中の写真の枚数を数えるよう指示されました。

自分のことを「幸運」だと思う人たちは、写真の数を正しく数えるのに数秒しかかからなかったのに対し、「不運」だと思う人たちは数分かかりました。幸運な人たちはなぜそこまで速く数えられたのでしょうか？　実は、新聞の第二面の紙面半分に、大きな文字で「数えるのはやめよ。この新聞には四三の写真が載っている」という「秘密」のメッセージが書かれていたのです。幸運な人たちはこの手がかりを見て解答を書きとめ、タスクを完了しました。不運な人たちは写真数を入念に数えるのに忙しく、このヒントを見落としていました。

ワイズマンの実験はそれだけではありませんでした。新聞の半ばの紙面に、「数えるのをやめよ。これを見たと実験者に伝えて、二五〇ポンドもらおう」という別のメッセージも仕込んでいたのです。残念ながら、不運な人たちの大半はこのメッセージも見過ごしました。

不運な人たちは両方のメッセージを見過ごしたのに、幸運な人たちはなぜ最初のサインを見

つけたのでしょうか？　すべては、この二タイプの人たちの、世界との関わり方に関連しています。幸運な人たちはいいことが起こると期待しています。いつでもチャンスを待ち構えており、訪れたチャンスに気づきます。新聞を見るときも、かれらは広い視野で写真を見ていたため、第二面のヒントにも気づいたのです。

他方、自分を不運だと思う人は、最悪の事態にそなえて神経をとがらせており、その不安が、予期せぬチャンスに気づきにくくします。思いがけない幸運が、目の前にでかでかと書かれているにもかかわらず、ネガティブ思考のためのそれが見えませんでした。ネガティブなマインドセットが自己暗示となったのです。

恋愛でも、このような「不運」タイプがいます。何年もデートを繰り返して燃え尽きてしまい、ネガティブなエネルギーをデートに持ち込んで、その結果、すばらしいチャンスを逃してしまうのです。ヘンリー・フォードの名言に、「できると思っても、できないと思っても、その通りになる」というものがあります。それの私のバージョンは「デートがうまくいくと思っても、うまくいかないと思っても、その通りになる」です。もしデート前に「今回もうまくいかないのは明らかだ。これまで一〇〇回もデートしてうまくいかなかったんだから」と考えるのであれば、自分で自分を妨害しています。否定的なマインドセットで目隠しをしているのです。人生の手がかり——この場合は、パートナー候補——を見逃す「不運」なマインドセットをもっているということです。

さいわいにも、マインドセットは変えることができます。ワイズマンは「幸運の学校」と呼ぶプログラムを開発し、不運な志願者と幸運な志願者に、幸運な人の思考法を教えました。そのプログラムでは、直感に耳を傾けること、幸運を期待すること、チャンスを見つけること、悪いことが起こってもすぐに立ち直ること、の四つに焦点が当てられました。課される課題は、幸運な出来事の日記をつけることから、「幸運を視覚化すること」、自分の意志を言葉で宣言すること（「私は運を変えるために時間と努力を惜しみません」）までさまざまでした。一ヶ月後、その幸運の学校の「卒業生」の八〇パーセントは、幸福度と人生の満足度を向上させ、もっとも重要なことに、運のよさも上昇したのです。

あなたも、自分なりの幸運の学校に入学し、すばらしいデートに向けてマインドセットを変えてください。そのためには、**デート前の儀式**を作りましょう。これを毎回、デート前に行って、正しい思考法を身につけましょう。

以下は、私のクライアントのデート前の儀式の例です。

● 「私はいつも事前準備をします。職場からの通知はオフにして、少なくとも、デートに出かける三〇分前にはすべてを遮断しておきます。そして、私に自信を与えてくれて、愛されていると感じさせてくれる親友の一人に電話をかけます」

● 「ぼくはデート前にお笑いを聞くのが好きだ。お気に入りのポッドキャストは『グッドワン』。

各エピソードで、コメディアンが好きなジョークを紹介して、それをホストと分析するんだ。おもしろいし、いい気分になれる」

●「挙手跳躍運動《ジャンピング・ジャック》をやって心拍数を上げる。エンドルフィンが出て気持ちがいいよ」

●「仕事のあとはセクシーな気分ゼロだから、デート前はお風呂につかることにしている。香りのいいバブルバス。香りは強力な媚薬だわ。それから体にローションを塗る。そうすると脳が仕事モードからプライベートモードに切り替わるの」

◆エクササイズ◆ デート前の儀式でマインドセットを切り替えよう

1. 今後、デートに行く前に試してみたい儀式を二つ書いてください。
2. デート前の活動をいろいろ試し、自分に合ったものを見つけましょう。

2．デートの時間と場所を慎重に選ぶ

時間と場所が重要です。あなたがもっともリラックスして自分らしくいられる時間はいつでしょうか？　その時間帯にデートの予定を入れてください。朝七時のデートはやめておきましょう。

明るい照明の喫茶店はデートに適しません。「デートが失敗でも、最悪カフェインは摂れるからいいか」なんて考えているなら大間違いです。デートを人脈づくりのように考えてはいけません。キャンドルのともったワインバーなど、もっと色っぽい場所を選びましょう。

座る場所は、デート相手の向かいではなく隣の席へ。長時間のドライブで同乗者と打ち解けた経験はありませんか？　あるいは、直接視線を合わせずに、隣同士に並んで歩くほうが友人と話しやすいと感じたことは？　人は、目を合わせないほうが話しやすいものなのです。日本の京都大学の心理学者、梶村昇吾と野村理朗《みちお》は、二〇一六年の研究でこの現象を追究しました。被験者は、スクリーン上で自分のほうを見ている顔を見つめると、（横を向いている顔を見つめたときと比べて）簡単な言葉合わせのゲームをクリアするのに苦労しました。梶村と野村は、アイコンタクトと言語処理は同じ脳の神経回路を使うため、このような困難さは生物的なものだと説明します。この知見をデートにうまく活用しましょう。デート相手を散歩に誘ってみるのはどうでしょう？　就職面接のような雰囲気をなくし、脳を過負荷から守り、つながりを築くのに役立つでしょう。

3.クリエイティブな活動を選ぶ

デート相手といっしょにできる楽しい活動を探しましょう。ダン・アリエリーとハーバード・ビジネス・スクールの研究者チームは、アートギャラリーっぽく見立てたオンライン会場を作り、そこでカップルにバーチャルデートをしてもらう実験を行いました。研究者らはこのような環境が会話のきっかけになることを期待し、実際にその通りの結果が得られました。被験者らは芸術作品についておしゃべりをし、共通の関心を発見しました。芸術が、両者がコメントできるもの、つまり「第三の物体」として機能したのです。第三の物体がプレッシャーを取り除き、沈黙の気まずさをやわらげます。

聖母マリアのルネッサンス絵画や、蜘蛛の形の現代アートを好きでなくても心配いりません。芸術性の問題ではありません。第三の物体には、本やゲーム、あるいはほかの人々も含まれます。デート相手がほかの人と交流する様子を観察できるデートもお勧めです。優しさなど、測定するのが難しい、大切な資質を見てとることができるからです。たとえば、少人数でのカクテル教室に参加してみるといいかもしれません。デート相手は講師に失礼な態度をとっていませんか? 材料を忍耐強く量っていますか? 遅刻してきた女性に親切にしますか? あるいは、体験型の謎解きゲームや、自分で調理する必要のある韓国焼き肉店など、共同作業を伴うデートを提案するのもいいでしょう。二人はチームとしてどれくらい協力できるでしょうか? タレに浸したギョーザなど、きれいに食べるのが難しい食事もいいかもしれません。あごから醤油をしたたらせながら平静を装う人などいませんから。どのような活動をするにせよ、朝七時の喫茶店で一対一で話すよりもずっと多くの情報を得られるでしょう。
クリエイティブなデートのアイデアについては、私のウェブサイト（loganury.com）にリストを掲載しています。

以下は、クライアントといっしょに考えたユニークなデートの例です。

- ファーマーズマーケットに行き、そのあとでブランチを作る
- ローラースケートをする
- 二人だけで激辛コンテストを開催する
- ユーチューブを見て、子どもの頃に好きだったミュージックビデオのダンスを覚える
- カラオケに行く
- 古い映画を見て、その感想を散歩しながら話し合う
- 料理教室に参加する
- 自転車でピクニックに出かける
- スイングダンスに挑戦する
- 地元の天文台で星を見る
- スクーターをレンタルして、街を散策する（ヘルメットを忘れずに！）

●地元のゲームセンターでゲームをする（小銭を忘れずに！）
●水彩絵の具を持って公園に行き、同じ樹（あるいはお互い）の絵を描く

私の友人が考案した、「イエスの日」というアイデアも楽しめるかもしれません。彼女の説明はこうです。「デートのとき、次の行動を交代で提案して、相手はかならず〝イエス〟と言わなければいけないってルールにしたの（違法なことや価値観に合わないこと以外ね）。ブルックリン・ハイツのフェリー乗り場で待ち合わせて、一人がフェリーに乗る提案をしたので〝イエス〟と答えた。それで、もう一人が次にどこで降りるかを提案して、もちろん答えは〝イエス〟。次にすることのアイデアをずっと交換し続けて、本当にすてきなデートだったわ。結局、初めての地域を散策して、ポーランド料理店をいろいろまわって一品ずつ食べ、すごく深い会話を楽しめた」

さて、あなたはどうしますか？　先ほどのリストを見て、「まあ、たしかにおもしろいアイデアだけど、ちょっと自分には現実的ではないかな。そんな時間、いったいどこにあるの？」と思いましたか？　これらのデートは、飲みに行ったりお茶したり、という普通のデートよりもはるかに大変なように感じられることはわかります。けれども、目標はできるだけ楽をすることではありません。いっしょに関係を築けるすばらしいパートナーを見つけることです。ここで紹介したようなデートをすることで、その目標に近づけるのです。一日中かくれんぼをして過ごす必要はありません。ただ、ちょっと変わった活動を選ぶだけです。残念ながら、相手

があなたの提案を断って、もっと昔ながらのデートを主張するかもしれません。それでもかまいません。けれどデート相手も、「就職面接」的なデートにうんざりしていて、何か新しいことに挑戦するチャンスを喜んでくれる可能性のほうがはるかに高いでしょう。

エクササイズ　ユニークな活動を試そう

楽しいデートのアイデアを考えてみてください。少しばかり常識からはずれるのを恐れずに。

1.
2.
3.
4.
5.

4．努力を見せる

ハーバード・ビジネス・スクールの教授、ライアン・ビュエルとマイケル・ノートンの研究によると、人間は、ものに費やされた努力そのものを見ると、そのものの価値をより強く感じるようです。

たとえば、インターネットで航空券を検索しているとしましょう。検索結果が現れるのが速ければ速いほうがいいと思うでしょう？　実はそうとも言えないようです。ノートンの実験では、被験者が偽の旅行検索エンジンを使って航空券を検索しました。被験者は二つのグループに分けられていました。第一グループは、すぐに結果が表示されるプログラムを使用しました。第二グループは、検索結果の表示に時間がかかるソフトウェアを使い、時間とともにプログレスバーが進む様子と、「○○航空を検索中」、「××航空を検索中」と、航空会社ごとに検索中であることを示すメッセージを見せられました。驚いたことに、第二グループのほうがシステムをより高く評価したのです。結果が出るのが遅くても、プログラムが自分のために一生懸命働いてくれているように感じたからです。つまり、速度よりも努力を重視したのです。

ドミノ・ピザが、ピザトラッカーで「受付完了」や「オーブン焼成」、「焼きあがり」を確認できるようにしているのもこのためです。宅配ピザの工程は誰でも知っています。けれども努力を目にすることで、その価値を高く評価するようになるのです。

この知見をデートの計画に生かしましょう。第二グループが使用した旅行検索エンジンのように、特別な体験にするためのあなたの努力をデート相手に伝えてください。自慢したり誇張したりするのではなく、あなたの努力を見せて、デート相手に価値を正しく評価してもらいましょう。

あなたの努力を見せるためのよい方法として、デート計画を提案したり、相手の家や職場の近くをデート先に選んだりするといいでしょう。ニューヨークやロサンゼルスなどの大都市に暮らすクライアントの話を聞くと、どちらの地元でデートするか、堂々巡りの議論になることがよくあるようです。その場合、相手に都合のいいデート場所を選ぶことであなたの努力を見せることができます。「どのあたりに住んでいるの？　その近くで何かプランを考えるよ」とメッセージを送ってみてください。デート中は、特定の選択をするにいたった思考を伝えましょう。たとえば、「きみのプロフィールにマチュピチュを訪れるのが夢だって書いてあったから、このペルー料理のレストランにした」というふうに。人はそのような努力を評価するものです。あなたならではの心遣いで他者に差をつけましょう。

5．遊ぶ

これまでで最高のデートを思い出してください。テキーラバーで待ち合わせて、完璧なカルニータス・タコスとスパイシーマルガリータを数杯。しだいにヒートアップする耳元でのささやき合い。二人だけの世界にどっぷりつかっていると、気づいたら本当に店内に二人だけになっていた、みたいな？　あるいは、深夜の散歩、複雑なきょうだい関係に対する不安の告白、涙をぬぐうキスから、やがては玄関のドアへ背中を押しつける激しいキスへ、といった感じでしょうか？

なぜそのデートは最高だったのでしょうか？　おそらく、あなたがパートナーに求める基準一〇項目のうち相手が八項目を満たしていたから、ということではないでしょう。あなた自身がそのデートを楽しんでいたはずです。実は、その楽しさとは、デートに組み込むのが難しいものなのです。

　ロボットのような「再生ボタン・オン」のデートはもうたくさんです。デートにもっと遊びの要素を加えましょう。

「遊び」という言葉を聞いたときに何を想像しますか？　公園で走り回る子どもでしょうか？　デートは真剣勝負、遊び回っているひまなどないと考えるかもしれません（大至急、パートナーを見つけたいのですから当然でしょう）。

　けれども遊びは、休み時間の子どもだけのものではありません。さらに遊びと言っても、恋の駆け引きのようなゲームのことでもありません。それどころか、その正反対です。駆け引きにはだましや誤った方向への誘導が含まれます。そのようなことをしても、いずれ真実がばれるので時間の無駄です。そうではなく、遊びとは、いまの、ありのままの自分を少し軽めに表現することです。

　ニューヨークタイムズ紙に掲載された「Taking Playtime Seriously（遊び時間を真面目に考える）」という記事で、ニューヨーク大学の心理学の教授、キャサリン・タミス＝ルモンダは「遊びとは特定の活動を指すわけではなく、学びの手段であり、好奇心にもとづいて熱心に楽しく世界を発見する方法である」と説明します。遊びは内発的動機づけによるもので、目標を達成するのではなく、その活動そのものに意味があるものです。

たとえば公園でデートをしているとしましょう。周囲を見渡して、近くにいる人たちの経歴を想像しながら遊べるかもしれません。そのような即興で思いついた経歴をもとに、どのカップルが長続きし、どのカップルがすぐに別れそうか、その理由は何か、分析を始めると楽しいかもしれません。あるいは公園を走り回って、一五分で何匹の犬をなでられるか試してみるのもおもしろいでしょう。

このような手法は、最初は少し難しく感じるかもしれません。いつも遊んでいるかのようなふりをする代わりに、少し謙遜して「ねえ、ちょっと変に思うかもしれないけど、〇〇をやってみるのはどうかな?」と尋ねてみてください。相手が参加するのを拒んだとしても独創的な印象を与えられるでしょう。

楽しみましょう。ばかになって、冗談を言いましょう。ユーモアは遊びの感覚を生みだす、すばらしい方法です。笑うことで、人は笑うと、脳の中でさまざまな幸せホルモンが分泌され、心理状態を変化させます。笑うことで、オキシトシン(授乳中に分泌され、絆を形成するホルモン)が分泌され、いっしょにいる相手への信頼感が高まります(オキシトシンを分泌させたいなら、初デートでは授乳より笑うほうが社会的に適切でしょう)。また、笑いはストレスホルモンであるコルチゾールを低減し、リラックスしやすくします。さらに笑うことでドーパミンも放出され、脳の快楽中枢が活性化されます。行動が強化され、またデートに行きたいと思うようになります。絆が深まり、ストレスが減り、二度目のデートのチャンスが増える。つまり、初デートにもってこいなのです。

6・世間話《スモールトーク》を避ける

質問をすることで、私たちはお互いのつながりを強化します。質問によって個人的な情報を打ち明けることできますが、これは絆づくりには欠かせない要素です。さらに、心理学者、カレン・フアンの研究によると、あれこれ質問する人は、他者からの好感度が高まる傾向があるようです。

質問の内容も大切です。大学で何を専攻したかなんて誰が気にするでしょうか？　思い出してください。これはデートであって、面接ではないのです。深いところまで行くべきであるのに、多くの人が浅瀬でチャプチャプと遊ぶようなデートをしています。

ニューヨークタイムズ紙の人気の週刊コラム「モダン・ラブ」において、マンディ・レン・カトロンは「To Fall in Love with Anyone, Do This（誰かと恋に落ちるためにすべきこと）」という記事で、思考を呼び覚ます質問の威力を強調します。デートで、カトロンとデート相手は三六の質問に答えました。それらの質問は、「世界中の誰でも選べるとしたら、誰を夕食に招待したい？」というものから、「今夜、誰とも話さずに死ぬとしたら、誰にも話さなくて後悔しそうなことは？」というものまで、徐々に、深刻さと親密さを増すものになっていました。

これらの質問は、カトロンがデートへ向かう道中でインデックスカードに走り書きした、適当な質問ではありません（注意：デートにインデックスカードを持っていかないこと）。心理学者のアーサー・アーロンとその同僚が、無作為に知らない者同士をペアにして、互いに三六の質問をする実験のために作られた質問だったのです。その実験では「持続的・発展的・相互的・個人的な自己開示」の力がテストされました。アーロンの研究チームは――その運命のデートで出会った男性と交際するカトロンも、のちにチームに合流して――これらの特定の質問を通してつながりを築き、もろさを見せることで、パートナー同士の絆が深まることを発見しました。

このような質問をする気になれない人には、世間話を避けるのに最適な方法を紹介します。それは「イン・メディアス・レス」作戦です。イン・メディアス・レスとは、「ものごとの核心」を意味するラテン語で、物語を最初から語るのではなく、中途から語りだす文学技法のことです。デートの最初に、「やあ、今日はどんな調子？」「どこに住んでいるの？」と気まずい会話を繰り広げるのではなく、「ここに来る途中で大変なことがあったよ」「ちょうどいま妹からの電話で、大家さんとのゴミ出しバトルについて聞かされたところなんだ」というふうに会話の核心に飛び込むのです。お互いを知るための世間話を省略して、友人（あるいは恋人！）同士がするような会話に突入することで、親密さの度合いが急上昇します。もちろん、そこから会話が逆方向に展開し、今日一日の出来事や住んでいる場所などについて話すことになるかもしれません。それでも、本当の会話につま先を突っ込んだことにはなるでしょう。

もう一つの有効な戦法は、アドバイスを求めることです。自分の人生で実際に起こっていることについて、相手に尋ねるといいでしょう。「姉が数週間後に結婚するんだけど、結婚式のスピーチで冗談を言うか、真面目に乾杯するか迷ってるんだ。結婚式でスピーチした経験ある？」あるいは、「上司が毎週末メールを送ってくるんだけど、どうやってプライベートとの線引きをすればいいかわからない。どう思う？」

最後に忘れてはいけないのは、質問をするだけでは、完璧ではないということです。相手の答えを実際に聞く必要もあります。それにより、相手の考え方を知ることができます。相手からのアドバイスにあなたは共感しますか？　相手は心を開いて答えてくれますか？　さらに自分が質問に答えるとき、話を聞いてもらえたと感じますか？

7．興味を引くのではなく、興味をもつ

アンドレアというクライアントの相談にのったことがあります。彼女は長い赤毛とこぼれるような笑顔をもった、カリスマ性のある女性でした。週末には即興芝居を舞台で披露し、初デートの失敗談で何度も私を大笑いさせてくれました。

「ローガン、私だって努力しているのよ」とアンドレアは胸の前で腕を組みながら言いました。

「ただ、誰ともつながりを感じられないだけ」

「デート前の儀式はやってる？」

「もちろん」とアンドレアは目をぐるりと回しました。

「クリエイティブなデートは？」

「先週、例の男とアート教室に行ったのを知ってるでしょ？」

「世間話はどう？」

「世間話なんて大っ嫌い」

私は何が原因かわからなかったので、もっと情報を集めるために、私の男友達とデートするようアンドレアに頼みました。デートのあとで男友達がすぐに電話をかけてきました。

「どうだった？」と私は尋ねました。「うーん、彼女がずっとしゃべってた感じ。デートのあいだじゅう、仕事での大変なことについて一人で話してたよ。それに、ぼくの注文も彼女が決めるって言いはったんだ」

数日後、アンドレアがふたたびやってきました。私はその男友達が言ったことをアンドレアに伝えました。

「すごく恥ずかしいわ」とアンドレア。彼女はしばらく沈黙したのち、驚いたことに、にやりと笑いました。あたかもその否定的なフィードバックに喜んでいるかのように。

事実、彼女は喜んでいました。「そうか、私が問題なのね！　この街の男性陣が悪いわけじゃない。私が変わればいいんだ」

アンドレアのように、多くの人は初デートで演じなければならないと思っています。よい印象を与えて、おもしろいと思われたい。けれどもすてきなデートとは、自分が目立つのではなく、相手とのつながりを築くことです。マヤ・アンジェロウの、私の好きな名言に、「人は、あなたが言ったこと、あなたがしたことを忘れるだろうが、あなたに対して抱いた感情を忘れることがない、ということを私は学んだ」というのがあります。相手の興味を引くのではなく、自分が相手に興味をもっていることを示しましょう。

そのためには聞き上手になる必要があります。聞き上手というのは、単に相手の話を聞くだけではありません。多くの人は、話を聞いているとき、それに対する自分の返答を考えているので、焦点は自分にあります。自分が話す順番をただ待つのではなく、相手を理解するよう努めましょう。

会話上手になるには、**シフト応答**（Shift Response）ではなく、**サポート応答**（Support Response）を身につけましょう。社会学者のチャールズ・ダーバーは、会話の焦点を自分にシフトするときを「シフト応答」と呼び、相手が話し続けるよう促す応答を「サポート応答」と呼びました。たとえば、デート相手が「家族とミシガン湖で数週間過ごす予定なんだ」と言ったとき、シフト応答は「ああ、ミシガン湖には何年か前の夏に行ったことあるよ」というものです。表面上はデート相手の話にのっているようですが、実際には注意を自分に引き戻しているのです。他方、サポート応答は「前にも行ったことがあるの？」「ご家族はどうしてその場所を選んだの？」といった返事になるでしょう。相手の話に興味をもち、もっと聞きたいという姿勢を示す応答です。相手は自分が尊重されていると感じ、二人のつながりが強化されます。

◆エクササイズ◆ サポート応答を練習しよう

デート中、相手が以下のせりふを言ったとします。それぞれへのシフト応答とサポート応答を書き出して、違いを認識する練習をしましょう。

デート相手：「同僚がゴールデンドゥードル〔訳注：ゴールデンレトリバーとプードルの交配種〕の子犬を飼い始めたんだ」

シフト応答：

サポート応答：

デート相手：「ケン・バーンズ監督作品にハマってるんだ。とくに『ベトナム戦争の記録』が最高」

シフト応答：

サポート応答：

デート相手：「もう一度大学に通おうかと思ってる」

シフト応答：

サポート応答：

8．スマートフォンの使用をひかえる

お願いですから、スマートフォンは見えないところへしまっておいてください。マサチューセッツ工科大学の教授、シェリー・タークルの研究で、誰かとの会話中に携帯電話をテーブルの上に置いておくと二つの悪影響があることがわかりました。一つは会話の質が落ちること。いつ電話が鳴りだすか、という恐怖のために、自然と軽い話題になりがちなのです。もう一つは、二人のあいだに生まれる共感的な結びつきが弱まることです。

スマートフォンが人のつながりを妨げるという証拠があるにもかかわらず、八九パーセントの人が直近の社交の場でスマートフォンを取り出していたことを認めました。ぜひともやめてください。

このようなアプローチを試してみてください。デートの最初に、「お互いにスマートフォンを目に見えないところにしまっておくのはどう？」と提案してみるのです。自分がこのデートを重視していることを相手に示せますし、さらに、デート成功の可能性も高められます（シェリー・タークルの研究を持ちだしてもいいかもしれません。研究の引用ほどセクシーさをアピールするものはありませんから）。

9．デートの終わりを盛りあげる

知り合いのアーティストは、デートの最後はかならず絶頂に達すると自負しています（下ネ

タではないので、冷静に続きを読んでください）。たとえば、デートが終盤にさしかかると、彼は「サンフランシスコの秘密のすべり台に行ったことある？」と謎めいた質問を投げかけます。デート相手が興味を示したら、そのロマンチックな穴場スポットに連れて行くのです。彼は、体験の最後が重要であることをよく理解しています。

行動経済学者のダニエル・カーネマンらが実施した有名な実験では、結腸内視鏡検査を受ける患者の体験を比較しました（被験者はただの心理実験の志願者ではなく、この検査が必要な人たちですので心配無用です）。ある患者グループは三〇分の不快感に耐え、別のグループは三〇分の不快感に加えて、少しましな五分間を体験しました。直感に反するかもしれませんが、被験者は、検査時間が長いにもかかわらず後者の体験を好みました。これは、**ピーク・エンドの法則**（Peak-End Rule）と呼ばれる現象のためです。人は体験を評価するとき、感情がもっとも高まった瞬間（ピーク）と、最後（エンド）の印象をもとに判断するのです。私たちの記憶は、体験を分刻みにして平均したものではないということです。

だから、食事の最後にはデザートを頼みましょう。別れ際には気の利いた褒め言葉を贈りましょう。ピーク・エンドの法則を味方につけてください。

10・デート後の振り返りで体験型マインドセットへ

多くの人と同様に、ジョナサンもパートナー候補に求める条件の、長いチェックリストを持っていました。デートのあとは、頭の中の完璧な男性と比べてデート相手がいかに劣っているかしか感じられませんでした。このような「デート相手はすべての項目をクリアしているか？」という考え方は、評価型デートの典型です。チェックリストそのものが悪いわけではありません。けれども大半の人のチェックリストは、履歴書の記入項目のような、間違った資質にとらわれているのです。私はジョナサンが評価型のマインドセットから体験型のマインドセットに移行できるよう、まったく新しいタイプのチェックリストを作りました。ジョナサンはそのリストを用いて、パートナー候補が特定の条件を満たしているか考えるのではなく、デート相手に対して自分がどのように感じたかを確認することができました。デートを体験し、本当に大切なことに集中できるようになったのです。

　私がデートの帰り道で考えるようジョナサンに提示した質問は次の通りです。

デートを振り返るための八つの質問

1. デート相手は自分のどのような面を引き出してくれたか？
2. デートの最中、自分の体がどのように感じられたか？　こわばっていた？　それともリラックスしていた？
3. デート前と比べて、いま、活力を感じるか？　それとも疲れている？
4. デート相手について、何か興味を引かれることがあるか？
5. デート相手は自分を笑わせてくれたか？
6. 自分の話を聞いてもらえたと感じたか？

7．デート相手といるとき、自分自身を魅力的な存在だと感じたか？
8．デート相手に魅力を感じたか？　それとも退屈だと思った？

デート後にこれらの質問に答えなければならないと意識したジョナサンは、デート中の自分の感情に注意を向けるようになりました。彼は、条件面ではそれほどでもないけれど、いっしょにいるとリラックスして前向きになれて、自分を好きになれる男性と二度目のデートの約束をするようになりました。他方、経歴はすばらしいけれど、デート中にぬくもりを感じられない相手を、早い段階で断れるようになりました。ジョナサンは、パートナー候補の男性を「面接する」のではなく、デートを体験するようになったのです。

エクササイズ　デートを振り返るための八つの質問に答えよう

この八つの質問を写真にとって保存しておきましょう。デートを終えたらこれらの質問の答えを考え、相手にどのような気持ちを抱いたか振り返ってください。

まとめ

1 私たちは**就職面接のように相手を問い詰める「評価型デート」**に苦しんでいる。チェックリストを捨て、**体験型マインドセット**へ移行しよう。デートを体験し、相手といるときの自分の感情に注意を払おう。

2 マインドセットが大切。**デートがうまくいくと思っても、うまくいかないと思っても、その通りになる。**デート前に適切な精神状態を手に入れるために、**デート前の儀式**を活用しよう。

3 ちょっとした工夫で、よりよいデートを演出できる。**デートの時間と場所は慎重に考えること。**デートに遊びを取り入れよう。クリエイティブな活動を選び、世間話は避け、スマートフォンはしまっておくこと。デートの終盤で盛りあがるように。聞き役に徹し、会話の焦点を自分に引き戻す**シフト応答**ではなく、相手がさらに話を展開するよう促す**サポート応答**を心がけよう。

4 特定の基準に沿ってデート相手を評価するのではなく、**デートを振り返るための八つの質問**に答えて、デート中の自分の感情に注目しよう。

11

恋の火花にご用心
――胸キュン神話から脱却する

デート相手に、出会った瞬間の胸キュンを求めるかもしれません。唐突に訪れる、セクシーでうっとりするようなときめきに体中が反応する。胸が高鳴り、目を見つめるだけでドキドキが止まらない。もうその人に釘付け。触れられると、全身に電気が走る。同じ部屋にいた人たちはいつのまにか背景に溶けてなくなる。周波数が合い、スイッチが入ったみたいだ。生きていることを実感する。

そんな経験がありますか？　そう、「恋の火花」を感じたことが？

もちろん、そのような火花は心躍るものです。けれども正直に言いましょう――恋の火花のくそったれ！　その概念は私の宿敵です。私は、恋の火花こそ、私たちの多くが固執する非常に危険な概念であることに気づきました。火花に固執するあまり、相手の真の可能性を見抜くことができず、すばらしいパートナーを逃してしまいます。この章では、火花についての神話を打ち砕きます。本章を読み終わる頃には、あなたも「恋の火花のくそったれ！」と唱えるようになっていることを期待しています。

神話1．運命の人には出会った瞬間、ビビッと感じる

現実：出会った瞬間の胸キュンや即時の心のつながりは、恋愛の最初では起こらないものです。よいセックスと相性は時間をかけて築かれます。

ひとめぼれはめったに起こりません。心理学者のアヤーラ・M・パインズが四〇〇人以上を対象に、どのように恋人と恋に落ちたかを尋ねたところ、「ひとめぼれ」と答えたのはわずか一一パーセントでした。

ご近所さん同士で付き合うことが多いのに気づいたことはありませんか？　どうして、向かいの学生寮に住んで同じ医学部の授業を受けている大学一年生同士が、よくカップルになるのでしょうか？　それは、人は目にする機会が多ければ多いほど、その対象を好きになるからです。心理学者はこの傾向を**単純接触効果**（Mere Exposure Effect）と呼びます。目にすることで親しみが生まれます。そして、親しみを感じる人やものに惹かれる（安心感を抱く）のです。

ある友人は、イタリア料理のレストランの受付係をしていました。そこで働き始めたとき、シェフの一人が彼女をデートに誘いました。彼女にはその気がなかったので断りました。シェフは彼女の答えを尊重し、職場の同僚として仲良くなりました。彼女の勤務時間が終わると彼が彼女を家まで車で送りました。レストランの営業終了後に、他の同僚たちと飲み明かすこともありました。彼が最初に彼女を誘ってから六ヶ月がたったある晩、車の中で彼女から彼にキ

スをしました。彼は驚きつつも喜びました。その週末に二人はデートに出かけ、いまでは結婚して二人の子どもがいます。

「最初は何も感じなかったの」とその友人は言いました。「けれど、私の中で彼の存在がだんだん大きくなっていった。思いが募るのに時間がかかったけど、いまでは彼なしの人生なんて考えられないわ」

この手の話はよくあります。結婚したカップルは、かれらの初デートが（あるいは二回目のデートも）どれだけ悲惨だったかを嬉しそうに話してくれます。その話の教訓は明らかです。恋の火花は成長するものだということ。最初はいまにも消えそうな小さな火かもしれません。それが燃え上がる前に吹き消してしまうと、末永く続く愛の炎で自分を温めることができなくなってしまいます。

数年前、心理学者のポール・イーストウィックとルーシー・ハントがこの現象を研究しました。学期の最初、同じクラスのストレートの男子学生とストレートの女子学生を対象に、互いを魅力度でランクづけするよう頼みました。その結果、多少の差はあるものの、どのクラスメイトが魅力的かについて大方の意見が一致していることがわかりました。この第一印象にもとづく最初の評価は、**つがいとしての価値**（Mate Value）として知られています。

三ヶ月後、学期の終わりに研究者らはふたたびクラスメイトを評価するよう学生に頼みました。学生らは互いをよく知るようになっており、スコアには前回よりもばらつきが見られました。この新たなスコアは、**独自の価値**（Unique Value）、つまり、いっしょに時間を過ごしたあとにその人をどう思うかを反映したものです。

なぜスコアが変化したのか、イーストウィックとハントはこう説明します。人は誰かに出会うと、最初は、その人の総合的な魅力や振る舞いなどつがいとしての価値にもとづいて評価します。やがてその人と親しくなり、体験を共有するにつれて、その人が内に秘めた独自の価値を発見するようになります。教室の実験では、学生が最初に互いを評価したとき、その答えはおおむね性的魅力にもとづいたつがいとしての価値を反映したもので、大半の人が同じ人物をセクシーだと感じました。しかし学期の終わりには、学生は互いを独自の価値にもとづいて評価するようになり、その結果は誰と仲良くなったかに左右されていました。多くの場合、おそらく単純接触効果のせいで、学生は初回の授業のときよりもクラスメイトを好きになっていました。つがいとしての価値は時間とともに消滅します。大切なのは、相手と親しくなったときに相手に対してどのような感情を抱くか、ということです。

この現象は教室の外でも起こります。私たちは初めて会った人に対して、主に外見にもとづいて第一印象を抱きます。けれどもその人をもっとよく知るにしたがって、その人の存在感が大きくなり、違った見方をするようになるのです。

これは、セックスにも当てはまります。最高のセックスは魔法のように突然起こるものではありません。一夜かぎりのひどいセックスを体験したことのある人ならわかると思いますが、相手（と自分）の体や好みを知り、互いにリズムを合わせるには時間がかかるのです。

神話2. 恋の火花はつねに正しい

現実：そうとはかぎりません。他人に火花を感じさせるのがうまい人もいるのです。そのような人はおそろしく魅力的かもしれません。業界きってのモテ男・モテ女かもしれません。火花は、相手がいかに魅力的か（あるいはナルシシストであるか）を示しているだけで、二人のつながりを示すサインではないこともあります。私はバーニングマンで出会ったブライアンとのつらい経験からそれを学びました。彼は私（とその他大勢の人たち）に火花を感じさせ、私は必死に、その最初のときめきを恋愛に発展させようとしました。

また、デート相手が駆け引きをしかけてきたり、矛盾したメッセージを送ってきたりすると、火花を感じることがあります。人は、不安をときめきと混同することがよくあります（愛着スタイル不安型の皆さん、あなたのことですよ！）。私がワークアウトのレッスンで出会った友人、ビビアンと同じように、あなたもそろそろ、その気持ちを正しく認識しましょう。そして違うタイプのパートナー、気持ちを正直に見せてくれる安定型の人を探しましょう。頼りがいがあってもドキドキがないなら本当の愛ではない、なんて考えないでください。不安を生むタイプの愛ではないというだけで、それも愛です。

神話3. 火花があれば、恋愛関係が続く

現実：もし火花のおかげで長期的な関係へと発展したとしても、火花だけでは関係を持続させ

るのに不十分です。火花のせいで長くいっしょにいすぎたカップルと話したことがあります。離婚したカップルの多くも、かつては火花を感じていたのです。

ある友人が、大学卒業後、英語を教えるために韓国へ行きました。三週間で彼はホームシックにかかりました。家族が恋しいし、友達もいない。おまけに生徒は彼の授業をほとんど聞いていないようでした。

ある日、彼は閉店まぎわの地元のバーへ入りました。背の高い金髪の女性が隅の席に座っていました。彼女は一人きりでした。彼が見守るなか、彼女は少しだけ残っていた赤ワインを飲みほすと、本を閉じ、席を立ちました。その女性は、彼の大学時代の友人、彼が会いたくてしかたのなかった人にどこか似ていました。

いつもは奥手な彼ですが、親しみのある顔立ちを見て勇気が湧いてきました。彼は彼女のもとへ歩いて行き、「こんばんは。ぼくはネイサン。この近くに住んでいるのですか?」と声をかけました。

思いがけず耳にした英語に、彼女は一歩下がりました。一瞬の間をおいて「ああ、ええ。そうなの」と答え、握手のために手を差し出しました。「私はアヴァ」

ネイサンはほほ笑みました。彼女は美人で、しかも英語を話せる。彼の中で火花がはじけました。「別のバーにうつって、きみの読んでいる本の話を聞かせてくれないかな?」

二人は韓国で一年間付き合ったあと、セントルイスへいっしょに引っ越しました。その翌年には結婚しました。

けれども結婚生活は行き詰まりました。「振り返ってみると、警告サインは山ほどあったんだ」とネイサンが教えてくれました。「ぼくたちはまったく違うタイプだった。最初の出会いでさえ、彼女は本を読んでいて、ぼくはただ酔っ払おうとしていた」

特定の話題になると、二人はいつも話を変えました。たとえば、彼は子どもをほしいと思っているけれど、彼女は違うこと。彼女は韓国に戻りたがっているけれど、彼はセントルイスに落ち着くつもりでいること。「最初の火花のせいで、互いの違いを無視していたんだと思う」

結婚して一年もたたないうちに、二人は自分の不満を無視できなくなりました。

「ぼくらの関係は、〝最初のすてきな出会い〟に突き動かされていたように感じる」と彼は言いました。「海外で出会ってひと目で恋に落ちる、っていう絵に描いたような物語がなければ結婚していたかわからない。ぼくらは、そのおとぎ話のような出会いにふさわしく生きようとしていただけなんだ」

出会い方が「正しい」からといって、間違った恋愛を追い求めてはいけません。

火花を捨てて、小さな火をおこす

火花自体は悪いものではありません。自分が相手に惹かれていることを知らせてくれることもあります。多くのすてきな恋愛が火花から始まっていますが、多くの不幸な恋愛も始まりは火花です。大切なのは、火花がないからといって失敗が予測されるわけでも、火花があるからといって成功が約束されているわけでもないことです。数学者のクライアントが以前、こう言いました。「長期的に幸せな恋愛に、火花は必要条件でも十分条件でもない」

初デートの指標として火花に頼るのはやめましょう。最初のときめきを最大化するのをやめ、誠実さや優しさ、相手が自分をどのような気持ちにさせるかなど、もっと重要な要素に集中しましょう（復習が必要な人は第7章へ）。

火花は捨てて、**小さな火**を大切にしてください。最初の出会いではとくに魅力を感じなかった人が、すてきなパートナーとなり、二人で長期的な関係を築けるかもしれません。小さな火を大きく燃え上がらせるには時間がかかりますが、待つ価値があります。次の章では、可能性のある小さな火の見分け方と、その人にチャンスを与える理由、そしていつ見切りをつけるかについて説明します。

医学生の友人、カトリーナはマッチングアプリでなかなか成果が出ませんでした。彼女は内気で、これまでのデートでは素っ気ない人と思われていました。初デートばかり重ねる中、彼女は隣人のスザンナといっしょに過ごすようになりました。スザンナにデートの失敗談をすべて打ち明けました。友達になって数ヶ月後、スザンナがカトリーナに愛の告白をし、すぐに付き合い始めました。スザンナは、カトリーナへの愛が深まるばかりだと教えてくれました。それこそ、小さな火の威力なのです。

まとめ

1 **恋の火花のくそったれ！** 出会った瞬間の胸キュンや即時の心のつながりは恋愛の最初には存在しないことが多い。**二人の相性は時間をかけて築くことができる。**

2 **人は状況に左右される。**出会ったときの状況のせいで、火花を感じないこともある。

3 **火花がつねに正しいとはかぎらない。**ときめきは、相手が気持ちを明確に伝えてくれないために感じる不安なのかもしれない。火花は、その人がどれだけ魅力的か（あるいはどれだけナルシシストか）を示しているだけで、互いのつながりを示すサインではないこともある。

4 **火花を感じるからといって、恋愛関係が続くとはかぎらない。**たとえ火花が恋愛に発展したとしても、その関係を続けるには火花だけでは不十分。また、火花は二人の未来を約束するサインでもない。

5 **火花を捨てて、小さな火を育てよう。**とくに魅力を感じなかった人でも、人生の最高のパートナーになる可能性がある。

12

二度目のデートへ
——初デートの相手にもう一度会うか決める方法

就職面接のようなデートをしていたクライアントのジョナサンは、徐々にデートの考え方と方法を改めていきました。喫茶店ではなく、家の近くにあるティキ・バー［訳注：南太平洋をテーマにしたポリネシアンスタイルのバー］で、腕のいいバーテンダーの作るカクテルを薄暗い照明のもとで楽しむようにしました。適度に騒がしい店内は、デート相手の耳元にささやきかけるのにぴったりです。また、恋の火花について考えるのもやめました。

すぐにジョナサンと私は、朝七時のコーヒーデートを冗談にできるようになりました。ジョナサンは初デートをマスターしたのです。けれども、二度目のデートの相手選びに悩んでいました。

「正直に言って」とジョナサンがセッション中に言いました。「すてきな男性にはたくさん出会えた。けれどもデートのあと、どうしてもかれらの欠点についてあれこれ考えてしまうんだ。仕事がつまらないとか、ユーモアのセンスが安っぽいとか、ベストを着ているとか」

ネガティブなことに目を向けてしまうのはジョナサンの責任ではありません。人間の脳がそのように進化しているのです。

さいわい、くだらない理由ですてきな恋人候補を逃さないために、ネガティブな衝動を抑える手段があります。ポジティブな面に目を向けるよう脳を訓練することができます。「己の欲せざるところは人にほどこすことなかれ」という教えがありますが、それを恋愛に当てはめると、**自分が裁かれたくない方法で人を裁くな**ということです。

ネガティブ・バイアス

生物人類学者であり、恋愛に関する複数の著書が人気のヘレン・フィッシャーは、私のインタビューの中で、人間の脳には**ネガティブ・バイアス**（Negativity Bias）があり、うまくいかなかったことを本能的に反芻《はんすう》しようとすると説明しました。

上司や同僚から仕事のフィードバックをもらったことのある人は、褒め言葉と批判のどちらをはっきりと覚えていますか？　そこにはネガティブ・バイアスが作用しています。フィッシャーによると、私たちの脳は、同じ経験を繰り返さないために、いやな経験を鮮明に記憶するよう進化してきたそうです。そのような脳構造のおかげで、人は脅威を察知して避けることができます。サーベルタイガーに食べられそうになったなら、その動物がどんな姿をしていて、どこに住んでいるかを覚えておくと役に立ちます。現代では肉食の捕食動物に襲われる危機は減っていますが、人の脳は現代版の別の脅威にそなえています。「元カノが五人いて、そのうちの一人から嫌われているとすれば、それがどの女性なのか覚えておくと役に立つ」とフィッシャーは指摘しました。

人類の祖先を助け、いまでもいくらかの価値をもつこの本能が、現代では、とくに恋愛において試練を生みだしています。つまり、デートのあとで相手の欠点をもっとも鮮明に思い出す可能性が高くなるのです。

根本的な帰属の誤り

ネガティブ・バイアスに加えて、私たちは無意識のうちに、人格を誤判断する認知バイアスに陥っています。その一つが、**根本的な帰属の誤り**（Fundamental-Attribution Error）と呼ばれるもので、私たちは、他者の行動について、それが行われた環境ではなく、その人自身が原因だと考える傾向があるのです。誰かがミスを犯したとき、その過ちはその人の本質的なもの、根源的な悪をさらけ出すものだと解釈します。その行動を説明するための、外部的な要因を探そうとしません。

たとえばデート相手が待ち合わせの時間に来ないとき、渋滞に巻き込まれていると考えるのではなく、自分勝手な人だと見なします。あるいは、相手が約束通りにメッセージをくれないと、「仕事で忙しいのかな？」と推測するのではなく、「思いやりのない人だ」と断定します。そのような一般化はフェアでないことは誰もが知っています。けれどもその瞬間は脳が勝手にそう考えてしまうのです。

長所を探す

ネガティブ・バイアスと根本的な帰属の誤りのせいで、ジョナサンの最初の直感が二度目のデートを断るよう告げたことは当然です。けれども長期的なパートナーを望むのであれば、これらの本能的な衝動を抑え、相手の長所を探さなければなりません。そうでなければ、すばらしい恋人候補を誤って逃してしまいます。そして二度目のデートがなければ、結婚という夢をかなえることもできないでしょう。

長所を探す力は筋肉のようなもので、身につけられるスキルです。そのために練習をしましょう。心理学者、ショーン・エイカーの研究によると、その日に感謝することを三つ書くだけの感謝日記を三週間書き続けると、脳が世界を認知する方法が変わり始めるそうです。感謝日記を書くことで、たとえば、発車直前のバスに間に合うことがどれだけラッキーか、同僚と笑い合えることがどれだけ楽しいかなど、これまでは見逃してきたものごとに気づくようになるのです。

恋愛でも同じことができます。よい面を見るよう自分を訓練しましょう。他の人なら見過ごすであろう相手の一面を探してください。哲学者で作家のアラン・ド・ボトンは私にこう言いました――相手のよくない一面に注目するのではなく、「望ましい面、よい部分を探すためにイマジネーションを駆使」すること。

かつて、グラントというひどくネガティブ思考な男性のコーチングをしたことがあります。

彼の言うことはすべて、「ああ、でも……」で始まっていました。いつも胸の前で腕組みをする姿勢で人生に臨んでおり、いい知らせにさえ反論するようなタイプでした。当然ながら、彼からのデート後の報告メッセージは、映画『ミーン・ガールズ』に出てくる「悪口ノート」のコンパクト版のようでした——「身長が低すぎ、笑わない、くだらない仕事、カナダに帰りたいのかも、"concomitant"の発音を間違えた」。

その次のセッションで私は彼と席につくと、「グラント、あなた自身は欠点や悪癖の寄せ集めではないでしょ？　あなたは短所だけではない。よいところも悪いところも含めてあなたという人間ができている。ほかの人には、あなたの改善すべきところだけじゃなく、あなたの全人格を見て評価してほしいと思わない？　自分が評価されたくない方法でほかの人を評価しないで」

そして、デートのあとで相手の欠点を並べたてるのを禁止しました。自分の中で考えるのもだめ。その代わりに、デート相手の長所を五つ、私に報告するよう言いました。グラントは、アラン・ド・ボトンが言ったように、「イマジネーションを駆使」し、相手の奥深くを見なければならなくなりました。

最初のうち、グラントはこの宿題に苦労しました。彼からの報告には、「遅刻しなかった」「言葉の間違いがなかった」などと書かれていました。けれども練習を重ねるうちに徐々にうまくなってきました。以下は、彼が私に送ってくれたリストです。

1．親切である。レストランの店員への態度が気に入った。

2. 思いやりがある。ぼくの職場の大切な会議について尋ねてくれた。
3. 家族思いだ。本当に興味深そうに、ぼくの祖母の話を聞いてくれた。
4. 非常に頭がいい。
5. すごくキスがうまい！

グラントはまだ運命の人にめぐり会っていませんが、最近では二度目のデートに出かける頻度がぐんと増えました。想像力をはたらかせる術《すべ》を身につけたことで、恋人候補を吟味し、理解し、正しく評価できるようになったのです。

エクササイズ　長所を探そう

マッチングアプリにせよ、レストランでテーブルを挟んで向かい合っているにせよ、相手の長所を見つけてください。短所を探すのは簡単です。私たちの進化した脳が実際にそれを保証しています。けれども、よい面を探すように努力してください。次のデートのあとで、その相手について気に入った点を五つ、友人にメッセージで送ってみましょう。5goodthings@loganury.com にメールしてくれてもかまいません。

これで相手のよい面に目を向けることができるでしょう。けれど、デート相手がミスをしでかして、根本的な帰属の誤りに陥ったらどうしますか？　この衝動を乗り切るには、相手の振る舞いについて、もっと思いやりのある別の説明を考えるといいでしょう。

状況：初デートに遅刻している。
誤りモード：なんて自分勝手な人。
思いやりモード：一時間も早く家を出たけれど、電車が遅延しているのかも。

状況：初デートの誘いへの返事が遅い。
誤りモード：失礼な人。
思いやりモード：今週は仕事が忙しいのに、デートの時間をつくろうとしてくれている。

状況：食事中、ひどい冗談を言った。
誤りモード：ユーモアセンスが安っぽいから、気が合いそうにない。
思いやりモード：緊張していて、笑わせようとしてくれた。

このような状況になったときは、すてきな恋人候補を誤って拒否しないために、思いやりモードに切り替えましょう。

デフォルトの威力を味方につける

これまで説明してきたようなマインドセットの転換は簡単ではありません。相手の短所に目がいき、その人とは二度と会わないと決めてしまうのも自然なことです。けれど、これらのことをもっと簡単にする方法があるのです。デフォルト（初期設定）の力を味方につけましょう。

数え切れないほど多くの行動科学の実験が**デフォルト効果**（Default Effect）を実証しています。さらなる行動を必要としない初期設定が、私たちの行動に影響を与えるのです。たとえば、ハンバーガーショップで販売するセットメニューを考えているとしましょう。ハンバーガーといっしょに提供するサイドメニューは何にしますか？　フライドポテトをデフォルトにして、お客さんの希望によってサラダに変更できるようにしますか？　それともサラダをデフォルトにして、ポテトに変更できるようにしますか？　どちらを選ぶにせよ、大部分の人はデフォルトのサイドメニューを選ぶのです。

次ページのグラフを見ると、デフォルトの威力がわかるでしょう。

グラフからもわかる通り、ヨーロッパのいくつかの国ではほとんどすべての人が臓器提供に同意しています。他国では、ドナー登録している人がほとんどいないところもあります。この差に、宗教的な価値観や共産主義的な思想が関係していると思うかもしれませんが、そうではありません。似たような国（デンマークとスウェーデンのように）でも臓器提供の同意率は大きく異なります。

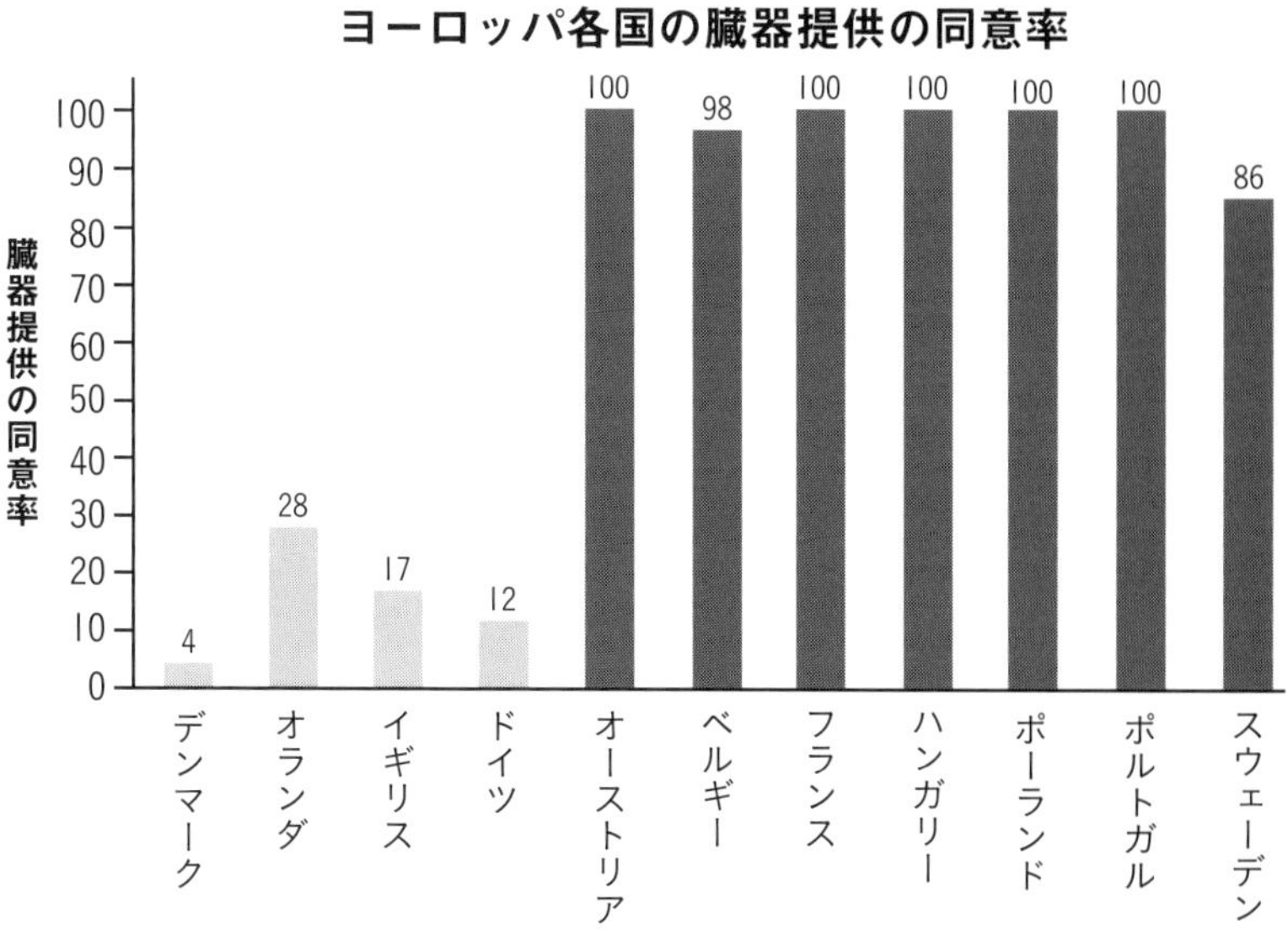

では何が原因なのでしょうか？　答えは宗教や文化ではなく、デフォルトです。人は、死後の体をどうすべきかといった感情的に難しい決断についてはとくに、デフォルトに固執する傾向があります。グラフの薄い色で示された四つの国は、自動車登録の書類に「臓器提供に同意する場合は、チェックを付けてください」と書かれています。チェックを付ける人は非常に少ないため、ドナー登録者も少なくなります。他方、書類に「臓器提供に同意しない場合は、チェックを付けてくださ い」と書かれている国では、やはりチェックを付ける人が非常に少ないため、大半の人が自動的にドナー登録されるのです。これが、グラフの濃い色の国々で同意率が高い理由です。どちらの場合も、大部分の人はデフォルトの選択肢に固執して、チェックを付けませんでした。このようなわずかな差——書類を

設計した自動車登録局職員が作った小さな差——が、臓器提供のような重大な問題に大きな影響をもたらしたのです。

このデフォルトの力をあらゆる場面で活用できます。たとえば、減量中の私の友人は、パンを食べないことをデフォルトにしました。誰かにパンを勧められても断ります。その決断をするために脳のリソースを無駄遣いすることはありません。デフォルトのルールに従っているだけなのです。

これを恋愛に生かす方法を考えてみましょう。よりよい意志決定のための初期設定を考えてください。二度目のデートに行く、というのをデフォルトにしてみるのはどうでしょうか？そうすることで、ネガティブなことに集中する本能を避けられるだけでなく、恋の火花に頼らずに小さな火を燃やす相手を探せるようにもなるでしょう。

当然ながら例外もあります。けれど、デートを断固拒否するような劇的なことが起こらないかぎり（相手が、海老の匂いをプンプンさせながらハイ状態で二時間も遅刻してきたとか）、同じ人と二度目のデートに行く、と思っておきましょう。

クライアントのエマは、最初の相談に来たときにはデート経験があまりありませんでした。私たちはいっしょに、彼女のプロフィールやメッセージの書き出しの言葉、話を聞くスキルなどについて改善していきました。一週間に一度はデートに行く、という目標を設定しました。彼女は達成意欲が強く、評価基準を遵守する業務マネージャーであるため、週に何度もデートに行くようになりました。

一ヶ月後、私は彼女から同じ名前を聞くことがほとんどないことに気づきました。「エマ、二回目のデートには行っているの？」と次のセッションで尋ねてみました。

彼女はしばらく考えて言いました。「いいえ、行っていない。初デートだけ。でも、すごくたくさんデートしたのよ」

「本当によくがんばってるわ」と私は返しました。「でも最終的な目標を見失わないで。長期的なパートナーを見つけたいんでしょ？　二度目のデートや三度目のデートにももっと出かけなきゃ」

エマは二度目のデートを例外ではなく、デフォルトにしました。一週間後、彼女からのメッセージが届きました。「昨日デートした二人とは、もう二度目のデートの約束をしたわ！」

当然のように見えるかもしれませんが、この、初デートではなく二度目のデートに注意を向けるという小さな変化は、彼女のアプローチに大きな変化を与えました。それから一ヶ月もたたないうちに、つらい別れを乗り越えつつあるすてきな男性と、二回目、三回目、そして一〇回目のデートに出かけていました。「彼は傷つくのを恐れていたんだけど、私たちはただ前に進むことにしたの。だんだん二人の仲が深まって、絆が強くなってきた」とエマは教えてくれました。二人はいまも付き合っており、オースティンにいっしょに引っ越すことを考えています。

結局、ジョナサンがいまのパートナーに出会ったのも二度目のデートをデフォルトにしたおかげでした。ジョナサンによると、私に相談に来る前だったら、その新しいパートナーとデートすることもなかっただろうとのことです。というのも、その彼氏はジョナサンの以前の身長基準に満たないからです。あるいは、たとえデートしたとしても、初デートの印象は「まあまあ」だったので、二回目のデートには行かなかっただろう、と言います。幸運にも、ジョナサンは彼に二度目のチャンスを与えたのです。

「彼は意欲的で成功しているけれども、ぼくが最初に望んでいたようなタイプではない。でもいっしょにいてすごく楽しいんだ。彼はすばらしく聞き上手で、コミュニケーションがうまい。びっくりするくらい馬が合う。それに、ぼくの要求にもすごく気を遣ってくれる。以前は、大物CEOタイプを探していたけれど、それでは満たされないことがわかった。例の欠点リストを手放したことが転機だった。二人で体験を楽しむことに集中できるようになったんだ」

この戦略のリスクはそれほどありません。初デートでは、人生の伴侶にふさわしいかを判断するのではなく、その人と二度目のデートに行くかどうかを考えましょう。それだけでいいのです。あらゆる認知バイアスに左右されやすい第一印象を理由に恋人候補を切り捨てるより、二度目や三度目のデートに行き、それから二人の相性を見極めるほうがいいでしょう。

◆エクササイズ◆　二度目のデートをデフォルトにしよう

「私、［　　　］は、二度目のデートにもっと出かけることを誓います」

署名：
日付：

許せる範囲の軽いイライラ

二度目のデートをデフォルトにすることでもっと多くの人にチャンスを与えられます。そこで私からの次のアドバイスは、ちょっとしたいらだちを絶対条件と間違えないこと。真の絶対条件とは、恋愛の可能性をゼロにする本質的な相性の悪さです。たとえば、あなたと恋人が別の宗教を信仰していて、それぞれが子どもを自分の宗教のみで育てたいと考えているような場合です。そこまで重要でない場合は「あったらいいな」程度で、絶対条件ではありません。

数年前、私はバーのハッピーアワーのイベントに参加しました。三〇代半ばの女性が近づいてきて、自分の恋愛について話を聞いてほしいと言いました。彼女の名前はマライア。「本当に出会いを求めているの」とマライアは言いました。「ただし、口呼吸の人はだめ」

マライアとの会話で、彼女が何年も独り身である理由は、彼女がすべての男性を「口呼吸する人」と「口呼吸しない人」に分類しているからだと私は気づきました。

たしかに、口呼吸は迷惑です。口の中に食べ物をいっぱい詰めて話す人や、いつも口を挟む人、床が見えなくなるほど服を脱ぎ散らかす人と同じくらい迷惑です（どれも私がやってしまうこと)。けれども、口呼吸しないことと長期的な関係をうまくやることの相関を示す研究は皆無です。

長期的に重要なことを優先しましょう。ちょっとしたいらつきのために軌道からはずれないようにしてください。もしかしたら、そのようないらつきを防衛機制として利用しているのかもしれません。何らかの理由から恋愛関係になるのを避けるために、デートをしているように見せかけつつ、実は独り身でいたいのかもしれません。

マライアもそうでした。彼女は**許せる範囲の軽いイライラ**を絶対条件と勘違いしていたのです。ここで用語の定義を整理しましょう。

軽いいらだち：おそらく他の人よりも個人的にいらだちを感じるささいなこと。

許せる範囲の軽いイライラ：絶対条件のように感じられるけれども、実はただのいらだちにすぎないもの。

絶対条件：その人と付き合わない本質的な要因。

あなたのゆずれない絶対条件を考えてみてください。その条件に合わない人と長期的な関係を築くことを想像できますか？　もし築けると思うなら、それは絶対条件ではありません。たとえば、あなたがストレートの女性で、恋人候補への絶対条件が「一七八センチメートル以上」だと想像してください。人の心をつかむ魅力があり、聞き上手で、友人も多く、あなたを笑わせてくれるハンサムな男性に出会ったとしましょう。彼が椅子から立ち上がると、一七五センチメートルしかなさそうです。さて、あなたは彼と付き合いたいですか？　ほぼ満場一致で「イエス」でしょう。身長は絶対条件ではありません。

しかし、あなたが子どもはほしくないとします。とても楽しい初デートでしたが、デートの終盤で相手の女性が、甥《おい》や姪《めい》の話や、親になるのが待ちきれないということを夢中で話しました。彼女がどれだけ美人でも、彼女と過ごす時間がどれだけ楽しくても、二人は将来について根本的に別のプランをもっています。それは絶対条件です。

絶対条件の例はほかにもあります。一人が一夫一婦制《モノガミー》を望み、もう一人がそうでない場合。あるいは、一人が昔ながらの性別による役割分担意識を恋愛関係にも期待し、もう一人は別のバランスを信じている場合。一人が喫煙者で、もう一人が喫煙をやめたい場合や、深刻なぜんそくをわずらっている場合も当てはまります。

二つの異なったリストを作ってみてください。あなたにとって、ゆずれない絶対条件とは何でしょうか？　そして、ただの好みや、あればいいな、と思うものは？　このエクササイズはジョナサンにとても役立ちました。身長が思っているほど重要でないと気づいたのもこのおかげです。経営者であることも絶対条件でないと気づきました。そして、ユーモアのセンスがない人とは付き合えないということを再確認しました。

◆エクササイズ◆ 真の絶対条件を特定しよう

前述の定義に沿って、あなたにとって本当に重要なものを書き出してください。

真の絶対条件：

1.

2.

3.

軽い許せる範囲のイライラ（絶対条件と混同しないこと）：

1.

2.

3.

あればいいな、と思うもの（絶対条件と混同しないこと）：

1.

2.

3.

見切りをつけるには何回デートすべきか

二回目のデートをデフォルトにすることに賛成なら、次の疑問は「この人とどれくらいデートすればいいのだろう？　三回目のデートもデフォルト？」でしょう。

相手が長期的なパートナーになり得るかを見極めるのに、デートが二回必要か、三回必要かはわかりません。具体的な数字を裏付けるデータがないからです。だから、二人でいるときの状況をよく観察してください。その人といっしょに過ごす時間を楽しんでいますか？　相手はあなたを幸せにしてくれますか？　その人といっしょにいるときの自分は好きですか？　相手にキスしたいと思いますか？　相手に対する興味は高まっていますか、薄れていますか、それともとくに変化がありませんか？　デート相手があなたやほかの人に無礼だったり敬意を欠いているなら会うのをやめましょう。いっしょにいて居心地が悪かったり、不安や哀しみを感じる場合も、その相手には見切りをつけましょう。

自分自身を正直に見つめてください。あなたはいま、何歳ですか？　デート相手に火花を感じられない、といつまで嘆き続けるのでしょう？　そろそろ見方を変えて、誰かにチャンスを与えるときかもしれません。第４章で説明した秘書問題を思い出しましょう。すてきなパートナー候補にすでに出会っている可能性が高いことに気づいてください。

なにも、デートに出かけた相手とただちに結婚を決断せよ、と言っているのではありません。二度目のデートから、その重要な決断をするときまで、二人の関係を考えるために十分な時間をとってください。デフォルトだからという理由で結婚しないでください。まずは、「この人ともう一度会いたいか?」という身近な疑問をよく考えましょう。もし会いたいと思うなら、相手に気持ちを伝えましょう!

《ヒント》ゴーストバスターズ宣言:ゴースト禁止!

「この人とはもうデートしたくない」と思うときがかならずやってきます。そのときにどんな行動をとるべきでしょうか? 連絡を絶つ《ゴーストする》? それは絶対に禁止です! 本書は恋愛において意図的に意志決定をくだすための本です。そこには、関係の終わらせ方も含まれています。

「ゴースト」とは、「一方が他方からの返事を期待しているけれど、その返事を得られないコミュニケーション」を指します。たとえばデートに出かけたあと、どちらもメッセージを送らない場合は互いに身を引いているのでゴーストではありません。他方、どちらかが「今日はありがとう。とても楽しかった。また会える?」とメッセージを送って、相手が返事を返さなかった場合。それがゴーストです。

なぜ人はゴーストするのでしょうか? 私はゴースト癖《へき》について何十人もの人にインタビューしました。かれらの言い分はこうです。

「もう会いたくない理由をどう説明すればいいかわからないから」

「相手を拒絶するのが心苦しいから」

「直接、拒絶するよりも、ゴーストして消えてしまうだけのほうが相手を傷つけないから」

人はゴーストする理由を、気まずい状況を避けて相手の気持ちを守るためだと思っています。けれどもそれは真実ではありません。第一に、ゴースト自体が気まずいものです。第二に、ゴーストは相手を傷つけ、宙ぶらりんの状態にします。これらの明白なゴーストすべきでない理由に加えて、もう一つあります。ゴーストすると、「ゴーストした人《ゴースター》」自身が、直接気持ちを伝えた場合よりも後味の悪い結末を迎えるのです。

そこには二つの認知バイアスが関係しています。一つは、人間は**感情予測**（Affective Forecasting）が下手であること。つまり、私たちは未来の出来事によって生じるであろう自分の感情を予測するのが苦手であるため、誰かをゴーストしたあとの自分の気持ちを予測できません。そして二つ目は、自分をどう捉えるかは、自分の行動に影響され、時間とともに変化すること。心理学者のダリル・ベムの**自己知覚理論**（Self-Perception Theory）によると、人は、自分自身の思考や感情などの内的状態にアクセスできないため、行動によって自己認識が変化するそうです。自分の行動を見て初めて、自分がどのような人間であるかわかるのです。この理論は、ボランティア活動が幸福度を高めるもっとも確実な方法の一つであるという研究結果を説明するのに役立ちます。ボランティア活動をする人は、ボランティア活動をしない人よりもつねに幸福度と自己肯定感が高いようです。というのも、ボランティア活動をした人は自分の行動を見て、「自分の時間を人助けに使った。やはり私は心の広い人間なんだ！」と思うからです。

気まずく感じるのを避けるためにゴーストするという人がいます。けれども、自己知覚理論に従うと、ゴーストしたあと、自分の行動を見て「なんだか意地悪なことをしてしまった。私は最低の人間かもしれない」と思い、自己嫌悪に陥ることになります。

私はゴーストすると気分がよくなるどころか悪くなることを証明するために、ちょっとした実験を行いました。参加してくれたのは、フェイスブックと、掲示板型ソーシャルメディア、レディットを通して募集した、月に一度はゴーストするという自称「ゴースター」たちです。調査では、ゴーストした場合と、興味がないことをストレートに伝えるメッセージを送った場合、それぞれどのような気分になるかを、五段階（「気分が悪い」から「とても気分がよい」まで）で予測してもらいました。

予想通り、ゴースターたちの大半が、ゴーストしたあとの気持ちを「普通」から「気分がよい」と予測し、お断りメッセージを送ったあとは「やや気分が悪い」「気分が悪い」と感じるだろうと予測しました。

その後、被験者の半分に、実際にゴーストした翌日に自分の気分を評価するよう頼みました。残りの半分には、デート相手に二度と会いたくないと思ったら、ゴーストするのではなく、次のメッセージを送るよう指示しました――「やあ、○○（相手の名前）。きみと○○（話した話題）について話したのはとても楽しかった。恋愛関係に発展することはないと思うけど、きみと会えて楽しかったよ」。後者のグループには、実際に相手に送ったメッセージと、相手からの返信（もしあれば）をスクリーンショットに撮って私に送るよう頼みました。

さて、結果はどうなったと思いますか？　メッセージを送っていないゴースターの大半は、自分の行動に対して「普通」から「やや気分が悪い」と評価しました。フォローアップのインビューでは、かれらは罪悪感を抱いており、初デートのあとに相手から何度も連絡があると、スマートフォンを完全に遠ざけたくなったと報告しました。

興味がないことを直接告げるメッセージを送った人たちは、三分の二の確率で相手から「正の強化」を受けました。それ以外のケースでは返信がまったくありませんでした。一件だけ、相手から何が悪かったのか問い合わせる返信があり、けんかに発展したケースがありました。

ゴーストをするとき、人は自分にとって楽な道を選んだと思っています。けれどもそれは間違いです。代わりに優しく率直で礼儀正しい道を選ぶと、正の強化を得られます。相手から、「教えてくれてありがとう。がんばってね」といった返信をもらう可能性が高くなります。ほっとしますね。相手が自分をいい人だと認めてくれたので、気分がよくなるのです。

なぜゴーストすべきでないか、納得していただけたでしょうか？　でも「ありがとう。さようなら」のメッセージを書くのが難しいときもあります。だから、手間をかけないようにしましょう。スマートフォンのメモアプリに、前述の穴埋め式お断りメッセージを保存しておくといいでしょう。相手に興味がないと思ったらすぐに送るようにしてください。

お断りメッセージの心得

【すべきこと】

1．礼儀正しく。

2. はっきりと。「恋愛には向かないと思う」「お互いに合わないと思う」といった言葉を組み合わせましょう。

3. 簡潔に、優しく。心を込めたお知らせを書いているのであって、現代の恋愛の非常事態宣言を書いているのではありません（それは私の仕事です！）。

【すべきでないこと】

1. 本心でないのに、「友達でいたい」と言うこと。相手が真に受けると、余計に傷つけます。

2. 相手を批判したり、感想を伝えたりすること。それは余計なお世話です。あなたの出る幕ではありません。

3. 相手から詳細を求められて、長々とやりとりを続けること。はっきりさせるのはいいことですが、長々と会話する義務はありません。

「ゴーストバスターズ宣言」をして、自分の気持ちを正直に伝えることを誓いましょう。ゴーストするのはやめてください。自分が傷つくだけです。

まとめ

1 **ネガティブ・バイアス**により、私たちはうまくいかなかったことを何度も考えてしまう。デート相手の長所を探すことでバイアスを乗り越えることができる。恋愛の黄金律は、「**自分が裁かれたくない方法で人を裁くべからず**」。

2 **根本的な帰属の誤り**により、相手の行動は環境によるものではなく、その人の本質であると考えてしまう。たとえば、相手がデートに遅刻すると、自分勝手な人だと思い込む。その思い込みを乗り越えるには、相手の行動に対して思いやりのある理由を考え出すこと。もしかしたら、退社するまぎわに上司がデスクにやってきて話を始めたのかもしれない。

3 **人は、自分で思うよりも人物評価が下手である。**相手の魅力に気づくには時間がかかるものだ。だから、「**二度目のデートには行く**」をデフォルトにしよう。

4 **許せる範囲の軽いイライラと絶対条件を区別する。**長期的には重要でないくだらないことで相手を見限らないようにすること。

5 「ゴースト」禁止！

PART

3

真剣な
愛を求めて

13

流されずに、決める
――恋愛の節目を意識的に迎える方法

映画館で気づいたらポップコーンを一人で平らげていた経験はありませんか？　紙容器の底を指で触れて初めて、自分がどれだけ食べたか気づく、ということが。ありますよね？　では、小さな個包装がいくつも入ったファミリーパックを一度にまるまる食べてしまったことは？　きっとないでしょう。その理由は、容器（大小を問わず）の最後に到達することで**決断ポイント**（Decision Point）ができ、無意識の行動を中断して意識的な選択をする機会を得られるからです。この場合、「ポップコーンを食べ続けたいか？」を決断するようになります。

行動科学者のアマル・チーマとディリップ・ソーマンは、決断ポイントの威力を巧みな（かつ、おいしそうな）実験で実証しました。かれらは被験者に二〇枚のクッキーを与え、一連のタスクを遂行するよう指示しました。クッキーの包装は、二〇枚すべてが一列に並んだもの、数枚ごとに白い蠟紙の仕切りを挟んだもの、数枚ごとに色のついた蠟紙の仕切りを挟んだものの三通りでした。

タスクの内容は重要ではありません。研究者らが注目したのは、包装の仕方が被験者の食べる量と速さに影響を与えるかどうかでした。実験の結果、色紙で区切られたクッキーを配られた被験者の消費量がもっとも少なく、消費時間はもっとも長いことがわかりました。その原因は、色のついた蠟紙によってより明白な決断ポイントが生まれ、無意識の思考（この場合、お菓子を食べること）から意図的な意志決定へと脳が切り替わったことです。ひとまとめにされたクッキーでは決断ポイントが生まれず、白い蠟紙は簡単に無視されました。他方、色つきの紙は、何も考えずに間食していた人々の意識を揺さぶり、「このままクッキーを食べ続けるべきか？」と考えさせたのです。

人生の決断ポイントはクッキーやポップコーンを食べ続けるかだけでなく、いたるところに存在します。とくに恋愛は決断ポイントの連続です。その多くが私たちにストレスを与え、夜眠れなくさせます。他方で、決断ポイントは天からの贈り物で、立ち止まって深呼吸して自分の行動を振り返る機会であると私は捉えています。自分の人生の棚卸しをし、次の一歩について戦略を練ることができます。思慮に富んだ、よりよい決断をくだすことができるでしょう。

とはいえ、恋愛の決断ポイントはクッキーを仕切る色紙ほどわかりやすいものではありません。とくに人生の勢いに流されているときは見逃しやすいものです。

心理学者は、カップルが次の段階に移行する方法には、**決める**と**流される**の二つがあると説明します。「決める」とは、ほかの人とデートしない、子どもをもつ、といった次の段階に進むことを意図的に選択することです。「流される」とは、あまり深く考えずに次の段階にすべりこむことです。この区別は重要です。バージニア大学の研究者が作成したアメリカ人の結婚に関する年次報告書『ナショナル・マリッジ・プロジェクト』によると、次の段階へ進むことを意識的に決定したカップルは、流されて進んだカップルよりも、幸せな結婚生活を送っています。さらに、ルイビル大学とデンバー大学の研究者らが、恋愛の節目で「流される」傾向のある人は、パートナーへの気持ちが薄れ、婚外恋愛が増えることを明らかにしました。これらの研究成果からわかるのは、決断ポイントで流されると、二人の関係が危うくなる可能性があるということです。恋愛には大切な決断ポイントがたくさんありますが、本章では、「関係をはっきりさせる」と「いっしょに暮らす」の二つに焦点をしぼります。

関係をはっきりさせる

クライアントのジンを覚えていますか？　三一歳にして初めて恋人探しを始めた、尻込み気質の女性です。彼女は短い恋愛をいくつか経験したあと、ジェームズという男性とデートを始めました。ジンはジェームズの友人らを気に入りました。みんな彼女を優しく迎え入れ、楽しませてくれました。でも何よりも嬉しかったのは、ジェームズがすぐに彼女を友人に紹介してくれたことです。そのすぐあと、日曜日のにぎやかなディナーで、彼の両親と姉妹、甥っ子たちにも紹介されました。「受け入れられている」とジンは感じました。ついに理想の恋愛を見つけた、と思いました。

「出会ってからちょうど四ヶ月になる週末、二人で遠出することにした」とジンがセッションのときに教えてくれました。彼が車を運転して、彼女がナビ役。「私のスマホの充電が切れたから、道を調べるのに彼のスマホを借りてもいいか訊いたの」ジェームズはためらいました。「マネージャーからメッセージが来るかもしれないから、自分で持っておく必要がある、とかなんとか言ってたわ」

ジンは何かおかしいと思い、彼のスマートフォンを取りあげました。ロック解除するまでもなく、マッチングアプリの「マッチ成立！」の通知が目に飛び込んできました。ドキドキしながら画面をスクロールし、彼とマッチした女性やメッセージを交換した女性の名前を読みました。

「これはどういうこと？」とジン。

「ごめん」とジェームズは言いました。「でも、付き合うとは言ってなかったから」

それが、二人の最後のデートでした。

ジンは、自尊心を傷つけられたと言いました。彼女のなかで、ジェームズの家族や友人に会い、二人で遠出するということは、付き合っているということでした。ジンはマッチングアプリを削除して、彼氏ができたと自分の母親に告げていました。けれどもジェームズは、はっきりと告白をするまでは付き合っていない、という別の見方をもっていたのです。ここで言う告白とは、二人の関係をはっきりさせるための会話のことです。「すごくみじめな気分」とジンは言いました。

これはジンだけの問題ではありません。また、ジンが恋愛慣れしていないために不相応な期待を抱いていた、というわけでもありません。自分の恋愛についてさまざまな思い込みをもつのはよくあることです。関係をはっきりさせるための会話を持ち出すのに気まずさを感じたり、いまの関係を台無しにするのを恐れたりして、その話題を回避しているのです。

ですが、二人の関係をはっきりさせることは重要な決断ポイントです。二人のいまの状況と、これからどこへ向かうのかを話し合うチャンスです。もし相手が自分のことをパートナー候補として真剣に考えていないのであれば、早い段階で知るほうがいいではないでしょうか。自分にとって正しい決断をするために、関係の明確化は必須です。それに、性的な健康という観点からもこれは重要です。どちらかがほかの人とも寝ているのであれば、もう一人はそれを知る権利があります。

関係をはっきりさせる会話を持ち出すのに完璧なタイミングはありません。ほかの人とのデートをやめる心の準備ができ、相手のことを「彼氏」「彼女」と呼びたいと思ったら、その話題を持ち出してみましょう。これは人それぞれです。せっかちな自覚のある人は、友人に相談してタイミングの状況分析をしてもらうといいでしょう（愛着スタイル不安型の人は焦って告白しがちです。もう一度、第6章で復習してください）。

かならず直接顔を合わせて話すこと。どうやって話を切り出すか考えてみてください。難しい話題を持ち出すコツは、自分がどれだけ気まずく感じているかを最初に伝えることです。そうすることで、相手はあなたの傷つきやすさを認識し、より共感的な応答をしてくれます。

「こんなことを言うのは気まずいんだけど……」「すごく訊きづらいことなんだけど……」とい

った言葉で会話を始めてください。

あるいはストレートに「私たちって付き合ってるの？」と訊くこともできます。あまりにも直接的すぎると感じるのであれば、一つのテクニックとして、ほかの人にどのように紹介すればいいか迷っていると告げましょう。たとえば「友達から、私たちの関係について訊かれたんだけど、なんて言えばいい？」「今夜、職場の同僚に会ったら、きみのことをなんて紹介すればいい？」と尋ねてみましょう。

自分が知りたいことをはっきりと相手に伝えてください。自分の恋愛上の肩書きを知りたいのでしょうか？　ほかにセックスの相手がいないかを確かめたいのでしょうか？　マッチングアプリを削除するという、現代の恋愛における最後の儀式を完了したいのでしょうか？

望み通りの回答を得られないこともあります。これは会話であって、交渉でないことを覚えておいてください。相手の返事を尊重しましょう。この会話は、相手がどのように感じているかを知るためのものであり、自分の思い通りになるよう相手を説得するものではありません。

期待した答えが返ってこなくても、少なくとも追加情報を得ることはできます。このような状況では、データは多いほどいいものです。その情報にもとづいて、関係を続けるか別れるかを決断することができます。

ジンもその経験をしました。ジェームズとの失敗から数ヶ月後、ジンは、友人の友達のカルに出会いました。ジェームズとの一件を繰り返したくなかったジンは、カルとデートを始めて数週間後、関係をはっきりさせるための会話を持ち出しました。

カルは元彼女をまだ完全には吹っ切れておらず、いますぐに付き合う気にはなれないと言いました。ジンとは会い続けたいけれども、二人の関係に名前を付けたり、ほかの人と会わないと約束する準備はまだできていないと答えました。ジンはその関係が自分に合っていると判断しました。二人の交際を公にしなくても、カルとデートし続けることに心地よさを感じていました。

「いまの関係で大丈夫だって気がする」とジンは私に説明してくれました。「まだ、真剣に付き合う必要はないって気づいた。大切なのは、彼が私に正直でいてくれること」

関係の明確化にどう対処するかは、二人の関係を公表するにしても、しないにしても、将来の二人の関係に影響を与えることを覚えておいてください。あなたが付き合いたいと思っていて、相手も同じ気持ちであることがわかれば、安心して幸せを得られるでしょう。でも、望み通りの答えが得られなければどうしますか？　たとえ残念な結果であったとしても、相手が気持ちを話してくれたことに感謝しましょう。

思いやりと好奇心をもって相手の言葉を受け止めてください。たとえ聞きたくないことであっても、相手が自分の気持ちを自由に話せるよう、あなたに聞く準備ができていることを示しましょう。

◆エクササイズ◆　**関係をはっきりさせる会話の準備をしよう**

会話の準備をするために、次の質問の答えをメモ帳に書いてください。

1. どのように会話を切り出すか？
2. 会話の目標は何か？
3. 相手がこの話題を避けたり、関係を明確にする準備ができていない場合はどうするか？

さらに準備を進めるには、ウェブ掲載の書き込みシート（382ページにURL記載）の「大切な会話のための計画書」を活用してください。

いっしょに住む

恋愛においてもっとも大きな決断ポイントの一つは、結婚の決断（指輪選びから片膝をついたプロポーズ、インスタグラム投稿までの一連の流れ）です。けれども現代のカップルの多くは、いっしょに住むことを先に選びます。

アメリカの人口は一九六〇年以来、八〇パーセント増加しましたが、結婚前に同居するカップル数は一五〇〇パーセント（一九六〇年には四五万組だったのが、現在では七五〇万組）と爆発的に増加しています。つまり、カップルの五、六割が結婚前に同居しているのです。

それなのに、多くの人がこの決断をそれほど真剣に考えていません。同居を、二人の関係を試す理想的な手段と考えています。ピュー研究所が、全米の無作為に選ばれた成人を対象としたサンプル調査を実施しました。一八歳から二九歳までの回答者の三分の二が、結婚前に同居したカップルのほうが幸せな結婚生活を送る可能性が高いと思うと答えました。しかし婚前同居についての研究結果は、別の可能性を示します。結婚前に同居したカップルは、同居しなかったカップルに比べて、結婚生活への満足度が低く、離婚率が高いのです。この相関は、**同棲効果**（Cohabitation Effect）と呼ばれています。

研究者らがこの同棲効果を調べ始めたとき、特定のカップルだけが結婚前に同居すると考えていました。このようなカップルは、結婚観がゆるく、離婚に対して寛容であると思われていました。しかし、結婚前に同居する人が増えるにしたがって、特定のカップルだけが婚前同居を選ぶとは言えなくなってきました。

そこで研究者らは新たな理論を打ち出しました。同居そのものを非難するようになったのです。

たとえば、イーサンとジェイミー、アダムとエミリーの二組のカップルがいたとします。イーサンとジェイミーは、イーサンの賃貸契約が切れるのをきっかけに、いっしょに住み始めました。アダムとエミリーは同居について話し合いましたが、まだ時期尚早だと判断しました。

時間がたつにつれ、それぞれのカップルの関係は悪化します。アダムとエミリーは別れますが、イーサンとジェイミーは関係を続けました。その理由は、二人は同居して、犬とゴムの木、中古で買ったウエストエルムの高級ラグを共有していたからです。持ち物を分け、新しい住居を探し、犬の世話のスケジュールを調整するのは面倒だし、お金もかかります。結局、二人は結婚し、その数年後に離婚します。このイーサンとジェイミーの話の教訓は何でしょう？　第一に、同棲は、いっしょに住んでいなければ避けられた結婚（とそのあとの離婚）につながる可能性があること。第二に、中古のラグは買ってはいけないこと。

同居すると別れのコストが大幅に上がるため、二人の関係について正直に向き合うことが難しくなります。それに、ものごとをそのままにしておきたいという現状維持バイアスにも直面します。同居している人と別れるということは、恋愛ステータスが変わるだけでなく、住環境や日々の営みも変わることを意味します。そのため、現状維持バイアスからの脱却がさらに難しくなるのです。同居してうまくいかなかった場合、それぞれで暮らしている場合に比べて二人の関係を続ける確率が高くなります。

同居は結婚につながりやすいため、同居するタイミングを節目（と決断ポイント）として大切にしましょう。同居を決意したカップルの四二パーセントが幸せな結婚生活を満喫する一方で、状況に流された人たちの中で、結婚に満足しているのは二八パーセントでした（どちらの数字も低いと思うかもしれませんが、残念ながら、大半のカップルは長期的な結婚に満足していない現実があります。でも、この傾向に逆らう方法を最終章で紹介します）。

お金の節約といった現実的な問題から、同居についての会話を始めることは合理的です。けれど、どのように家賃を折半するか、インテリアをどちらの趣味に合わせるか、といった事務的な話し合いだけに終始しないようにしましょう。どちらのソファを使うか、どの地区に住むかについての議論は、二人の将来の計画には入りません。その瞬間を意図的なものにしてください。いまの二人の関係と、これからどこへ向かうのか、パートナーと考えを一致させましょう。流されずに、決めてください。

同居についてお互いがまったく異なる見解をもっていることもあります。きちんと話し合わなければ、見解の相違に気づく頃にはすでに賃貸契約を結んでいて手遅れ、ということになりかねません。

プリヤとキャサリンの同居の話し合いは、思いがけない方向に進みました。「初めてその話題に触れたのは、付き合って一年がたったあたり」とプリヤが話してくれました。「キャサリンが自分の職場の近くですてきな部屋を見つけて、二人で住みたがったの。彼女は、もうそういう時機だって思っていたみたい」

「私たちは愛し合っていたし、その部屋は完璧だったし、お互いにもう若くない」とキャサリンが付け加えました。

その話をしながら、二人は互いに意見が違うことに気づきました。キャサリンにとって、いっしょに住むことは、二人の関係を前に進める合理的な一歩ではあるけれど、結婚を約束するものではありませんでした。プリヤにとっては、同居とは結婚の前段階でした。

「私はあなたといっしょに住むなら、あなたとの結婚を考える」とプリヤは言いました。「もしかしたらしないかもしれないけれど、でもそう考えるわ」プリヤはキャサリンと同居すると惰性で関係を続けるかもしれないことを心配していました。彼女は同居という決断ポイントは、結婚と密接に結びついていると思っていたからです。「キャサリンには、〝あなたの考えは尊重するけれど、自分でベストなタイミングだと思えるようになるまでもうちょっと待って〟って伝えたの」

カップルによっては、同居の却下は別れのサインとなることもあります。けれどプリヤとキャサリンは違いました。二人は付き合いを続けました。数ヶ月後、二人はもう一度話し合いました。「今回はまったく違った。二人とも、〝そう、これは結婚へのステップだ〟って思っていたの」とプリヤは言いました。

二人は同居を始め、翌年には婚約しました。結婚式にはたくさんの旧友たち、親戚の赤ん坊たち、騒がしいおじさん、おばさんたちが訪れ、盛大な家族行事となりました。

「いまではどんな決断もそうやって対処している」とプリヤが教えてくれました。「二人が同じ方向を向いていないなら、急ぐ必要はない」

同居に対する互いの価値観を話し合うだけでなく、その大きな変化への恐れやためらいについても話すことをお勧めします。目の前の疑問だけでなく、ほかのことも明らかにできるかもしれません。彼氏との同居を考えている、ローラというクライアントの相談にのったことがあります。ローラの彼氏は温厚で愛情深く、生まれながらに不安症のローラを、安心させ、落ち着いた気持ちにさせてくれる人でした。ローラにとって六年間で初めて長続きした相手だったので、性急に同居を進めることで二人の関係がだめになるのを恐れていました。ローラはコントロールすることが好きなので、「恋愛の仕切り屋」になりがちであることを私に話しました。いっしょに住むことで仕切り屋傾向が悪化し、口うるさい女になってしまうのではないかと心配していたのです。彼女は、両親がそのような関係であったのを見ており、それが原因で父親は母親を捨てたのだと思っていました。

「彼氏はリモートで働いていて、私は企業弁護士」とローラは言いました。「彼はすごく有能なんだけど、やるって言ったことをかならずやるとはかぎらない。少なくとも私が期待するタイミングではね。ひどいと思うかもしれないけれど、犬の散歩とか食料品の買い出しとか、彼にノンストップで催促メッセージを送り続けることになりそうで……」

私はローラが彼氏とうまく話し合えるようアドバイスしました。どのように話題を持ち出すか（戦略的に）、どのように家事を分担するか（平等に）、どれくらい同居について話し合うか（頻繁に）教えました。

ローラは、気まずさと望まない答えが返ってくるリスクに耐えて、それを実行しました。ある晩、ハンバーガーを食べながら、ローラは役割分担について催促しなければならないときにどんな気持ちがするかを彼に伝えました。つねにがみがみ言う人間に自分がなってしまうことへの不安も説明しました。彼はローラの話にじっくりと耳を傾け、彼自身の不安について告白しました。彼は、自分が家賃を少ししか払わないことにローラが不満を感じるのではないかと恐れていたのです。二人は夜遅くまで、自分たちの状況について話し合いました。

その週末、二人はいっしょに家事の管理システムを作りあげました。グーグルカレンダーでリマインダーや予定を共有することにしました。そのようにカレンダーにリマインダーを追加すれば、ローラが彼を責めているような気持ちになることもありません。また、ローラは、家賃の分担をネタに彼を脅さないと約束しました。おかげで二人はいま、幸せに同居しています。ローラが言うには、飼い犬たちはたくさん散歩をさせてもらっているそうです。

エクササイズ　賃貸契約をする前に意見を一致させよう

いっしょに住み始める前に、パートナーといっしょに週末を使って次の質問に答えてください。

1. なぜ同居するのか？
2. 同居とは、自分にとって何を意味するのか？
3. 二人の関係は今後、どのようになると思うか？
4. 結婚を考えているのか？　もし考えているなら、いつ頃になりそうか？
5. 同居について、どのような不安があるか？

これからどこへ進むのか？

「二人の関係をはっきりさせる」「いっしょに住む」など、恋愛の節目となる決断ポイントに直面すると、その関係を進めるべきなのか迷うかもしれません。夜中に目を覚まし、「この人でいいのだろうか？」と自問するかもしれません。そのような疑問に悩まされている人には、このあとの数章で答えを決めるための方法を紹介します。関係を終わらせるかを決め、思いやりのある別れ話を展開し、失恋を乗り越える役に立つでしょう。

あるいは、別れるのではなく、人生の転機となり得る別の疑問、「結婚すべきか？」に直面するかもしれません。第17章では、情報にもとづいた選択を行うための具体的なエクササイズと、なぜ結婚指輪をはめる前にそのエクササイズをすべきなのかを説明します。

まとめ

1 **決断ポイントとは、いまやっていることを続けるか、やめるかを決める瞬間のこと。**そのとき、脳が無意識の思考から、意図的な意志決定へと切り替わる。恋愛は決断ポイントの連続である。立ち止まり、深呼吸し、振り返るチャンスとなる。

2 心理学者は**カップルが次の段階に進む方法を、「決める」か「流される」に分類する。**「決める」とは、関係の進展を意図的に選択すること、「流される」とは、あまりよく考えずに次の段階へ進むことを指す。**自分たちで決めるカップルは、より健全な恋愛関係を築く傾向がある。**

3 誰かとデートを始めたら、二人の関係について勝手に思い込まないこと。二人はどこにいて、どこに向かっているのか、**互いの考えを確かめ、二人の関係性をはっきりさせる必要がある。**

4 **同居すると、流されて結婚しやすい。**だから、同居の決断には真剣に望み、同居が二人の将来にどのような影響を与えるのか話し合う必要がある。

14 「ズルズル」と「バッサリ」をやめる

――別れを決断する方法

金曜の夜一一時、知らない番号からの電話が鳴りました。私は歯を磨きながら寝支度を調えているところでした。ためらいがちに「もしもし?」と、口のなかをスペアミント味の泡でいっぱいにしながら電話に出ました。

電話の向こうから泣き声が聞こえました。

私は洗面所につばを吐き出しました。「どちらさま? どうしました?」

鼻をすする音と鼻をかむ音のあとで、ようやく声が聞こえてきました。「私、シドニーって言います。親友のハンナからあなたの電話番号を教えてもらったの。彼氏のことを相談したくて」

私は歯ブラシを握りしめていた手の力を抜きました。それなら私の得意分野よ。「どうしました?」ともう一度尋ねました。この話がどこに向かっているのかわかるわ。彼氏から別れを切り出されて、助けを求めているのね。

彼女は大きく息を吐くと、気を取り直して言いました。「彼が私にプロポーズしようとしているの！」

プロポーズ？　予想は大はずれ。「それがどうして悪いの？」

「彼とは別れるべきだと思ってて」

この手の電話は、すべての年齢、すべてのジェンダー、すべての性的指向の人たちからよくかかってきます（まあ、夜の一一時は普通ではないし、涙ながらに話す内容でもないけれど）。デートコーチとしての私の仕事は、人々を結びつけるだけではありません。よくない縁を切る手助けをすることもあります。

デート相手の選択から、同居のタイミング、結婚の可否まで、恋愛のすべての段階で意識的な意志決定が求められます。あなたも、どこかの時点で、このときのシドニーと同じ立場になり、関係を続けるか別れるかという重大な決断に迫られるかもしれません。

どうすべきか魔法のように解決してくれる問答集やフローチャートがあればいいのですが、残念ながらありません。簡単な答えはなく、状況もそれぞれ異なります。あなたの建前と本音、そのほかの不満など、すべての要因を私が把握することは不可能ですし、おそらくあなた自身にもわからないでしょう。けれども、ある種の脳のはたらきが決断を難しくさせることはわかっています。それらを理解すると、次の一歩を選択するのに役立つでしょう。

恋人との別れについて相談する人は二つのタイプに別れます。一つは機能不全の関係にしがみつくタイプ。私はこのタイプを**ズルズル派**と呼んでいます。かたや、相手に改善のチャンスを与えずに早急に切り捨てるのは**バッサリ派**です。もちろん、その二つを対極とする「最悪な別れ方スペクトラム」(科学的に正式な尺度ではありませんが、そうであってもおかしくない)の、真ん中あたりに位置する人もいるでしょう。これらの傾向は、相手や生活環境など多くの要因に応じて変化します。

バッサリ派とは

シドニーの話を続ける前に、マイクの話をさせてください。マイクは三六歳で、南西部の都市、アルバカーキに住んでいます。最初に電話をくれたとき、彼は三ヶ月付き合っている彼女がいると説明しました。彼女はマイクを幸せにしてくれました。彼がつらいときには電話をくれ、彼が解雇されたときには、次に何をしたいか考えるのを手伝ってくれました。「彼女はものすごく優しいんだ」とマイク。「いままで出会った人のなかで一番優しい人かもしれない」

残念なことに、ここ数週間、彼は昔ながらの欲求を感じていました。彼は彼女と別れたくなったのです。


「いつもこうなんだ」とマイクは説明しました。「すてきな人と出会って、三ヶ月もすると相手の欠点が目につき始める。で、ぼくから別れを切り出しておしまい」

「いまの彼女の気に入らないところはどんなところ?」と私は尋ねました。

「えらそうに聞こえるかもしれないけど、彼女の話し方が気に入らない。言葉を間違って使うし、発音もおかしい。〝ピクチャー〟を〝ピッチャー〟って発音したりさ。ボストンなまりなんだろうけど」

まさに〝許せる範囲の軽いイライラ〟です。「言いにくいことを教えてくれてありがとう」と私は単語の発音に気をつけながら言いました。「それで、あなたの長期的な目標は？」

「結婚して子どもがほしい」

三ヶ月ごとに恋人を切り捨てる彼の傾向を考えると、このままではマイクが幸せな家庭をもてる見込みは低そうでしたが、彼が努力しようとしていることはわかりました。マイクはいつも、付き合い始めからすでに逃げ出したい気持ちがどこかにあることを認めました。相手に公正なチャンスを与える前に別れる傾向がありました（それが交際中の彼の行動に影響したことは間違いありません）。つねに、どこかにもっといい人がいるのでは、と思って恋人を切り捨ててきました。このようなタイプに聞き覚えがありますね。そう、マイクは典型的な完璧志向型《マキシマイザー》でした。

恋か、愛か

バッサリ派には、完璧志向をもつ人がいます。かれらは、ほかにもっといい人を見つけられると信じているため、あまりにも早い段階で恋愛を終わらせるのです。

また、ロマンス志向のせいでバッサリ派になる人もいます。かれらは、出会った当初のときめき（胸キュン、手のひらの汗、ドキドキと高鳴る胸）をいつも恋愛に期待します。それで、**移行ルール**（Transition Rule）という認知の誤りのために性急に恋愛を終わらせてしまうのです。

行動科学者のダニエル・カーネマンとエイモス・トベルスキーによると、人間は、将来どのように感じるかを見積もるとき、最初の印象に集中しがちなようです。たとえば、宝くじの当選者はとてつもない幸福であると想像しますが、実際にはそうでもありません。前述した通り、当選から一年たつと、当選者と非当選者の幸福度（あるいは不幸度）は同じなのです。

宝くじ当選者を想像するとき、私たちは、平凡な一般市民から高額当選者への移行に注目します。それは非常に大きな変化です。けれども実際には、ひとたび金持ちになってしまえばその新たな環境に遅かれ早かれ慣れてしまい、お金にそれほど興味を引かれなくなります。一大イベントが起こる前の心理状態に戻るのです（このダイナミズムは逆の状況でも同様に起こります。研究によると、下半身不随になることが長期的な幸福に与える影響は予想以上に小さい）。

バッサリ派は愛について同じ間違いをしています。かれらは移行ルールのおかげで、恋と愛を混同しており、恋愛がつねに最初の興奮を与えてくれることを期待します。とはいえ人は慣れるもの。愛することとは、恋に落ちることよりドキドキは少ないものです。そしてそれは、いいことなのです。職場の全員が恋をして、古典アニメのペペ・ル・ピューのように片言のフランス語を話して歩き回っていたら、いつまでたっても仕事が片付きません。

バッサリ派は恋に落ちる感覚が永遠に続くと信じています。恋から愛の段階に移行すると、恋愛が終わりを告げていると解釈します。そうして新たなロマンスによる高揚感を求めて、恋に落ちては別れることを何度も繰り返すのです。

バッサリ派の何が問題なのか？

バッサリ派の行動は、切り捨てられる側だけに問題をもたらすのではありません。バッサリ派は別れることの**機会費用**（Opportunity Cost）を過小評価しており、健全な長期関係の築き方を身につけていません。

たとえばあなたが初デートを一〇〇回経験したとしましょう。初デートのスキルは完璧かもしれません。デートにぴったりの居心地のいいワインバーを知っています。ネパールでバックパックをなくした面白い話もできます。では、五回目や七回目のデートはどうでしょうか？二五回目は？あるいは五五回目は？そこに達したことがないので、どうすればいいかわからないはずです。また、三ヶ月ごとに出会いと別れを繰り返していても経験を積むことはできません。相手を心から理解する経験ができず、誕生日ケーキのろうそくに照らされた最愛の人の顔を見ることも、両親の病気に涙を流す恋人をいたわることもないでしょう。そうして、時間がたつと二人の関係がどう感じられるかについて、間違った期待を抱き続けます。出会った最初の日に感じることと、一〇〇〇日後に感じることの違いを学ぶことがないのです。

バッサリ派はどうすべきなのか？

その日の電話で、私はマイクに目を閉じるよう言いました。

「分かれ道に立っていると想像してみて」と私。「目の前に二つの道がある。片方の道を選ぶと、いまの彼女と別れて、別の人と出会い、また別れる、の繰り返し。この道を行くと初デートとファーストキスがいつまでも続く。歳をとってもいつまでも。ラスベガスでの夜遊びや高級レストラン三昧よ。でも奥さんも子どももなし。

もう一つの道は、これまでのあなたとは異なる道。あなたは彼女と真剣に交際する。そのためにとことん努力するの。歩いていくと、それぞれの家族と休日に夕食をとるシーンが見える。さらに進むと、けんかに仲直りのセックス、結婚式、ハネムーン、赤ちゃん。彼女の額に付いたうんちを拭いてあげるあなたの姿もある。忙しさに気を失っているうちにもう一人の赤ん坊、額のうんち、大学の卒業式、と続いていく」

このエクササイズを終えたとき、マイクは静かになっていました。

「どう思う?」と私は尋ねました。

「もうちょっと考える時間が必要だ」

それから二週間がたちました。次のセッションでは、マイクが最初に話し始めました。「前回のセッションで、ぼくは〝父親マイク〟と〝みじめなマイク〟の岐路に立たされていることを実感した。みじめなマイクは女性と付き合っては別れるの繰り返し。関係を築く方法を学ばないし、子どもをもつチャンスもない。目を閉じたとき、みじめなマイクが一人暮らしの部屋で、折りたたみ式のベッドに独りもぐり込む姿が見えた」

「それで、どうしたいの?」

「別の道を歩む心の準備ができたよ」

マイクはいまの相手にチャンスを与えることにしました。それから一年、コーチングを続けるうちに、彼は自分の行動を変え、彼女との関係に真剣に取り組みました。彼女の長所を実感するための方法も考案しました。毎週日曜日の朝、その週のうちに彼が彼女に関して感謝したことを五つ、私にメールで送ってくれました。

長期的な関係を望むのであれば、最終的には誰かと真剣に付き合って試してみなければいけません。マイクが新しいことをしたい衝動に駆られることもありましたが、それは普通のことだと彼を安心させました。彼は〝父親マイク〟の道を選んだのだから、みじめなことなど一つもありません。

ズルズル派とは

バッサリ派が関係を続けられないのに対して、ズルズル派は別れるのに苦労します。夜の一時に電話を寄こしたシドニーは典型的なズルズル派。

「私は二六歳」とシドニーは言いました。彼女は彼氏のマテオと一〇年間付き合っていました。「私たちはオハイオのすごく小さな町で育って、一六歳の頃から付き合っているの」

シドニーはマテオとの交際は潮どきだと感じていました。「私たちはお互いに深く思い合っているけれど、もう、日々の細かい出来事を彼と分かち合いたいと思えなくなったの。なんにも話すことがない。彼といると、せっかちで生意気な自分になってしまう」

「どれくらいのあいだそう感じてるの？」と私は訊きました。

「三年くらい。ひどくなるいっぽうよ」とシドニーは答えました。「付き合いが長くなると浮き沈みの時期があるのは知ってる。でも、この気持ちが三年も続いているんだから、なんとかすべき一大事なんじゃないかって」

彼女は考えを口にしました。「彼と別れるよう告げるこの声に耳を傾けるべき？ 私は大切なものを失おうとしているのかしら？ 何かドラマチックなことが起きてくれればいいのに……彼がついて来られない外国に私の転勤が決まるとか。そうすれば二人の関係を見直さざるを得なくなる」

これは**ワードローブテスト**の出番だ、と私は思いました。

ワードローブテストとは、私が別れの調査を実施していたときに考案した技法です。私が考えた調査用の質問のなかで、もっとも役に立つと思えるものです。

これからその質問を投げかけますが、その前に一つ約束してください。もしいま、別れを考えているなら、きちんと時間をとって、できるだけ正直に（そして素早く）この質問に答えてください。ここでは直感に頼りましょう。

エクササイズ　ワードローブテスト

もし、パートナーをあなたの持っている服（クローゼットに並んでいる服）にたとえるなら、どの服でしょうか？

この質問は抽象的でばかげているので、本音を引き出すことができます。パートナーをあたたかいコートやぬくぬくとしたセーターにたとえる人たちがいます。かれらは、パートナーが自分を支えてくれると感じているようです。ある女性は、彼氏を、セクシーで自信に満ちた気持ちにしてくれる黒のぴったりとしたワンピースにたとえました。ある男性は、音楽フェスにいつも穿いていく、お気に入りの派手なズボンと答えました。そのズボンは彼女がプレゼントしてくれたもので、自分ではけっして選ばない柄だけど、彼はとても気に入っていました。

恋愛への不満が明らかになる人もいます。ある男性は、彼氏をウールのセーターにたとえました。あたたかいけれど、長く着ているとチクチクするセーター。

私はシドニーにその質問を投げかけました。

「マテオは、気に入っているけれど大切な会議には着ていかない、古いぼろのスウェットかな」とシドニー。「着てみると〝ああ、素のままの自分でいられる〟って思うの。でも、〝これを着て外に出たくない〟とも思う」

おっと！　着古したスウェットですって？　ここまであからさまな答えはいままでありませんでした。彼女にとってマテオとの関係は、すでに昔のものとなっているみたいです。もはや彼との交際は、彼女の誇りでも投資でもない。彼女にとってもマテオにとっても、健全な関係とは言えません。

そろそろスウェットを脱いで、その関係から抜け出すときです。

ズルズル派が別れられない理由

ズルズル派がいつまでも別れられないのは、いくつかの認知バイアスが原因です。

このような状況を想像してみてください。あなたはアマチュアの即興演劇のチケットを二二ドルで購入しました。席に着いて一〇分もたたないうちに「これは自分向きではない」とわかります。演劇は実に素人くさく、「がんばっているのはわかるけど、ちょっとね……」という感じのひどさでした。

あなたは心のなかで、「このまま残るべきだ、二二ドルも払ったんだから」と思うかもしれません。ここから二通りの可能性があります。一つは、演劇を最後まで見て、おもしろくもないものに九〇分を費やすこと。もう一つは、劇場を出ること。そのあと散歩に行ってもいいし、劇場の近くに住む友人に会いに行ってもいい。

いずれの場合も、あなたはチケットに二二ドルを費やしています。そのお金は戻ってきません。けれど劇場を出ると、少なくとも自分の時間は戻ってきます。行動経済学者のエイモス・トベルスキーはよく映画を見に行き、最初の五分間を気に入らなければ、映画館をあとにしたそうです。「すでにお金を払っているのに、そのうえ自分の時間まで与えなければならないなんて」とトベルスキーは指摘しました。

トベルスキーは**埋没《サンク》コストの誤謬**（Sunk-Cost Fallacy）をよく理解していたために、それを避けようとしていたのです。人は何かに投資すると、それを最後までやり通すべきだと感じます。だから、大半の人がひどい即興演劇を最後まで鑑賞するのです。

ひどい恋愛関係についても同じです。埋没コストの誤謬のせいでズルズル派は関係を続けてしまいます。以前、ある男性が電話をかけてきて、「いまの彼女に三年も費やした。最初の六ヶ月はすばらしかったのに、残りの二年半はひどいものだった」と言いました。明らかに幸せでないのになぜ彼女とまだ付き合っているのか尋ねると、「これだけの時間を彼女につぎこんだんだ。いまさらやめるなんて、ばからしいよ」

私は埋没コストの誤謬について、彼が理解できる例を出して説明しました。「付き合った最初の六ヶ月は、『トゥルー・ディテクティブ』の第一シーズンみたいなもの。すごくおもしろい。けれども第二、第三シーズンはぱっとしなかった。あなたは第四シーズンがどうなるのかわかるまで、このまま見続けるつもり？　それともそろそろ新しい番組を探す頃合いかしら？」いずれにせよ、彼はすでに三年も彼女と付き合っていますので、決断すべき時機です。さらにもう三年間、彼女と付き合うのか、新しい人を見つけるのか？

また、ズルズル派は**損失回避**（Loss Aversion）の影響も受けています。行動経済学者のエイモス・トベルスキーとダニエル・カーネマンは、先駆的な論文でこの現象を指摘しました。かれらは「損失のほうが利益よりも印象が強い」と説明します。

たとえば、お店に行って五〇〇ドルの新しいスマートフォンを買うとしましょう。店員が一

○○ドル分割引になるクーポン券をくれました。あなたは大喜びしますね？　では、別のシナリオを考えてください。お店に行くと、店員が、一○○ドル引きのキャンペーンをやっていたが、昨日で終わってしまった、と告げました。あなたは損をしたことを悔しく思うでしょう。

最初のシナリオでは、五○○ドルのスマートフォンを四○○ドルで手に入れられるので、一○○ドルの利益を得ています。もう一つのシナリオでは、クーポンを逃したので一○○ドルを失ったことになります。どちらも金額は一○○ドルであるので、喜びの量と苦痛の量は同じであると考えるかもしれません。けれどそうではないのです。前述した通り、損失は利益よりもインパクトが大きいのです。損失回避のせいで、一○○ドルを失ったときの心理的苦痛は、一○○ドルを得た喜びの二倍になります。言い換えると、一○○ドルを失うのと同じくらいの心理的影響を受けるには、二○○ドル得る必要があるのです。

人は、この認知バイアスに適応した行動を身につけてきました。できるだけ損失を避ける行動をとるようになったのです。服で言うと、いま店で見たら買わないような古いTシャツに固執すること。恋愛で言うと、不健全な関係にしがみつくことです。私たちは、新たな恋人を得る可能性に興味をそそられるよりも、パートナーを失う可能性を恐れてしまうのです。

ズルズル派の問題

別れは大きな決断であり、大きな結果をともなうため、その判断を先延ばししたくなるかもしれません。そのような人が気づいていないことは、その関係を続けることですでに決断をくだしているということです。

別れとは出口ではなく、道が二手に分かれる丁字路《ていじろ》です。左に進むと〝お別れ岬〟。右に進むと〝ずっといっしょ山〟がそびえ立つ。どちらに進もうとも、あなたは決断をしているのです。

バッサリ派のように、ズルズル派も機会費用を過小評価しています。違いは、ズルズル派は新たな恋愛を見逃しているということ。先ほどの道路の比喩で言うと、分岐点でアイドリングしながら待てば待つほど、目的地にたどりつく時間が遅くなります。

さらに最悪なのは、車に乗っているのがあなた一人ではないということ。隣にパートナーが乗っています。もし別れようと思っているのであれば、あなたが待てば待つほど、パートナーの時間も無駄にしているのです。相手が子どもを産むことを望んでいる女性であれば、とくに気をつけるべきです。あなたといっしょにいることによる、彼女の機会費用を甘く見積もっています。別れを先延ばしすれば、彼女が新しいパートナーを見つけて家族をつくる時間が減ってしまいます。もっとも心ある行動は、彼女が次に進んで別の誰かを見つけられるように、彼女にはっきりと答えを伝えることです。

続けるべきか、別れるべきか

自分がバッサリ派とズルズル派のどちらに近いのか、わかったでしょうか。では、二人の関係について、これからどうすればいいのでしょう？　これから、関係を終わらせるか、修復するかを決めるのに役立つ質問を投げかけます。時間をとって、お茶を淹《い》れ、メモ帳に答えを書き出してください。

1．ワードローブテスト を受けましょう。もし、パートナーをあなたの持っている服（クローゼットに並んでいる服）にたとえるなら、どの服でしょうか？

答えの解釈：自分の答えを見て、あなたがパートナーや二人の関係についてどう思っているのかを理解しましょう。前述したように、この質問の抽象性により、パートナーシップの根底にある真実が明らかになります。自分の答えを解釈するには、自分の心理を分析しなくてはなりません。一般的に、答えがセーターやジャケットのような保温性の高いアウターや、お気に入りのシャツやズボン、靴であれば、健全な恋愛を示しています。着古したもの、チクチクするもの、着心地の悪いもの、すり切れた男性用ビキニのように人前で着たくないものなら、問題ありです。

2．いま現在、パートナーの人生に配慮すべき事情（転職や親の病気など）があり、あなたが期待する姿をあなたに見せることができないのではないでしょうか？　その事情が解決すれば、元通りになる可能性はありますか？

答えの解釈：外的要因（仕事が大変、など）により、相手の集中力や忍耐力、寛容さが低下し、気もそぞろになっているとしましょう。パートナーがストレスにどのように対処するかを知ることは役に立ちますが、そのときの行動から、相手の人となりを見極め、今後の付き合いを予測すべきではありません。かれらの行動は一時的なものかもしれません。その事情が発生する前の相手の姿を思い出してください。事態が解決したら元の行動に戻るかどうか、もう少し様子を見てもいいでしょう。

3．問題の解決を図り、相手にフィードバックを与えましたか？

答えの解釈：なんの予告もなしに仕事をくびになることを想像してみてください。最悪ですよね？　だから多くの企業は、定期的に業績評価をするのです。定期的にチェックを受けることで、人は改善のチャンスを得られます。事前通告なしで別れを切り出しても元恋人から訴えられることはありませんが、あまりお勧めできることではありません。問題に対処するチャンスをあげましょう。逃げ出すのではなく、パートナーとの話し合いという試練に挑戦し、二人の関係の改善点を説明しましょう（このようなデリケートな話し合いの進め方については次章で詳述します）。

4．あなたが長期的な関係に望むものとは？　それは現実的なものですか？

答えの解釈：まず、あなたを含めて完璧な人などいないことを理解し、ささいな欠点に目くじらを立てるのをやめにしましょう。それは軽いイライラの元であって、絶対条件ではありません。コメディドラマ『となりのサインフェルド』に登場するジェリーのように、女性が「男みたいな手」を持っていたり、「シッ！」と自分を黙らせたり、豆を一粒ずつ食べたり、嫌いなカーキパンツの広告を気に入ったり、という理由で女性と別れる万年独身男性になってはいけません。

ロマンス志向型（第3章参照）は、自分の理想を確認してください。ロマンス志向型は「末永く幸せに暮らしました」を期待するあまり、問題が起こったときに苦しみがちです。「この人が真のソウルメイトだとしたら、こんなつらいことは起こらないはずだ」と考えてしまうからです。けれども、どんな関係性にも浮き沈みの時期があり、その心づもりをしていれば大変なときもうまく対処できます。

最初の高揚感が消えると、低迷期に直面するかもしれません。人間の脳は、付き合い始めの数年間は恋のドラッグに溺れています。その時期が終わると、親密で穏やかな段階に突入します。「スーパーマーケットで何を買ってこようか？」という質問が増え、「キッチンの床でヤろう」という誘いが減ります。そのような変化にがっかりするかもしれません。別の人と最初から始めることで、興奮を取り戻そうとする人もいます。けれども、もし真剣な相手と長期的な関係を望むのであれば、そのような変化は程度の差こそあれ避けられないものだと理解してください。恋愛初期のハイ状態を追い求め続けることはできますが、そのような高揚感はいずれ変化するものだと心得ましょう。

5．最後に、二人の関係における自分の役割を振り返ってみてください。関係の半分を担うのはあなたです。これまで、あなたは最高の自分を発揮してきましたか？　二人の関係をよくするために、自分にできることをすべてやりましたか？　もっと心の広い、相手を真剣に思うパートナーになれるよう、努力できますか？

答えの解釈：相手の欠点ばかりに目を向けないでください。あなた自身にも目を向けてみましょう。「もっと優しくする」など、二人の関係を改善するためにできることがあるなら、縁を切る前に試してください。あなたがほかのもの（仕事、友人、家族）に全力を注いでおり、パートナーとの関係には残りかす程度の努力しか投入していないのであれば、まずは二人の関係に全力を注ぐとどうなるか試してみましょう。第18章で、長期的な関係をうまく生かせるためのヒントを紹介しています。

信頼できる友人や家族に相談する

このまま関係を続けるべきかまだ悩んでいるのであれば、友人に電話をかけるタイミングかもしれません。アドバイスをくれるようストレートにお願いする必要があるでしょう。多くの人が、他者の恋愛に赤信号が見えていても口出しするのはマナー違反と思っているので、こちらから頼まないかぎりアドバイスをくれません。私の父は、「求められたら応じるけど、あれこれ口出しするのはごめんだね」と言います。誰しも付き合って最初の数年は恋人に夢中になって恋愛の判断力が鈍りがちですが、友人や家族は、あなたには見えない部分に気づいているものです。

ある友人が、結婚式の数週間前に式を中止しました。そのとき何人かが、彼女の元婚約者は彼女にふさわしくないと思っていたけれど、おせっかいなアドバイスをしたくなかったのだと告白しました。

そのようなことが起こらないようにしましょう。信頼できる友人や家族に、あなたの交際についてかれらが本当はどう思っているのか訊いてみましょう。アドバイスしてくれる人はかしこく選ぶこと。あなたと、あなたのパートナーのことをよく知っており、あなたの利益を第一に考えてくれて、あなたの決断をうまく助けてくれる人がいいでしょう。避けたほうがいいタイプは、あなたの状況に自分の問題を投影してしまう人（たとえば、浮気されたばかりで恋人不信に陥っている人）、自分の利益のためにあなたに独身（あるいは交際中）でいてほしいと思う人（たとえば、ダブルデートや恋人ハンティングにいっしょに出かける相棒を求めている人）、あなたに恋をしていて公平な意見を言えない人です。

相手に気まずい思いをさせて申し訳なく思うことと、それでも正直な意見を必要としていることを伝えましょう。メレディスという知り合いの女性は、親友との約束で、もしどちらかのパートナーがふさわしくないと思った場合は、どんなに難しくても、それを互いに教え合うことにしています。

たとえ友人や家族のアドバイスに従わないことにしても、かれらを責めないよう誓ってください。意見を求められて正直に話してくれた人を罰してはいけません。また、相手がアドバイスを拒んだとしても無理強いしないように。

結局、決めるのはあなたです。けれども信頼できる親友との話し合いから何を学びましたか？　あなたの不安に共感してくれましたか？　もう少し我慢するようアドバイスされましたか？　多くの場合、アドバイスを受け取るのと同様に、そのアドバイスにどう反応するかも重要です。かれらの考えを聞いたとき、あなたはどう感じましたか？　ほっとしましたか？　それとも混乱した？　この経験を生かして、次に何をすべきか、自分の声に耳を傾けてみましょう。

次はどうすべきか

いまの関係の改善を試みたけれども、うまくいかなかったバッサリ派：別れましょう。いまの相手とは合わないだけでしょうから、心配いりません。

ただし、別れたからといって危機を脱したわけではありません。自分のバッサリ派傾向を覚えておいてください。次の恋愛で昔ながらの別れたい衝動を感じたら、前述の質問をもう一度考え、別れる理由が適切かを見直しましょう。

いまの関係を改善する努力をまだ試していない（二人のために全力を投じていない）バッサリ派とズルズル派：関係を続けて、辛抱強く努力をしたらどうなるか見てみましょう。恋愛に浮き沈みはつきものです。付き合いが長くなればなるほど、二人の関係への満足度が下がる期間（数年続くことも）が訪れる確率が高くなります。多くの場合、低迷期は限界点（あるいは破局のタイミング）ではないと認識することが重要です。

ノースウェスタン大学の教授、イーライ・フィンケルは著書『The All-or-Nothing Marriage（0か100かの結婚）』のなかで、カップルは関係の低迷期に、互いに対する期待値を**再調整**することを指摘しています。低迷期に陥る理由は、幼い子どもや高齢の両親の世話、ストレスのたまる仕事など、さまざまです。夫婦関係が悪化したときには、関係改善に向けてもっと多くの時間とエネルギーを投下するようにアドバイスする結婚専門家もいますが、それができないこともよくあります。消耗しきっている人は、他者に与えられるものがほとんど残っていません。その代わりに、夫婦関係に求める期待値を一時的に低めて、人生の別の部分を整理しましょう。

まずは自分自身に集中すること。自分に満足しているときに、他者に最大の愛を注ぐことができます。自分に自信をもち、心地よさを感じていると、他者に与えたり分け合ったりするのが容易になります。他者から与えられる幸せを期待するのではなく、自分自身を幸せにすることを第一に考えると、パートナーとの関係も楽になるでしょう。

カップルカウンセリングと聞くと恐ろしく感じるかもしれませんが一考の価値があります。結婚していなくても受けることができます。カウンセリングが必要な関係はすでに破綻している、という誤解がありますが、そんなことはありません。試してみましょう。人間関係学者のジョン・ゴットマンによると、毎年アメリカでは約一〇〇万組が離婚しているにもかかわらず、専門家に相談するのは一〇パーセント以下だそうです。カップルカウンセリングは過去数十年にわたって研究され、その効果が検証されてきました。離婚したカップルの多くも専門家の支援を受けていたら、結婚生活を救えたかもしれません。

関係維持のために努力をするようアドバイスするのは、私もそのおかげで交際を続ける選択をしたからです。

数年前、私とスコットがニューヨークの高級レストランに出かけたときのことです。焼きたてのロールパンが山盛り入ったバスケットをウェイターが私たちのテーブルまで持ってきてくれました。私はパンを一つとると、海塩をまぶした発酵バターをたっぷりすくい上げました。

「あなたの仕事について教えて？」と私はスコットに尋ねました。

当時、私たちは三年の交際ののち、サンフランシスコで同居して一年がたっていました。私は四ヶ月間のTEDレジデンシー・プログラムに参加するために、一時的にニューヨークに住んでいました。プログラム修了のお祝いに、スコットがサプライズのディナーに連れ出してくれたのです。ちょうど二人の関係がぎくしゃくした頃だったので、そのサプライズディナーはスコットから私への大きな愛の証でした。私は彼にとても感謝しました。

私たちの関係はその年の一月から不安定になっていました。私が人生の大変化をいくつか経験していたからです。私は一〇年近く続けた会社員の仕事をやめ、夢を追いかけ始めました。テック企業でもらっていた給料もなくなり、何千人もの従業員がいるオフィスから一転、別の街で一人で働くようになったのです。

スコットと私は、長い、やっかいな会話を何度もしました。私は自分の価値観（コミュニティー、友人、旅行）が満たされていないと感じることを述べ、二人の生活のなかでスコットがそれらの分野にもっと力を注いでくれるよう頼みました。ひどいカップルセラピストを訪れたこともあります。そのセラピストは、自分のださいフェイスブックの投稿を見せながら、私たちのような神経質なユダヤ人はエクストリームスポーツをして絆を深めるべきだと言いました。皮肉なことに、私とスコットは彼が嫌いという点で絆を深めました。

これらのデリケートな話し合いの中でスコットは、自分の仕事の話に私が耳を傾けてくれていないように感じると言いました。「きみはぼくの仕事が退屈だって思っているんだろう」とスコット。「退屈な仕事なんかじゃない。ぼくらは、乳がん検診を改善することで女性の命を救おうとがんばっている」

彼は正しかった。私は彼の仕事をきちんと理解していませんでした。テック企業で働いていたけれど、技術的なことは得意ではありませんでした。デジタル一眼レフカメラをいじれる程度です。だから、スコットがグーグルで人工知能のどのような仕事をしているのか人に尋ねられると、「機械学習」「コンピュータービジョン」「医療用画像処理」といった単語を適当に組み合わせて答え、相手が同情しながらうなずいて話題を変えてくれるのを待つのがつねでした。ついに四ヶ月の遠距離恋愛が終わり、スコットは、恋愛について語る私のＴＥＤトークを見るために西海岸から東海岸へ飛んできてくれました。自分の恋愛がうまくいっていないのに、ほかの人が愛を持続させる手伝いをしようとするなんて、皮肉なものです。

彼はお祝いのためにその高級レストランに連れて行ってくれました。そのときになってようやく、私は彼の仕事について学ぼうと決意したのです。

彼は基本的な内容を教えてくれました。彼が何をしていて、それが放射線学の実践の進歩にどのような影響を及ぼす可能性があるのか話してくれました。マンモグラフィーチームでの役割の複雑さについての彼の説明に耳を傾けながら、私は彼のことを誇らしく感じました。どうしていままで彼の仕事の話を聞こうとしなかったんだろう？

そのディナーの前、私は何時間も一人で、あるいは友人といっしょに、スコットと別れるべきか考えていました。本書に書いたすべてのエクササイズと苦悩を経験しました。けれどその夜、自分の行動を振り返ってみて、私がどれだけ彼に変わるよう求めてきたかに気づいたのです。自分の努力は棚に上げて。

努力とは、相手に注意を払い、質問を投げかけ、相手の話に耳を傾けることです。夕食に出かける前、私は「医者の不養生」ということわざを思い出し、罪悪感でいっぱいになりました。人の恋愛を助けようとして、自分の恋愛をだめにするなんて。

ディナーのあいだ、仕事のことでスコットとのつながりを築こうと努めました。私がドアを開け、彼が中に入ってきました。その晩の会話は二人の関係のなかで最高の会話の一つとなりました。

そのディナーが私とスコットの関係のターニングポイントになったと思います。私がスコットの存在を当然視し、彼よりも仕事やメール、デートコーチのクライアントを優先していたことに気づいた瞬間でした。

その後の二人の関係は簡単ではありませんでしたが、よくなりました。私はスコットにもっと意識を向けるよう努力しました。スコットも、私の友達をもっとよく知り、私たちのコミュニティーに参加し、旅行にもっと積極的になるよう力を尽くしてくれました。お互いに、人生における二人の関係の優先順位を上げ、それに向かって進みました。あきらめるのではなく、修復したのです。

いまの関係の改善を試みたけれども、うまくいかなったズルズル派：別れましょう。お互いに傷つくかもしれませんが、前に進むときです。

これ以上うまくいかない関係にどうして数週間、数ヶ月、あるいは数年も費やすのでしょうか？　幸せな恋愛がほかにきっとあります。けれどその相手に出会うには、いまの相手にさようならを言わなければなりません。

結局、シドニーもそうすべきだと決断しました。深夜の電話から数ヶ月後、私はサンフランシスコで会おうとシドニーを誘いました。

私たちはビーガンのメキシコ料理店で会うことにしました。私はシドニーと直接会えることにわくわくしながら、先にレストランに到着しました。すぐに、黄色のレインコートを来た金髪の女性が近づいてきました。私が手を差し出すと、シドニーは私を抱き寄せて、「ありがとう」とささやきました。

それからチップスやサルサを食べながら、シドニーがことの顚末を話してくれました。「あなたと電話で話した日以来、マテオを着古したぼろのスウェットにたとえたことが頭を離れなくて」とシドニー。「彼とは別れるべきだってわかったわ」数週間後、シドニーは別れを告げました。「別れるのって、ずっしりと肩にのしかかっていた重たいコートを脱ぐみたいな気分ね。私の場合は古いぼろぼろのスウェットだけど」

私はうなずきました。シドニーが決意して実行したことを誇りに思いました。

数ヶ月後、シドニーはニューヨークで別の男性と出会いました。彼はマテオとは正反対のタイプでした。野心的で、世慣れしていて、いつもシドニーに挑んでくるタイプ。その男性はすぐに、シドニーと暮らすためにサンフランシスコに引っ越してきました。その年の暮れ、シドニーがメールで近況を知らせてくれました。「尊敬できる人と美しく健全な関係を築いています。そのための勇気を、あなたがくれた」

関係を続けるか、別れるか、あるいは修復するかの決断は難しいものです。でも、もし別れたいと強く思うのであれば、別れを切り出すときは相手の気持ちを考慮することが大切です。思いやりをもって別れる方法については次章をお読みください。

まとめ

1 関係を終わらせるか修復するかを決めるとき、人は**バッサリ派**と**ズルズル派**のどちらかに分かれる。

2 **バッサリ派は、相手に成長のチャンスを与えず、性急に関係を終わらせる。**このタイプは、恋と愛を混同しており、恋愛とは最初の高揚感を与えてくれるものだと期待する。そして、健全な関係を築く術を身につける**機会費用**を軽視している。

3 **ズルズル派は必要以上に関係を長引かせる。**ズルズル派に影響を与える認知バイアスは、**埋没《サンク》コストの誤謬**（すでに多くのリソースを投入しているためにその行動を続けること）と**損失回避**（損失のインパクトがとりわけ強いために損失を回避しようとすること）。ズルズル派はより満足のいくパートナーを見つけるチャンスを棒に振っている。

4 続けるべきか別れるべきかを判断するには、**自分の過去の傾向を振り返り、その関係に対して公正な努力を試みたかを考えよう。**信頼できる人から決断のためのアドバイスをもらおう。**ワードローブテスト**をして、パートナーを自分のクローゼットに並ぶ服にたとえるなら、どの服になるか考えよう。

15 別れのプランを立てる
――恋人と別れる方法

人が愛を見つけ、長期的な関係を築く手伝いをしようと決心したとき、その仕事に「別れの相談」も含まれるとは思いもしませんでした。別れ話に協力する、というのは奇妙に聞こえるかもしれませんが、もっとも重要な仕事の一つだと思うようになりました。理想のパートナーシップを築くには、まずは中途半端な、あるいは不健全な恋愛関係から脱却する必要があるからです。私がその手伝いをしましょう。

別れを決意しても、なかなか実行できない人は多いものです。デリケートな会話や相手を傷つけること、一人になることを恐れるからです。別れることが目標なのに、何ヶ月も、あるいは何年も実行をためらってしまう。どうすれば目標を達成できるのでしょうか？　そのための研究が何年もなされてきました。気まずい目標を達成するために、科学の力を借りましょう。

人々が目標を達成できない理由は、多く場合、プランがないからです。たとえば、経済学者のアンナマリア・ルサルディのチームは、企業のなかで、確定拠出型年金に加入する従業員を増やすにはどうすればよいか研究しました。研究チームは、新規従業員に加入支援ツールを配布しました。支援ツールは年金に加入するために必要な時間を確保するよう提案しており、加入するための一つ一つのステップと、各ステップの所要時間、わからなくなった場合の対処法が提示されました。この支援ツールのおかげで、加入率が一二ポイント上昇し、二一パーセントになりました。

このアイデアを、別れるための支援ツールとして生かしましょう。本章では、別れに向けてとるべき手順と、それを裏付ける研究成果を紹介します。注意してほしいのは、この手順は、未婚で子どものいないカップルのためのものであること。既婚で子どもがいる場合は、離婚や親権について実務的な手続きが必要です。本章の手順はそのような複雑な問題すべてに対処するものではありません。また、まだ数回しかデートしていない状況であれば、これから説明する手順はやりすぎでしょう。その場合は、ショートメッセージか電話で、相手への感謝と、付き合う気がないことを告げましょう(具体的なメッセージの内容は、第12章の《ヒント》「ゴーストバスターズ宣言」を参照のこと)。

ステップ1．別れたい理由を記録する

モチベーションはつねに続くものではありません。スタンフォード大学の行動科学者、B・J・フォッグが言うところの「モチベーションの波」、つまり、やる気の満ち引きを誰もが経験します。モチベーションがピークに達しているときは、そうでなければできないような大変

なことも成し遂げることができます。コツは、このピークのときに行動を起こすこと。たとえば、ハリケーンが自分の町を襲う恐れがある場合、自宅の窓にシャッターを設置しなければ、というモチベーションが生まれるでしょう。

別れの心づもりができているのであれば、モチベーションはピークに達している可能性が高いです。別れに向けて最初の一歩を踏みだすことはできるでしょうが、やがてそのモチベーションは低下し、「別れるなんて大間違いかも」と迷いが生まれるかもしれません。だから、いまのピークのときの気持ちを書き留めておくことをお勧めします。そうすれば、あとでモチベーションが下がったときに気持ちを引き締めることができます。

いまの関係を終わらせることに決めた理由について自分に手紙を書いてください。数週間後、セックスがしたくなったときやさみしくなったとき（あるいは、さみしくてセックスがしたくなったとき）、旅行中にウサギの餌をあげてくれる人が必要なとき、なぜ別れの難しい決断をしたのかをはっきりと思い出すことができるでしょう。

私のクライアントの一人が書いた手紙を紹介します。

〝夜、彼の隣で横になっていると一人ぼっちのような気がする。彼は私に優しくしてくれない。私は彼のことを第一に考えるのに、彼は私をおまけのように扱う。私をがっかりさせ、私の友人にも気を遣わない。彼のことは好きだし、いっしょにいると楽しいけれど、それだけじゃ足りない。彼の中の優先順位で、「仕事」「ジム」「水泳」「自転車」の次に「私」がくるのを平気なふりし続けるなんて、もういや。私が求めているのはお互いに与え合う関係。彼と、彼とのすばらしいセックスを恋しく思うだろう。でも、彼がいま私に与えてくれる以上の価値が私にはあると信じているから、別れる。〟

さあ、次はあなたの番です。

◆エクササイズ◆ 別れの理由を記録しよう

ノートを開いて、なぜ別れの決断をくだしたのか、自分自身に手紙を書いてみましょう。

ステップ2．計画を立てる

心理学の教授、ゲイル・マシューズは、目標を書き出し、行動計画を明確にし、友人に進捗状況を毎週報告した被験者は、そうでない被験者よりも目標達成の可能性が三三パーセント高かったことを示しました。

あなたはすでに、別れたい理由を書き出したはずです。痛みや恐れを感じたかもしれません。そろそろ、絆創膏を剝がすときです。やると決めたら、先延ばしするのはやめましょう。前述の通り、締め切り、とくに短い締め切りは効果抜群です。それは別れにも当てはまります。別れを実行する締め切りを設けてください。私はクライアントに、二週間以内の締め切りを勧めています。それだけあればモチベーションの波に乗って別れを切り出す準備を整えることができます。それより長いと怖じ気づいてしまうかもしれません。

◆エクササイズ◆　明確な締め切りを設けよう

私は［　　　　　　　　］までに、別れ話をすることを誓います。

締め切りを設けたら、いつ、どこで別れ話を切り出すか、具体的な計画を立てましょう。ノートルダム大学のデビッド・W・ニッカーソンと、社会科学を研究する非営利団体、アイデアズ・フォーティトゥーのトッド・ロジャーズによる研究で、いつ、どこで行動するかという計画を立てることの効果が実証されています。かれらは単身世帯の有権者を対象に、投票計画について具体的な質問をしました。質問内容は「火曜日の何時頃に投票所に行くと思いますか？」

「火曜日、どこから投票所に向かうと思いますか？」「投票所に行く前は何をしていると思いますか？」といったものでした。これらの質問をされた人々は、そうでない人々よりも投票所に現れる確率が九パーセント高い結果が出ました。計画を考えるよう促されただけで、違いが生まれたのです！

具体的な計画を立てることは、別れ話の決行確率を高めるだけでなく、パートナーへの思いやりをもってデリケートな話し合いに望むことも意味します。

静かな場所を選びましょう。自分か相手の自宅が好ましいです。公衆の面前で恋人を振るのはやめてください。それは、相手が騒ぎ立てないようにするための卑怯な作戦のように思えます。たしかに、別れ話を切り出すと相手が大騒ぎするかもしれません。けれど、別れるのがあなたの権利であるのと同じく、感情をあらわにするのは相手の権利です。

タイミングをよく考えてください。相手の人生に爆弾を落とそうとしているのです。爆発することをあなたは知っていても、相手は知りません。相手が翌日に大切な試験やプレゼンテーション、転職の面接を控えている場合、別れ話は避けましょう。あるクライアントは彼女との別れを日曜日の午後六時に計画しました。その夜の七時には、彼女の姪のコンサートに行く約束をしていました。そのようなタイミングはフェアではありません。別れ話は、実行したその日だけでなく、その週末やそれ以降をも狂わせる可能性が高いことを理解し、慎重にタイミングを選びましょう。

恋人が次の月曜日に大切なプレゼンテーションを控えていることを知ったクライアントは、

その週末に別れることはやめました。その翌週の金曜日、恋人がプレゼンテーションを終えたあとに別れ話をしました。その結果、相手は週末のあいだに失恋から立ち直ることができました（失恋から立ち直る方法については次章をご覧ください。別れる相手のニーズを理解するのにも役立ちます）。

先延ばしにするのは無理のない範囲内で。相手の仕事が忙しく、重要な会議がひっきりなしにあるからといって、別れ話を何ヶ月も先延ばしにするのはやめましょう。思いやりをもって別れを切り出してください。

エクササイズ **具体的で、思いやりのあるタイミングを設定しよう**

お別れの決行日は［　　　　　　　］。なぜなら［　　　　　　　］。

（例：お別れの決行日は、彼の大切なプレゼンが終わった来週金曜日の夜。なぜなら、彼が週末で立ち直る時間をとれるから。）

別れ話の場所と時間が決まったら、どのように言うかを考えましょう。どのように会話を切り出したいですか？　お勧めは、「よく考えた結果、関係を終わらせたいと思うようになった」と強調することです。思いやりを示しつつ、はっきりと言いましょう。

たとえばこういう言い方。「あなたのことが本当に大切だから、傷つけたくないけれど、別れるべきだと思う。二人の関係がうまくいっていないことはお互いに気づいていたはず。二人ともうまくいくように努力したけど、ここまできたら改善の見込みはないと思う。お互いに愛を見つけて幸せになりたいのに、いまの関係ではそれはかなわないと思う」

あるいはこういうふうに言うこともできます。「話したいことがある。きみを愛しているし、二人でいる時間もすごく大切だ。でも、ぼくは幸せでないし、きみが幸せかもわからない。きみを傷つけたくないからこんなことを言うのは心が張り裂けそうだ。いっしょにいてくれたことをすごく感謝しているけど、ものすごく考えた結果、もういっしょにいるべきでないと思う」

当然、パートナーは傷つくでしょう。それは避けられません。だから、少しでも相手の傷が軽くなるよう全力を尽くしてください。ただし、相手が「私のどこが悪いの？」と訊いてきても答えないこと。なぜかというと、相手はあなたにとって正しい相手でないだけで、かれら自身に本質的に「悪い」ところはないからです。たとえあったとしても、あなたがそれを指摘すべきではありません。というのも、あなたは非常に偏った立場にいるからです。あなたは相手を捨てることを自分に納得させたばかりの状態です。別れたい理由を共有することはできます。たとえば、いっしょにいると互いに不安になる、いつもけんかばかりする、相手に関係改善のための努力を求めたのに拒否された、などを伝えるのはかまいません。しかし、相手の「いいところ」と「悪いところ」を最終的に判定する権利はありません。「私が何か悪いことした？」という質問に対しても同じです。これは別れ話であり、フィードバックの場ではありません。前章で述べた通り、関係を終わらせると決意する前に、問題を持ち出して解決を試みるのがあなたの義務です。

そうすることで、相手が立ち直るときに不必要な痛みを感じずにすみます。あなたが何を言おうとも、破局後に相手がその内容に固執する可能性が高いことを覚えておいてください。その原因は、**物語の誤謬**（Narrative Fallacy）と呼ばれるものです。私たちの脳は、自分が目撃や経験した出来事について因果関係を説明するストーリー（たとえ間違っていようとも）を作ろうとします。別れとは、これまでのさまざまな状況と力学をすべて合わせた結果です。それなのに、別れるときに具体的な別れの理由を伝えると、相手はその理由に固執してしまうでしょう。そのような不要な種を相手の思考に植え付けないでください。

あるクライアントの女性は「匂いが気に入らない」という理由で彼氏に振られました。たしかにフェロモンは存在し、科学的にも、人は遺伝的にもっとも遠い人のフェロモンを好む傾向があることが証明されています。遺伝的にかけ離れた相手と結ばれることで、多様な免疫システムをもつ子孫を残し、生存確率が大幅に向上するため、進化的に有益だからです。けれど件の女性は、自分の匂いへの批判を聞かされたとき、子孫のことなど考えませんでした（半年しか付き合っていないのだから当然でしょう）。ただ自分の匂いに過敏になっただけです。デオドラントとボディーローションを変え、子宮頸がん検査を受け、腸内細菌まで調べたのです！　私は彼女が臭くないことを伝えようとしました。けれども彼女は、自分の匂いのせいで彼に振られたと思い込み、その唯一の理由にとらわれていたのです。

もし相手の短所を指摘するよう求められたなら、あなたが相手を尊敬していること、二人の関係が長く続くとは思わないこと、だから相手の時間を無駄にしたくないことを伝えましょう。

別れを切り出したあと、そばにいて相手を支えたいという気持ちになるでしょう。あるいは、すべての質問に答えることが自分の責任だと思うかもしれません。しかし、二人の関係のうまくいっていない点について長々と話し合っても無益です。相手を傷つけるようなことを言ってしまう可能性もあります。だから、最初の話し合いには時間制限を設けることをお勧めします。一時間か、九〇分を目安に、会話を打ち切りましょう。ただし、「制限時間は一時間。以上」なんて相手に告げないように。ストップウォッチを使うなんてもってのほか！　とは言え、だらだらと会話を続けないように気をつけてください。必要があれば翌日に話し合いを続ける約束をしましょう。付き合いが長かったり、複雑な事務手続きが必要な場合は、このような会話が何日も続くかもしれません。

できるだけはっきりと、思いやりをもって自分の気持ちを伝えるために、次に紹介する「大切な会話のための計画書」を使って計画を立ててください。私のクライアントもこれを利用して別れを計画しました。書き込めるものをウェブ掲載（382ページ参照）していますのでご利用ください。別れ話だけでなく、あらゆるタイプのデリケートな対話に役立ちます。

エクササイズ　大切な会話のための計画書

1．この会話の目的は？（言い換えると、成功のイメージは？）
（例：互いに自分の気持ちを表現し、相手が自分の話を聞いてもらえたと感じ、きっぱりと別れること。）

2．相手にもっとも伝えたいことは？
（例：これはよく考えた末の決断であり、あなたを人として本当に大切に思っている。けれど、いまの関係は私にとって正しいとは思えない。）

3．どのようなトーンで話したいか？　どのようなトーンは避けたいか？
（例：冷静で、思いやりと愛情にあふれたトーン。自己弁護的で、冷たいトーンは避けたい。）

4．どのように会話を切り出すか？
（例：「この数ヶ月、お互いに幸せを感じていないことはわかっていたので、こんなことを言ってもあなたは驚かないだろう。すごく考えて、あなたのことがとても大切なのに変わりはないけれど、いまの関係は適切だとは思えない。別れるべきだと思う」）

5．言うべきことは？
（例：「私の転職活動中に支えてくれたこと、私の家族に親切にしてくれたこと、世の中のいろんなことを教えてくれたことに感謝している」

「しばらく迷いがあった。何度も考えて、この関係が自分にとっていいものではないと考えるようになった」

「最近はけんかばかりだった。二人でいるときの自分が好きになれない」

「関係改善に向けて二人とも十分努力した。別れるのがお互いにとって一番だと思う」

6. 相手の反応で懸念されることは？

（例：いったい自分のどこがいけなかったのかを尋ねたり、ひどいことを言ったりするだろう。）

7. その場合どうするか？

（例：相手の欠点を尋ねられた場合「あなたの行動やあなた自身の問題じゃない。いっしょにいるときの二人の関係が問題なんだ。二人でいるときの自分が好きになれない。あなたは何も悪くないし、自分を責めてほしくない」

ひどいことを言われた場合「怒る気持ちはわかる。私があなたを傷つけたから、私を傷つけたいんだろう。あなたが怒るのは当然の権利だけれど、二人ともが必要以上に苦しむのはいやだ。そんなに攻撃的にならないでほしい」）

8. どのように会話をしめくくるか？

（例：自分の意見をもう一度述べ、いっしょに過ごした時間への感謝を告げ、自分が帰ったあと、相手の家族に様子を見に来てもらうようメッセージを送ることを申し出る。セックスはなし！）

友人に頼んで、会話の練習を手伝ってもらうのもいいでしょう（私はいつも、クライアントと別れ話のロールプレイをしています。私を「振る」のは気まずそうですが）。あなたのメッセージに磨きをかけるいいチャンスになります。また、できるだけ優しく、思いやりをもった態度をとれているか確認するのにも役立ちます。練習しても完璧にはならないかもしれませんが、事前練習をすることで状況に応じた適切な言葉を選べるようになるでしょう。

ステップ3．友人への説明責任システムを作る

具体的な締め切りが決まり、いつ、どこで、何を言うかも計画できました。では、それを確実に実行するにはどうすればいいのでしょうか？　実行の可能性を上げるために、**説明責任システム**を作りましょう。そうすると、自分で設定した目標を達成するための責任を、他者に分担してもらうことができます。

説明責任がうまく機能する理由は、ベストセラー作家、グレッチェン・ルービンが呼ぶところの「義務を果たす人《オブライジャー》」という傾向によるものです。私たちは他者の決めた期待には簡単に応えられますが、自分で課した期待にはなかなか応えられません。だから、自分で定めた目標（もっと運動する、など）はなかなか達成できなくても、他者との約束（友人の子どもを学校へ迎えに行く、など）を破ることはないのです。自分一人で取り組むのではなく、友人を巻き込んで目標を達成しましょう。

信頼できる友人を探してください（いまのあなたの恋人を好ましく思っていない人なら、とりわ

け熱心に協力してくれるかもしれません）。別れ話をしたあとで、その友人に報告することを約束しましょう。説明責任システムをさらにレベルアップさせたければ、インセンティブを取り入れるといいでしょう。行動科学者は、人の行動を変えるためにポジティブなインセンティブとネガティブなインセンティブを用いることを好みます。たとえば、あるクライアントは、大統領選挙で自分が強く反対する候補者へ一万ドルを寄付する小切手を書きました。それを友人に託し、もし自分が恋人と別れる締め切りを守れなければ、その小切手を投函するよう頼んだのです。

彼はその日の午後に恋人と別れました。

エクササイズ 説明責任システムを作ろう

私が説明責任を負う相手：［　　］

締め切りを守れなければ、［　　］を約束します。

（例：私が説明責任を負う相手はセス。締め切りを守れなければ、ここ三ヶ月間のポルノの検索履歴を公開することを約束します。）

ステップ4・会話はしてもセックスするな！

ついに一番の難所、別れ話を決行するときです。準備・計画したすべてのことを思い出してください。初回の話し合いは時間を制限し、必要があれば後日続けることをお忘れなく。

話し合いのあいだは、自分と相手の様子を確認し、**感情の氾濫**（Flooding）に気をつけてください。感情の氾濫とは、ストレスホルモンのコルチゾールが急増し、闘争・逃走モードに入る心身の状態です。私たちの祖先が虎に殺される危機に見舞われたときには役に立ちましたが、大切な会話をするのに適した心理状態ではけっしてありません。感情が氾濫を起こすと、新しい情報を聞いたり受け入れたりすることができなくなります。あなたと相手のどちらかの感情が氾濫し始めたなら、二〇分の休憩をとり、心身を落ち着かせましょう。会話の目的を意識しながら話し合いを再開してください。優しく、しかし毅然とした態度で。目標は、この話し合いが終わる頃にはきっぱりと別れていることです。

別れ話のあとで、絶対に、絶対に、絶対に、セックスをしないこと！「そんなこと、言われなくてもわかっているよ」と思うかもしれませんが、そのような話は山ほど耳にします。お別れのセックスは楽しいものですが、する価値はありません。さまざまな混乱した感情をもたらします。しばらくセックスをしておらず、別れ話による気持ちの高ぶりにまかせてベッドインした場合はとくにそうです。また、相手と寝ることで別れの決意を守るのが難しくなり、自分の言ったことを取り消すおそれもあります。事態をややこしくするだけなのです。

このような過ちを避けるために、**約束履行のための事前の仕掛け**（Pre-Commitment Device）として、**オデュッセウスの契約**［訳注：「ユリシーズの契約」とも呼ぶ］を結びましょう。ホメロスの長編叙事詩『オデュッセイア』のなかで、船長のオデュッセウスは、自分の船が人を惑わす海の怪物、セイレーンの前を通らなければならないことを知ります。彼は、セイレーンの歌声に魅了され、その怪物の住む浜へ自ら追突する船乗りたちの話を耳にしていました。オデュッセウスは自らの意志の力に頼るのではなく、計画を立てます。船の進路を変えてしまわないように、自分を船のマストに縛り付けるよう船員に命令するのです。さらに、セイレーンの歌声が聞こえないようにするために、船員たちの耳に蜜蠟を詰めるよう指示します。オデュッセウスは事前に計画を立てることで誘惑から身を守るのです。

行動科学者も、誘惑を避ける方法として、オデュッセウスの契約を設計しています。経済学者のナバ・アシュラフの研究チームは、フィリピンの地方銀行でこの方法をテストしました。一部の顧客は、特定の期限あるいは貯蓄額に達するまで、預金口座からの引き出しを制限するプログラムに自発的に登録しました。ほかの顧客にはこのプログラムが提供されず、いつでも預金を引き出すことができました。一二ヶ月後、事前対策をしていた顧客の預金残高は八一パーセント高かったのです。

別れたあとは誘惑に弱くなっています。頭のなかでセイレーンが、元恋人の待つベッドへあなたを誘い出すかもしれません。オデュッセウスの契約として、別れ話の直後の計画をあらかじめ立てておき、そのための説明責任システムを作りましょう。あるクライアントは、別れる相手と寝てしまうかもしれないと心配しました。そうならないように、別れ話のすぐあとに友人を空港まで迎えに行く約束をしました。友人との約束はなかなか破れないものですし、事実、破ることもありませんでした。

ステップ5．別れたあとの予定を考える

元恋人と寝たいと思わなくても、別れたあとは感情が大きく揺れる可能性が高いです。ほっとするのと同時に、悲しみも感じるかもしれません。いずれにせよ、別れの決意を後悔しないよう、別れたあとの予定を考えておきましょう。

別れたあとに行く場所ややることを事前に見つけましょう。無理な計画は立てないようにしてください。たとえば、友人の家に行って好きなものを宅配注文し、『ザ・ソプラノズ　哀愁のマフィア』を最初から見直す、など。気をまぎらわせてくれる友人や、気持ちの整理を手伝ってくれる友人が理想的です。別れたあとの最初の数日間、一人で夜を過ごすのはお勧めしません。孤独や不安を感じると、感情に流されて元恋人に連絡をとってしまう可能性があります。

恋人と同居していた場合は、別れたあとの予定がとくに重要です。少なくとも二、三日は友人にいっしょにいてもらいましょう。

◆エクササイズ◆　最初の数日の予定を立てよう

別れた直後に行く場所：［　　　　　　　　］

最初の数時間でやること：［　　　　　　　　］

（例：別れた直後に行く場所は妹の家。最初の数日間でやることは、『ジ・オフィス』のイギリス版を見て、リストラティブヨガに行き、スムージーを作りまくる。）

ステップ６．元恋人と「サヨナラ契約書」を作る

別れたあとで元恋人から連絡がくるかもしれません。話をするのはいいことですが、くれぐれもステップ1～3を忘れないようにしてください。

自分のために計画を立てることは大切です。他方で、元恋人といっしょに計画を立てる必要もあります。研究によると、人は行動を能動的に選ぶと、そのプロセスに関与していると感じ、結果に向けて努力するそうです。社会科学者のデリア・ショフィとランディ・ガーナーがこの効果を実証したのは、学生ボランティアに近隣の学校でのエイズ教育プロジェクトへの参加を頼む実験でした。学生の半分は、もしボランティアに参加したいのであれば、用紙に興味があ

る旨を記入するよう指示されました。残りの半分は、参加希望の場合は用紙には何も記入しないよう指示されました。後者の学生は、ボランティアに関心がない場合のみ、用紙に記入するよう言われたのです。両グループとも、ボランティアに登録した学生の割合はだいたい同じでした。しかし、実際に参加した学生数には有意差が見られました。用紙に記入しない、という受動的な条件で登録した学生のうち、実際に参加したのは一七パーセントのみでした。用紙に記入するという能動的な条件で登録した学生は、四九パーセントが約束を守りました。これはもう一つのグループのおよそ三倍にあたります。つまり、何かをすることに能動的に同意すると、その決意を自分のものと感じ、自分の好みや理想を反映したものであると考えるのです。受動的なコミットメントではそうはいきません。だから、元恋人といっしょに計画を立てることで、二人とも、つらいプロセスを幾分ましに感じられるでしょう。そのために、私は「サヨナラ契約書」を作りました。

「ん？　契約書？」と思いましたか？

そうです。少し大げさに思えることは承知のうえです。数年前、ショフィとガーナーの研究により能動的なコミットメントの効果に衝撃を受けた私は、友人がやっかいな別れを乗り越えるのを手伝うために契約書を作りました。それ以来、世界中の数千組のカップルが私の作った契約書のオンライン版にアクセスしており、その契約書が別れるのに役立ったというメールが何十通も届いています（本章の冒頭で述べたように、結婚していたり、二人の子どもがいたりすると別れはもっと複雑になります。このサヨナラ契約書は、結婚しておらず、子どももいないカップル向けに設計されています)。

相手にこのように提案してみましょう。「ばかばかしいと思うかもしれないけれど、お互いに前に進みたいことを確認するために、サヨナラ契約書が役に立つと思う。試しに、いっしょに見てくれない？」

すべての項目で合意する必要はありませんし、できないでしょう。けれど、デリケートな会話のなかで、どうすればお互いが前に進めるのかを話し合うためにサヨナラ契約書が役に立ちます。私のウェブサイト（loganury.com）から、書き込み式のサヨナラ契約書をダウンロードすることができます。

ステップ7・あと戻りしないよう、習慣を変える

別れはあなたの生活にいくつもの穴をあけるでしょう。その穴を埋めましょう。スマートフォンの壁紙は、公園で彼の犬といっしょに撮った二人の写真ではありませんか？　親友と撮った写真に変えましょう。日焼けして幸せそうなあなたが映っている、年末旅行の華やかな写真はどうでしょうか。好きなテレビ番組はいつも元カノと見ていましたか？　友人を家に誘っていっしょに見るか、電話越しにウォッチパーティーをするのも楽しいですよ。元カレとよくジョギングしたり、点心を食べに行ったりしていましたか？　お母さんがジョギングに付き合ってくれるか訊いてみましょう。「小籠包をおごるから」というご褒美つきで。

現代の失恋の最大の試練は、仕事でわくわくすることが起きたときや、家族の愚痴を言いた

いときに、メッセージを送る相手がいなくなることでしょう。『The Power of Habit』〔訳注：邦訳『習慣の力』早川書房〕の著者、チャールズ・デュヒッグの研究によると、習慣を断ち切るには、その習慣を新たな活動に置き換えるがことが有効だそうです。

私はクライアントが、メッセージを送る習慣を断ち切り、あと戻りしないようにするために、メッセージを送りたくなる瞬間と、それぞれの瞬間で、元恋人に代わってメッセージを送る相手を具体的に書き出してもらっています。メッセージ・サポーターと呼んでいます。

あなたもメッセージ・サポーターを書き出してみてください。あらかじめいくつかの状況を記入していますが、自由に書き足してください。

別れたあとのメッセージ・サポーター一覧	
状況	**連絡する人**
仕事で嬉しいことがあったとき	
仕事でいやなことがあったとき	
平日の夜に予定を入れたいとき	
週末の予定を入れたいとき	
政治について話し合いたいとき	
おもしろい話をシェアしたいとき	
好きなテレビ番組（元恋人とよく見ていたもの）を見たいとき	

ステップ8・「いい人」になろうとしない

たとえ自ら望んだことであっても、別れのあとはつらいものです。疑心や恐怖、不安に襲われることもあるかもしれません。自分が別れを切り出したからといって、心の痛みから逃れられるわけではありません。失恋の乗り越え方については次章で詳しく説明しますが、ここでは、別れを切り出した人向けのアドバイスを紹介します。

しばらくのあいだ、ほっとした気持ちから一転、「なんてことをしたんだろう」「このまま一人で死ぬのだろうか」と極度の後悔へ、感情のジェットコースターに乗っているような気分になるかもしれません。そのような気持ちになったら、別れのプロセスの前半で築いた説明責任システムに戻りましょう。別れの動機を記した自分宛の手紙を再読してください。別れ話のロールプレイを手伝ってくれた友人に、なぜ自分が別れる決意をしたのか確認してみましょう。

大切な人を傷つけたことへの罪悪感にさいなまれることもあります。たとえそうなっても、元恋人の様子をうかがうために過剰に連絡するのはやめてください。とくに別れて最初の数週間は気をつけましょう。作家で哲学者のアラン・ド・ボトンに話を聞いたとき、彼も同じアドバイスをしました。「別れに関して、いやな〝**いい人**信仰〟がある。ひどい人の話はくさるほど耳にするが、別れたあともいつもそばにいてくれて、誕生日には電話をくれるようないい人なんてそうはいない」

「いい人」にならないようにしてください。実際、このタイミングでは、あなたはいい人ではありえないのです。多くの場合、あなたの行動は相手のためではなく、自分自身のためです。「事態をすぐに上向きにしようとするのではなく、自分が相手の人生に与えた損害への責任を負う勇気をもつこと」とボトンは言いました。「しばらくは相手から、悪魔のように見られるかもしれない。それを受け入れなさい。すごく大変なことを実行している最中でさえ、いい人でいようとする人が多すぎる」

自分が楽になるためだけに「いい人」にならないようにしてください。相手が前に進めるよう、距離をおきましょう。

まとめ

1 **別れを決意したら、計画を立てること。**いつ、どこで、何を言うかをよく考えよう。優しく、ただし毅然とした態度で臨もう。

2 計画を確実に完遂するために、**説明責任システム**と**インセンティブ**を設けよう。

3 相手のニーズを考慮して、**二人で別れたあとの計画を立てよう。**お別れのセックスは厳禁！

4 **自分のための破局後の計画を立てよう。**もし元恋人に連絡したくなったとき、代わりに誰に連絡するのかを事前に決めておくこと。

5 別れたあとは相手と距離をおこう。**くれぐれも、「いい人」になろうとしないこと。**自分は楽になるかもしれないが、相手が前に進むのを難しくする。

16

別れを「損失」ではなく「利益」と捉え直す

──失恋を乗り越えるために

がんの専門医に自分がなったところを想像してみてください。ある肺がん患者への治療法を決めなくてはなりません。手術と放射線のどちらにするか？　手術は長生きする可能性が高いけれど、手術中に亡くなる可能性もあるため、短期的に見るとリスクが高い。

これまでの症例報告を調べると、短期的な生存率は手術が九〇パーセント、放射線は一〇〇パーセントであることがわかります。どちらを選びますか？　もし、死亡率が手術は一〇パーセント、放射線はゼロパーセントと見せられた場合はどう思いますか？

医学研究者のバーバラ・マクニールは、いまとなっては有名な研究でまさにそのような仮定の選択を医師に迫りました。その研究では、一方の医師グループには生存率を見せ、他方には死亡率を提示しました。

不安に思うかもしれませんが、まったく同じ情報を、伝える方法を変えただけで大きく異なる決断がくだされたのです。生存率の観点から手術を提示すると、八四パーセントの医師がその選択肢を選びました。しかし、死亡率の観点から手術を示すと、半分だけがこの治療法を選択したのです。

なぜこのような結果になったのでしょう？　医師たちは、ある考えがどのような**枠組み**《フレーム》で示されたかに反応したのです。**フレーミング効果**（Framing Effect）とは、ものごとがどのように提示されるかにもとづいて、それに対する評価が変わる傾向を指します。外科医がリスクを評価するときでも、失恋した人が破局後に前に進む方法を決めるときでも、この傾向が決断に影響を与えます。

私は、フレーミングこそが別れから立ち直るための鍵だと信じています。事実、枠組みを変えることで、回復プロセスを速められます。たとえば、恋人が興味を示さないために中断していたかつての趣味に、別れたおかげでふたたび取り組める、と考えてみるとどうでしょうか。これについてはこの章の後半で詳しく説明します。要は、別れの経験を壊滅的な「損失」と見なすのではなく、あなたの人生を長期的に向上させる「利益」と捉えることができるのです。

だから、映画『ブリジット・ジョーンズの日記』を連続放映するテレビは消して、バラ色の眼鏡をかけ、このみじめなパーティーを楽しいお祭りに変えましょう。この章では、別れをフレーミングし直すための四つの方法を紹介します。失恋を乗り越えるのはすべて見方しだいであることを実感してください。

脳と体で起こっていること

フレーミングを転換する前に、別れたときの脳と体の状態についてお話しします。人間関係学者のクローディア・ブランバーとR・クリス・フレイリーは、別れ（かれらは「関係性の解消」と呼ぶ）を「個人が人生で経験する、もっとも苦痛な出来事の一つ」であると指摘しています。

前述したように、生物人類学者のヘレン・フィッシャーは、恋をしているときの脳を研究しました。彼女のお気に入りの研究手法は、ｆＭＲＩ（機能的磁気共鳴画像法）を用いて脳をスキャンし、頭のなかをのぞき見る方法です。フィッシャーは、付き合いはじめのカップルや、何十年たっても深く愛し合っているという人、別れようとしている人など、恋愛のさまざまな段階の人々の脳をスキャンしました。

フィッシャーのチームが発見したのは、人は好きな人の写真を見ると、脳の側坐核と呼ばれる部位が反応することでした。その部位は、薬物依存症者が薬物摂取のことを考えると活性化するところです。また、別れるときに影響を受ける部位でもあります。つまり、恋人と破局したときと薬物の禁断症状が出るときでは、脳が同じ体験をするのです。元恋人に会ってハイになりたいと思うのも無理ありません。現実に向き合いましょう。あなたは恋愛に依存しているのです。

別れは私たちの体、心、そして行動に大混乱をもたらします。そこにさみしさ少々と、小さじ一杯分の苦悩を加えると、死にいたる破局のカクテルのできあがり。フィッシャーによると、別れによってコルチゾール（ストレスホルモン）値が増えるため、免疫システムが抑制され、対処メカニズムが弱まります。その結果、不眠や侵入思考［訳注：本人の意思とは無関係に生じる思考やイメージのこと］、抑うつ、怒り、消耗性の不安などが起こります。驚くべきことに、ＩＱテストのスコアの低下や、推論力や論理的思考力を要する複雑なタスクでのパフォーマンスの低下までも引き起こすのです。また、恋人と別れた人は、薬物使用や犯罪の確率が高まることも指摘されています。この傾向は、別れを切り出した当人（研究者が呼ぶところの「発案者」）であっても同じです。

私は多くのクライアントが失恋を乗り越えるのを助けてきました。別れがこれほどの苦痛をもたらす理由の一つは、人間の脳が喪失に対して過敏であるからです。別れとは劇的な喪失です。あなたが思い描いていたパートナーとの未来の死です。かつてあったもの、いまはもうないもの、これから訪れないものの喪失を嘆き悲しむのです。損失回避傾向のおかげで、なんとしてでも別れを避けようとするのも当然です。

他方、いい知らせもあります。心理学者のイーライ・フィンケルとポール・イーストウィックが「別れは人が想像するような悪いものではまったくない」こと、どれだけ交際中に幸せなカップルでも、別れによる痛みは予想するほど強くはないことを発見しました。

モンマス大学の心理学部の教授で、学部長経験もあるゲイリー・ルワンダウスキーは、人は思っている以上に打たれ強いと指摘します。彼は、恋人と別れてもっとも悲しんでいると思われる人々を調査しました。調査対象は、二、三年以上の長期的な交際を続けた恋人と数ヶ月前に別れたばかりで、まだ新しいパートナーと出会っていない人たちです。直感的に、かれらの大多数が別れを苦しい体験と見なすだろうと予想されていました。けれどルワンダウスキーらが聞き取り調査をしたところ、破局を否定的に捉えたのはわずか三分の一だけでした。二五パーセントは中立的に、四一パーセントが肯定的に捉えていたのです。

つまり月並みな言い方ですが、ものごとにはかならず終わりがくるのです。いまの気持ちは一時的なものです。おかしな身体反応（免疫力の低下と不眠）はいつかなくなり、痛みは消え、このつらい段階を乗り越えられるでしょう。

フレーミングの転換1．別れの肯定的な面に目を向ける

心の痛みを消すことはできませんが、痛みの少ない物語へと書き換えることはできます。脳はあなたの友であり、ものごとを合理化して乗り越えるのを手伝ってくれる、実にすぐれた存在であることを忘れないでください。いまこそ、その恐るべき存在に餌を与えるときです。脳が求めるもの、つまり、なぜ別れて正解かという理由を与えることで、回復プロセスを加速できます。

ルワンダウスキーは被験者に、破局の肯定的な側面（別れてよかったと思う理由）か否定的な側面（別れて悪かったと思う理由）、あるいは、とくに中身のない、別れとは無関係な事柄を書くよう指示しました。被験者は一日に一五分〜三〇分ほど、三日連続でこの作文課題に取り組みました。別れの肯定面を書いた被験者は、実験が始まったときと比べると、気づきを得て安

堵と感謝、安心を感じるようになり、自己肯定感と自信、活力が湧きあがり、楽観的になって幸福度と満足度が向上したと報告しました。

クライアントが別れを経験すると、私はその実験と同じ課題をやるよう勧めています。次のリストは、三一歳にして初めて恋愛をしたクライアント、ジンが破局後にメールで送ってくれたものです。

別れてよかった点

1. 元カレの家族が住むモンタナ州に引っ越す心配がなくなったこと
2. 布団の取り合いがなくなったこと
3. 元カレが大切にしてくれなかった友人との時間を取り戻せたこと
4. 元カレの部屋に泊まることがなくなり、通勤時間が短縮したこと
5. 犬の毛だらけの服で出勤せずにすむこと
6. 祝日のある三連休に、お金のかかる結婚式に出席せずにすむこと
7. 音楽に費やす時間が増えたこと
8. 元カレが嫌っていた私の弟と過ごす時間を正当化する必要がなくなったこと
9. テレビ番組の『バチェラー』を好きなふりをしなくてもいいこと
10. 幸せで健全な恋愛を見つけるチャンスを得られたこと

エクササイズ 別れてよかった点を書き出そう

あなたの心の痛みをマニフェストとして書き出してみましょう。一〇代の頃に書いたセンチメンタルな歌詞のようなものです。今回は地元のバンド・バトルで観客八〇人に無理やり聞かせる必要はありませんのでご心配なく。

カフェや公園のベンチでノートを取り出し、スマートフォンのタイマーを三〇分に設定して、別れの肯定的な側面をいっきにすべて書き出しましょう。途中でスマホを見ることがないようにしてください。文章を書くのに行き詰まったり、なかなか書き始められないときは箇条書きでもかまいません。

別れてよかったと思う一〇のこと

1.
2.
3.
4.
5.
6.
7.

10.
9.
8.

フレーミングの転換2. 付き合っていたときの否定的な側面に注目する

まだ「前向きに考える」ための心の準備ができていない、という人もいます。それでも大丈夫。前に進む道はほかにもあります。前述した研究と似たような実験を、臨床心理学者のサンドラ・ランゲスラグとミシェル・サンチェスが実施しました。二人は、別れを経験した被験者に、「終わった恋愛を否定的に考える」「別れにより感情が揺さぶられるのは正常であるという文章を読む」「食事など、まったく関係のない活動をする」のうちのどれか一つを指示しました。その結果、否定的な要素について考えるよう指示されたグループは、ほかの活動をした二グループに比べて、元恋人への気持ちが冷めていることがわかりました。

◆エクササイズ◆　付き合っていたときのマイナス面を書き出そう

フレーミングの転換3．自分を再発見する

光を求めて暗闇に目をこらしてみましょう。付き合っていたときのマイナス面を記録してください。たとえば、フランス語で「本日のスープ《スープデュジュール》」と書かれたメニューをスープの名前だと勘違いして、元カノから友人の前で笑いものにされたこと。あるいは、元カレが空港まで送ってくれる約束を守ってくれず、困ったこと。妹との電話の内容について聞いてほしくて夕食のあいだじゅう何度もその話題を振ったのに、まったく聞いてくれなかったときの失望感。酔っ払って嘔吐した彼女から「元カレのほうが楽しかった」と言われたときの絶望感。思い出すだけで疲れが押し寄せますね。あなたにもそのような経験があるはずです。

付き合っていたときの否定的な側面について、毎日三〇分、三日間連続で書き出してみてください。パートナーにやられていやだったことや機能不全のカップルになった原因、元恋人との交際を続けるためにあきらめなければならなかったことなどを文章にしてみましょう。

フィンケルとその同僚は別の研究で、私たちのアイデンティティは恋人との交際と強く結びついているため、破局によりちょっとしたアイデンティティの危機が起こることを指摘しています。それまでの「刺激的なペアの片割れ」「友人の結婚式への完璧な同伴者」というアイデンティティを失って、思い悩むかもしれません。そのような考え方は当然の反応ではあるものの、損失に焦点を当てています。そうではなく、破局による利益に目を向けましょう。一人になったいま、あなたはどんな自分になれるでしょうか？

人間関係学の研究者らは、このようなフレーミングの転換がきわめて効果的であると言います。ある実験で、ルワンダウスキーは恋人と別れた人々を二つのグループに分けました。一つのグループには、外に出て、映画やジムに行ったり、友人と会ったりするなど、**日常活動**に取り組むよう指示しました。もう一つのグループには、**「自分再発見」活動**――「暗闇バイク」教室やジャズバーに行くなど、元恋人が興味を示さないためにあきらめていた活動――を再開するよう指示しました。

ルワンダウスキーによると、どちらの活動も効果があったようです。日常活動は家に引きこもって元恋人の写真をひたすら眺めたり、マカロニ・アンド・チーズ（私の安定剤）をむさぼり食べたりするのを防ぐのに役立ちました。しかし、再発見活動に取り組んだ被験者の結果はさらによいものでした。かれらは、これまでの交際で失っていた自分のアイデンティティの一部を取り戻したのです。「これらの人々にとって、新たな一日の夜明けのようなものだった」とルワンダウスキーは説明します。幸福感が増す一方でさみしさは減り、さらに、自分を深く受け入れられるようになったのです。

エクササイズ 自分を再発見しよう

思い出してみましょう。元恋人が興味を示さなかったためにあきらめていた活動は何ですか？　元恋人は、ビーチに行くのが嫌いだったり、あなたがライブの話をするたびに顔をしかめたりしたかもしれません（そんな人、いる？）。けれど、もういまは自由です。再発見活動として好きなことをしましょう。

外に出ましょう！　クローゼットの奥からボクシングのグローブを引っ張り出し、新しい水彩絵の具を買い、元恋人がうっとうしがっていた大学時代の旧友を呼び出しましょう。過去の自分に会いに行き、これからの自分の可能性を探ってください。スピリチュアルな話に抵抗のない人には、ジュリア・キャメロンの『The Artist's Way』〔訳注：邦訳『ずっとやりたかったことを、やりなさい』サンマーク出版〕をお勧めします。芸術家でなくても、自分自身（と、自分の内なる創造性）とふたたび結びつくためのインスピレーションやアイデアが詰まった一冊です。

今月、取り組む予定の、自分再発見の活動を三つ書き出してください。

1.

2.

3.

《ヒント》新たな恋を見つける

ときおり、「誰かを乗り越えるには、別の人の下にもぐり込めばいいんでしょ？」とウインクしながら言う人がいます。第一に、そのような下ネタはやめましょう。第二に、それは人によります。

誰もが失恋を癒やすのに何ヶ月もかかるわけではありません。別れを切り出した張本人ならとくにそうです。コロンビア大学の教授で社会学者のダイアン・ボーンは、彼女の著書『Uncoupling』［訳注：邦訳『アンカップリング：親密な関係のまがり角』日生研］で、破局に関する大規模調査について触れています。それによると、私たちは一定のタイムラインに沿って別れを悲しむそうです。別れを切り出した人は、付き合っているあいだ、おそらく一年かそれ以上、その付き合いに対して否定的な感情をもっていたかもしれません。だから実際に別れると、乗り越えるのにそれほど多くの時間を必要としません。別れたあとに思っていたほど胸が痛まなくても、心配しないでください。あなたは心のない悪魔ではありませんから。付き合っているときにすでに十分悲しんでおり、次に進む準備ができているだけなのです。

もし別れたときにタイムラインが始まったなら、傷が癒えるのにはもっと長い時間がかかるでしょう。

では、失恋のショックをまぎらわせるために新たな恋を始めるのはどうでしょうか？　心理学者のクローディア・ブランバーとR・クリス・フレイリーは「すぐに新しい恋を始めることは、新たな恋愛を長々と待つ人と比べて、かならずしも悪いわけではなく、むしろ、ある部分においては新しい恋を始めた人のほうがうまくやっている」ことを発見しました。新しい恋を長く待つ人は自己肯定感の低下に苦しむことが多いのに対し、すぐに新しい恋を始める人はそのような自信の低下を免れる傾向があるとブランバーらは説明します。新たな恋へすぐに移行すると、一人きりで自分の価値を疑う時間が減るのです。

では、どうすれば新しい恋を始める準備ができたとわかるのでしょうか？　唯一の方法は、実際にデートに出かけてみることです。デートを終えて家に帰ると涙があふれ出るのであれば、もう少し時間が必要でしょう。けれど、たとえ少しでも楽しいと感じたならば、一歩ずつ前に進んでいけるというサインです。

フレーミングの転換4．過去から学び、今後よりよい決断をするためのチャンスと捉える

難しいように聞こえるでしょうが、別れを学びの機会と捉えましょう。心理学者のタイ・タシロとパトリシア・フレイジャーは、別れにともなう個人的な成長の可能性を多くの人が利用しないことを見つけました。多くの人が、前のパートナーから何を学んだか、それを次の相手

を選ぶのにどのように役立てるべきかをよく考えずに、「ターザン」（次から次へと恋愛を渡り歩くこと）しています。そのような間違いは犯さないでください。

いつも同じ理由でうまくいかない相手を選びがちな人には、これはとくに重要です。私のクライアントにも、似たタイプの人とばかりデートしている人が何人もいます。

たとえば、あるクライアントは年下ばかりを追いかけていました。彼女が好きになるタイプは、親切でおもしろく、魅力的だけれど、真剣な付き合いを拒む男性でした。彼女は「人生の伴侶」ではなく「プロムのパートナー」ばかり探していたのです。彼女が最後に失恋したのは、コロナ禍のまっただなかでした。おかげで、立ち止まって自分の癖を振り返る時間をもてました。私たちは毎週リモートでセッションを行い、彼女は自分のパターンに気づきました。自分の行動が愛を見つける障害となっていることに気づいたのです。これまで彼女はすばらしいパートナー候補にたくさん出会っていたのに、自分でそのチャンスをだめにしていました。心をつかめない年下男性ばかりを追い求め、本物の恋愛と、それによって傷つく可能性を避けていました。彼女はその悪癖を断ち切るために変わろうと努力しました。優先順位を変えてデートを始め、「プロムのパートナー」を示す赤信号に目を光らせました。同じ年齢や年上の男性にもチャンスをあげました。幾人もの好ましい相手とビデオ通話でおしゃべりをしました。そのなかでもっとも気に入った男性と散歩デートに出かけました。ソーシャルディスタンスを保ったデートをいくらか重ねたあと、二人は共同の隔離生活を試してみることにしました。あまりよく知らない人との同居は、完全に彼女のコンフォートゾーンを逸脱していました。けれど世界が大きく様変わりするなか、彼女も何か新しいことを試してみようと決めたのです。二人はいまも仲良く同棲しており、お互いの家族を訪ねるドライブ旅行を計画しています。

エクササイズ **これからの恋愛で変えたいことを考えよう**

前に進むために重要なのは、最後の恋愛における決断と、次の恋愛で変えたいことを明確にすることです。次の質問の答えを、日記に書き出したり、友人に話したりしてください。

1. 最後の恋愛であなたはどんな人だったか？（たとえば、相手を引っぱるリーダータイプか、相手に引っぱってもらう側か？　メンター役か、弟子役か？　すぐに真剣になるタイプか、腰を落ち着けるのが苦手なタイプか？）
2. 次の恋愛ではどのような人になりたいか？
3. 長期的な関係に本当に重要なことについて、学んだことは？
4. 前に進むうえで、今後のパートナーに求めることは？

このフレーミング転換の鍵は、損失のなかにも利益があることに気づくことです。心理学者は、人が人生の出来事や人間関係、あるいは自分自身について理解するようになるプロセスを「意味づけ」と呼びます。ホロコーストを生き延びた、オーストリアの神経科医で精神科医のヴィクトール・フランクルは、彼の金字塔的著作『Man's Search For Meaning』〔訳注：原題は『Ein Psychologe erlebt das Konzentrationslager』、邦訳『夜と霧』みすず書房〕のなかで、意味づけによって人は苦しみから成長へ向かうことができると説明します。「ある面では、苦しみは意味を見つけたとたんに苦しみでなくなる」

別れを失敗と捉えるのでなく、これからよりよい決断をするためのチャンスであると考えましょう。「ときがすべての傷を癒やす」という考えを、「意味がすべての傷を癒やす」に更新してください。

◆エクササイズ◆　意味を掘り下げよう

時間をつくり、次の質問に答えてください。

1. この恋愛から学んだことは？
2. 別れから学んだことは？
3. この恋愛の前の自分と、いまの自分ではどのように変わったか？
4. この経験を生かして、今後の人生にどのような変化を起こすか？

落胆せずに、次の扉をこじ開けましょう。より強く、より美しい人になれるかもしれません。ゲイリー・ルワンダウスキーはＴＥＤｘのプレゼンテーションで、金継ぎというアイデアを紹介しました。それは日本の芸術の一つで、割れた陶磁器を金や銀などの貴金属を使ってつなぎ合わせる技法です。多くの場合、修復された器は割れる前よりも美しくなります。

ルワンダウスキーは失恋を芸術的な傷と捉えるよう推奨します。「(金継ぎは) 損傷とその修復をチャンスと捉える哲学でもある。隠すのではなく、利用すべきものだ。これこそ、恋愛で起こり得ることだ。たしかに、恋愛により少しの傷が残るかもしれない。けれどもその傷は、その不完全さは強さと美しさの源となる。失恋により壊れてしまう必要はない。人は自分が思う以上に強いのだから」

恋愛は思い通りにいくとはかぎりません。けれども、それに対してどう感じるか、次に何をするかを (部分的にでも) 選ぶことができます。

まとめ

1 **人は、フレーミング効果により、ものごとがどのように提示されるかにもとづいて評価を変える傾向がある。**破局の体験を損失ではなく、成長と学びの機会とフレーミングし直すことで、別れたあとの回復プロセスを速めることができる。

2 別れは心身ともに大混乱をもたらす。けれども**人は思っているより打たれ強い。**別れのときに感じることは一時的でしかない。

3 **書き出してみると効果てきめん。**前に進むために、別れの肯定的な側面と交際の否定的な側面を書いてみよう。

4 **アイデンティティを取り戻そう。**失恋で傷ついたアイデンティティは、「**自分再発見**」**活動に取り組む**ことで取り戻すことができる。以前は好きだったのに、元恋人のせいであきらめていた活動を再開しよう。

5 学んだことや今後変えたいことに注意を向けることで、経験から成長することができる。「**ときがすべての傷を癒やす**」**から**「**意味がすべての傷を癒やす**」**のマインドへ転換しよう。**

17 結婚を決める前にすべきこと

――結婚すべきか決断する方法

「水曜日までにこの三つのワークシートを完成させて」と私は言いました。頼んだ相手はクライアントではありません。

スコットに手渡した書類一式には、彼の人生と家族、私たちの関係についての質問が長々と連なっています。スコットはうめき声をあげましたが、彼を責められません。

私の彼氏の世界へようこそ。四年間の交際のなかで、スコットは、私のクライアント用の恋愛アクティビティを試験する、いわばモルモットの役割を務めてくれていました。

今回の宿題は、当時の二人が考えていたこと、つまり、結婚についての話し合いのためのものでした。これまでに私たちは、「彼氏彼女の関係なのか？」「いっしょに住むべきか？」「別れるべきか？」といった大きな決断ポイントを通過してきました。そしていま、新たな恐るべき疑問、「二人で人生をともにしたいか？　その人生とはどのようなものだろうか？」に直面していました。私はスコットを愛していましたが、人間関係学の知見から、二人が直面する試練についても理解していました。多くの結婚は長続きしません。

これはいままでの人生でもっとも大きな決断のように感じました。そして、その決断に慎重になるのは正しいことがわかっています。結婚は、思っているよりも多くの点で重要です。ジャーナリストのマギー・ギャラガーと社会学者のリンダ・J・ウェイトは、著書『The Case for Marriage（結婚のための弁論）』において、結婚に対する幸福度と満足度が、人生の幸福、心身の健康、人生への期待、富、子どもの幸せに多大な影響を与えることを指摘しました。

スコットと私には結婚前の短期集中トレーニングが必要だと思い、「**そろそろ潮《しお》どき：過去・現在・未来**」と呼ぶワークシートを作りました（ちなみに、名前の別候補はビヨンセの「シングル・レディース」にちなんで「そろそろ潮どき：さっさと指輪をはめちゃいな」）。このワークシートは、自分がどこから来て、いまどこにいて、これからどこへ向かうのかを考えられるようデザインされています。幸運にも、スコットは乗り気になってくれました。このプロセスは私たち二人の役に立ったので、それ以来、クライアントや友人にもシェアしてきました。いま、あなたにもご紹介します。

もしかすると「私は結婚なんてばかげた制度を気にしない。政府や教会に私の生き方を指図されたくない」と思っているかもしれません。それでもかまいません。けれども、あなたがこの本を読んでいるということは、長期的なパートナーを見つけたいと思っているのでしょう。この章では「結婚」の話をしますが、結婚する気がなく、代わりに「長期間の真剣な関係」という表現を好む人にも本章の内容は役立つでしょう。

愛だけで十分？

愛は薬物であることを思い出してください。作家のジョージ・バーナード・ショーは戯曲『Getting Married（結婚すること）』のなかで、結婚を次のように描写しています――「二人の人間が、もっとも暴力的、狂気的、欺瞞的かつ一時的な情熱に浮かされたなかで、その熱気を帯びた異常な消耗状態を、死が二人を分かつまで維持することを誓うとき」。付き合って最初の数年間は脳がこの薬物の影響下にあるため、パートナーシップを理性的に判断するのはほぼ不可能です。

結婚前の交際期間が長いほうが、長続きする確率が高くなります。その理由の一つとして、結婚するときにはすでにハネムーン期の高揚感が消えてしまっていることが挙げられます。二人が「誓います」と口にするとき、ものごとがよりはっきりと見えているのです。婚約までの交際期間が一、二年のカップルは、一年未満のカップルよりも離婚の可能性が二〇パーセント低いことが分かっています。さらに、婚前の交際期間が三年になると、離婚の可能性は一年未満のカップルに比べて三九パーセントも低くなるのです。

交際期間の長さだけが問題ではありません。少し歳を重ねてから結婚するのがいい、とも言われています。社会学者、フィリップ・コーエンなどの研究者らは、一九八〇年代以降の離婚率低下の原因の一つとして晩婚化を挙げています。うちの風変わりなナンシーおばさんがいつも子どもに言い聞かせているように、「三〇歳までは結婚しちゃだめ！」に従うべきかもしれません。

また、たとえ結婚を数年待ったとしても、愛により優先順位がわからなくなることがあります。複数の離婚弁護士へのインタビュー（スコットに説明するのがはばかられる私の趣味）したとき、多くのカップルが結婚を考えるときに同じ間違いを犯すと教えられました。かれらはあまりにも強く愛し合っているため、相手も自分と同じものを人生に求めていると錯覚し、その結果、住む場所や子どもを望むかといった大切な決断について、はっきりと話し合う時間をとらないのです。

事実、ジャーナリストのナオミ・シェーファー・ライリーは、著書『'Til Faith Do Us Part: How Interfaith Marriage is Transforming America（信仰が二人を分かつまで：異教徒間の婚姻がアメリカを変える）』のなかで、「意外にも、異教徒カップルへの調査によると、どちらの宗教で子どもを育てるかについて結婚前に話し合ったカップルは半分以下であった」と指摘します。基本的な価値観の相違に気づいたときにはすでに結婚しているのです。あとは離婚弁護士にまかせるしかありません。

他方、相手も自分と同じものを求めているという楽観的な臆測は理にかなったものです。人は、**偽《ぎ》の合意効果**（False Consensus Effect）のせいで、ほかの大多数の人が自分の価値観や信念、行動に同意するはずだと思う傾向があるのです。たとえば、環境問題に強い関心があり、肉食を避け、化石燃料とプラスチックの使用を減らそうとしている人を想像してください。地元の住民投票でレジ袋禁止条例案の賛否が問われると、その人は、ほかの人も同じ環境保護の色眼鏡をかけて世界を見ていると思い込み、禁止条例案は容易に可決されるだろうと考えるのです。恋愛においても、相手が自分と同じように世界を見ていると思い込むため、子どもを何人もつか、どこに住むか、お金の使い方や貯蓄方法について、同じものを望んでいるはずだと考えがちです。恋愛という薬物による高揚感に、偽《ぎ》の合意効果が合わさって、多くのカップルが婚前の大切な話し合いをスキップしてしまうのです。つまり、愛だけでは十分ではありません。結婚すべきかどうかを批判的に考えましょう。

パート1：自分について

エクササイズ　自分についての質問に答えよう

カップルの片割れとしての自分を考える前に、あなた個人の望みやニーズについて考えてください。一人きりの時間を用意しましょう。週末の午前中、ノートを持ってカフェに行き、次の質問の答えを考えてください。

1．いまのパートナーは、「プロムのパートナー」と「人生の伴侶」のどちら？　言い換えると、相手はいつまでも自分のそばにいてくれる人？　それともいまだけ楽しい人？

2. ワードローブテスト：相手を自分のクローゼットのなかの服にたとえたら、どれ？
3. 二人でいっしょに成長できる人？
4. 相手を尊敬している？
5. いっしょにいると、自分のどのような面が引き出される？
6. 自分の嬉しい知らせをこの人と共有したい？
7. 仕事でつらいことがあったとき、そのことを相手に話したい？
8. 相手からのアドバイスを大切にしている？
9. この人と未来を築くことを楽しみにしている？　家を買ったり家族をもったりするなど、人生の節目をいっしょに迎えることを想像できる？
10. 難しい決断をいっしょにくだせる？　仕事を失ったり子どもを亡くしたりといった最悪のシナリオを想像したとき、「引っ越すべきか？」「ほかの子どもの世話をしながら、この悲しみをどう乗り越えるか」という問いをそばでいっしょに考えてほしい？
11. 互いにうまく意思を伝え合い、生産的なけんかをできる？

自分の書いた答えを読み返してください。ただし、自分ではなく親友が、親友自身の恋愛について書いたものと思って読み返してみましょう。ここでの目標は、できるだけ自分に正直になることです。親友を助けているところを想像して、自分自身から少し距離をおくと視界が広がります。

もしこれを書いたのが、あなたが心から大切にしていて、幸せを何よりも願う親友であったなら、どのようなアドバイスをしますか？　結婚に賛成しますか？　何か心配はありますか？　二人が前に進むために解決すべき問題は何でしょう？

自分の答えを見直しているときに浮かんだ感情に向き合いましょう。これは、アクセルを踏むかブレーキをかけるかを決める大切な瞬間です。もし、いまのあなたにとって、正しい相手だと心を決めたら、パート2に進んでください。まだ確信がもてない場合は、第14章に戻り、終わるべきか修復すべきかを考えてください。単に、次の段階に進む準備ができるまでに時間がもう少し必要なだけかもしれません。このようなきわめて重大な決断をくだすのに急ぐ必要はありません。結婚を三年間待ったカップルのほうが一年未満で結婚したカップルよりも離婚の可能性が三九パーセント低いのを思い出しましょう。

パート2：二人について

パート1がうまくいき、前に進む覚悟ができたなら、次はパートナーと話しましょう。深刻な話し合いになるでしょう。一ヶ月のなかで三晩、話し合う機会を確保してください。ひと晩にすべてを詰め込まないように。

これらの話し合いでの目標は、互いに関心をもち続けることです。パートナーが何を望むのか発見し、自分の望みと合致するか確かめましょう。偽《ぎ》の合意効果に惑わされないよう、気をつけてください。

エクササイズ

二人についての質問に答えよう

一つのトピックにつき、一晩を確保してください。二人の絆を感じられるよう、いっしょに考えることをお勧めします。心理療法士のエステル・ペレルは、パートナーにもっとも惹かれる瞬間の一つは、相手の才能に感心したときだと指摘します。新たなスキルを互いに見せ合い、二人の仲を深めましょう。どちらかが料理上手なら、新しいレシピを相手に教えるといいでしょう。

また、その話し合いをロマンチックに演出しましょう。結婚の可能性について話し合うのですから、これ以上にロマンチックなことなどありません。話し合いの場を整えてください。ドレスアップしましょう（一〇年前に誰かのユダヤ式成人式でもらって、恋人にいやがられつつもなかなか捨てられない、みっともない赤のスウェットパンツは禁止）。とっておきのワインを開け、サム・クックのプレイリストを流し、二人で肩を寄せ合って次の質問に答えください。

トピック1：過去

・いまの自分を形作ったと思われる三つの瞬間は？
・自分の子ども時代がいまの自分にどのような影響を与えていると思う？
・両親はよくけんかしていた？　人間関係の衝突で恐れていることは？
・自分の家族の伝統で、これから二人で築く家庭に引き継ぎたいものは？
・大人になったとき、セックスについて家族からどのような話を聞いた？（あるいは聞かなかった？）
・あなたの家族にとって、お金はどのような意味をもっていた？
・過去に置き去りにしたい家族の問題は？

トピック2：現在

・何か起きたときに、相手に話すことを心地よく感じる？
・二人のコミュニケーション方法で改善したいところは？
・いっしょにいるとき、自分らしさを感じる？　それはなぜ？
・二人の関係で変えたいところは？
・二人はどれくらいうまく衝突に対処している？
・二人でよくやる活動で、好きなものは？

・もっといっしょにやりたいと思うことは？
・相手は自分の友人や家族について、どれくらいよく知っていると思う？　自分の人生のなかで、相手にもっと知ってほしい人（家族、友人、同僚）はいる？
・どれくらいの頻度でセックスをしたい？　どうすれば性生活がもっとよくなる？　改善するために相手にしてほしいことは？　常々やってみたいと思っているけれど、口に出すのをためらっていることは？
・お金のことをよく考える？
・お互いの経済状態について正直に話そう。学生ローンは？　クレジットカードの借入残高は？　負債を互いに分担する？
・車にかけるお金の最大額は？　ソファや靴にいくらくらい払う？

トピック3：未来

・将来、どこに住みたい？
・子どもはほしい？　ほしいなら何人？　いつ？　もし妊娠できなかった場合、養子や代理母など、ほかの選択肢も考える？
・育児と家事の分担についてどのような希望がある？
・家族にはどれくらいの頻度で会いたい？
・宗教やスピリチュアリティをどのように生活に取り入れたい？

・婚前契約について話し合いたい？　それについて不安なことは？
・家計をどのように分担する？
・ずっと働き続けたい？　もしどちらかが休職したくなったらどうする？
・もし相手が大きな買い物をするとき、どのタイミングで教えてほしい？（たとえば、事前の了承なしで買ってもいい金額の上限はいくら？）
・お金に関する長期目標は？
・将来、もっとも楽しみにしていることは？
・将来の夢は？　それを達成するために、相手にどうしてほしい？

このような話し合いは気まずくなったりぎくしゃくしたりするのでは、と心配するかもしれません。スコットと私もそう思っていました。けれども話し合いを進める中で、私たちはずっと忘れていた子ども時代の話を共有することができました。私は六年生のとき、幼なじみがマックのラメ入りアイシャドウ一〇色セット（その歳の子どもにとってはロレックス相当）を親からバレンタインにプレゼントされたのがうらやましくて、どうにかなりそうだった話をスコットにしました（バレンタインデーに子どもにプレゼントをあげるなんて、どういう親？）。スコットは、九〇年代後半の中学生の最先端ファッション、ジンコの高級ジーンズをめぐる母親との愉快な攻防戦を話してくれました（のちほどインターネットでそのひどいジーンズの写真を見て、彼の母親に軍配が上がりました)。

これらの会話のなかで、スコットは子どもを一人、私は二人望んでいることがわかりました。彼は一人っ子で私には姉がいるので、二人とも自分が育った環境を再現したがっているのは明らかです。それぞれの子ども時代のメリットを論じるうちに、話し合いはたちまち討論になりました。スコットは、この人口過多の地球で子どもを二人以上増やすのは道徳的に問題だと主張し、私はきょうだいがいると自動的に感情的知性の訓練を一万時間受けられると訴えました。この点に関しては意見が一致しませんでしたが、互いに別の見方をしていることがわかったことを嬉しく思いました。好みが異なってもお互いに譲歩する意思があったため、それは絶対条件ではないと同意しました。まずは子どもを一人、その後はどうしたいか様子を見るつもりです。

これらの話し合いを通して、いまの二人の関係が正しいだけでなく、今後のパートナーシップも間違いないと私は確信しました。私はスコットの規則正しい生活——毎日ワークアウトを行い、健康的なビーガン料理を作り、自分のソフトウェアのバグを見つけるために夜更かしする生活——を尊敬しています。おどけた声真似や二人だけにわかるジョークも大好きです。そしてチームとしての二人の可能性を信じています。妥協し、順番に譲り合うことができます。それは私はワードローブテストで、スコットを、赤チェックのオールインワン型パジャマに見立てました。安心とぬくもり、加護を与えてくれる服です。それを着ると、まるで抱きしめられているように思えるお気に入りの一着。

この話し合いを終えて六ヶ月後、私たちの共通の友人、デビッドのマジックショーにスコットが誘ってくれました。デビッドは、初対面の他人が子どもの頃に飼っていたペットの名前や、ぼんやりと思い描いた旅行先を言い当てることのできる、才能あふれるメンタリスト兼マジシャンです。ピアノファイトというバーの奥にある劇場で、毎週水曜の夜にショーを行っていました。

その晩、デビッドがパフォーマンスを終えると、観客が立ち上がり、スタンディングオベーションが起こりました。拍手のあと、デビッドが「では最後にもう一つ」と言いました。そのショーの冒頭で、観客は無地のトランプに自分の名前と単語を一つ書いていました。デビッドは観客の一人に、そのカードの束から一枚を選ぶように頼みました。読みあげられたのは私の名前だったので、私はステージへ上がりました。

デビッドは私に、別のカードを無作為に選ぶよう言いました。不思議なことに、私が選んだカードにはスコットの名前が書かれていました。スコットがステージに上がってきて、私の隣に座りました。

ステージの上で座る私たちには、ライトの明かりのせいで五〇人の観客の顔が見えません。デビッドは観客の一人からスマートフォンを借りると、電卓アプリを開き、観客が言う数字をかけ算していきました。最終的な集計結果は452015。デビッドは私たちに、この数字に何か意味があるか尋ねました。私はわかりませんでした。

するとデビッドが数字のあいだにスラッシュを二つ入れ、4／5／2015に変えました。

「二〇一五年四月五日。これはあなたの誕生日？　それともスコットの？」と彼は訊きました。それは私たちの記念日でした。

それからデビッドは名前と単語を書いたカードの束を、五つの山に分けるよう私に頼みました。そしてスコットには、それぞれの束の一番上のカードを一枚ずつめくるように言い、それぞれのカードに書かれた単語を大きなボードに書き取るよう私に指示しました。

「二人で」スコットが最初のカードを読みあげ、私はボードに書きました。

「いっしょに……あたたかい……家庭を……」

私は両手で顔をおおいながら、最後のカードが読みあげられるのを待ちました。

「つくろう」

スコットは椅子から立ち上がると、ポケットから指輪を取り出し、地面に片膝をつきました。私はうなずき、指輪をつかみ取ると彼に抱きつきました。客席から大喝采を浴びたあと、デビッドが私たちをバーのほうへ案内しました。そこには、私たちの友人三〇名が、二列になって頭上で手をつなぎ、「愛のトンネル」を作って待っていました。スコットと私は誇らしげにそのトンネルをくぐりました。

プロポーズは大きなサプライズでしたが、私たち二人が互いに結婚を望んでいたという事実に驚きはありません。私たちは努力しました。難しい話し合いにも挑みました。流されるのではなく、二人で選んだのです。

まとめ

1 愛は私たちを夢中にさせる薬物である。

2 **「偽《ぎ》の合意効果」とは、他者も自分と同じ見方をしていると思い込む傾向のこと。**愛と偽の合意効果が恋愛の初期段階で組み合わさると、**カップルは結婚を決める前に自分たちの将来についての重要な話し合いをもたないことが多い。**二人とも確認もせずに互いが同じものを望んでいると思い込み、その結果、不幸な結末にいきつく。

3 結婚を決意する前に、**自己を振り返り、パートナーと「そろそろ潮どき：過去・現在・未来」のアクティビティに取り組むことで、偽の合意効果を無効にしよう。**過去（どこから来たのか）、現在（いま、どこにいるのか）、未来（どこへ向かうのか）について話し合う必要がある。また、お金やセックス、宗教、子どもなどについて話し合う時間をとることも必須だ。

18

インテンショナル・ラブ

――関係を長続きさせる方法

「〝末永く幸せに暮らしました〟の誤謬」を覚えていますか？　恋愛の最大の難所は出会いだという勘違いのことです。実際には、出会いは愛の物語の第一幕でしかありません。その次の部分、関係を長続きさせることも同様に難しいことです。本章ではそのためのアドバイスを紹介します。

甘い言葉でごまかすつもりはありません。多くのカップルにとって長期的な関係がどのようなものであるか、実態を直視してください。

次ページの上のグラフは、結婚幸福度の平均値の経時変化を示しています。結婚が長くなればなるほど、幸福度が低下することがわかります。末永く幸せに暮らしました、なんて大うそです。

下のグラフにも注目してください。一九七二年から二〇一四年にかけて、自分たちの結婚を「とても幸せ」と評価したカップルの割合を示したものです。

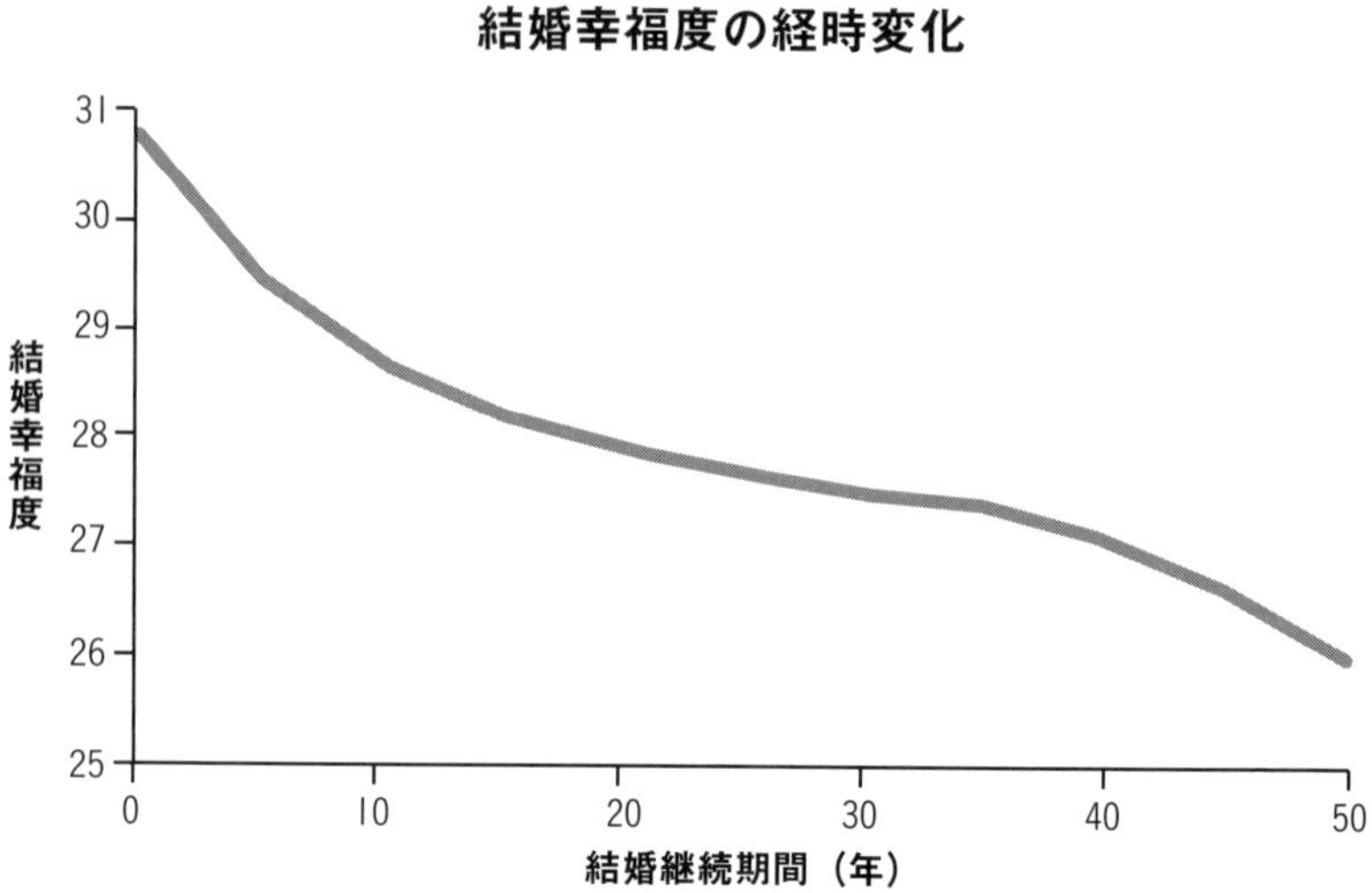
結婚幸福度の経時変化
31
30
29
28
27
26
25
結婚幸福度
0
10
20
30
40
50
結婚継続期間（年）

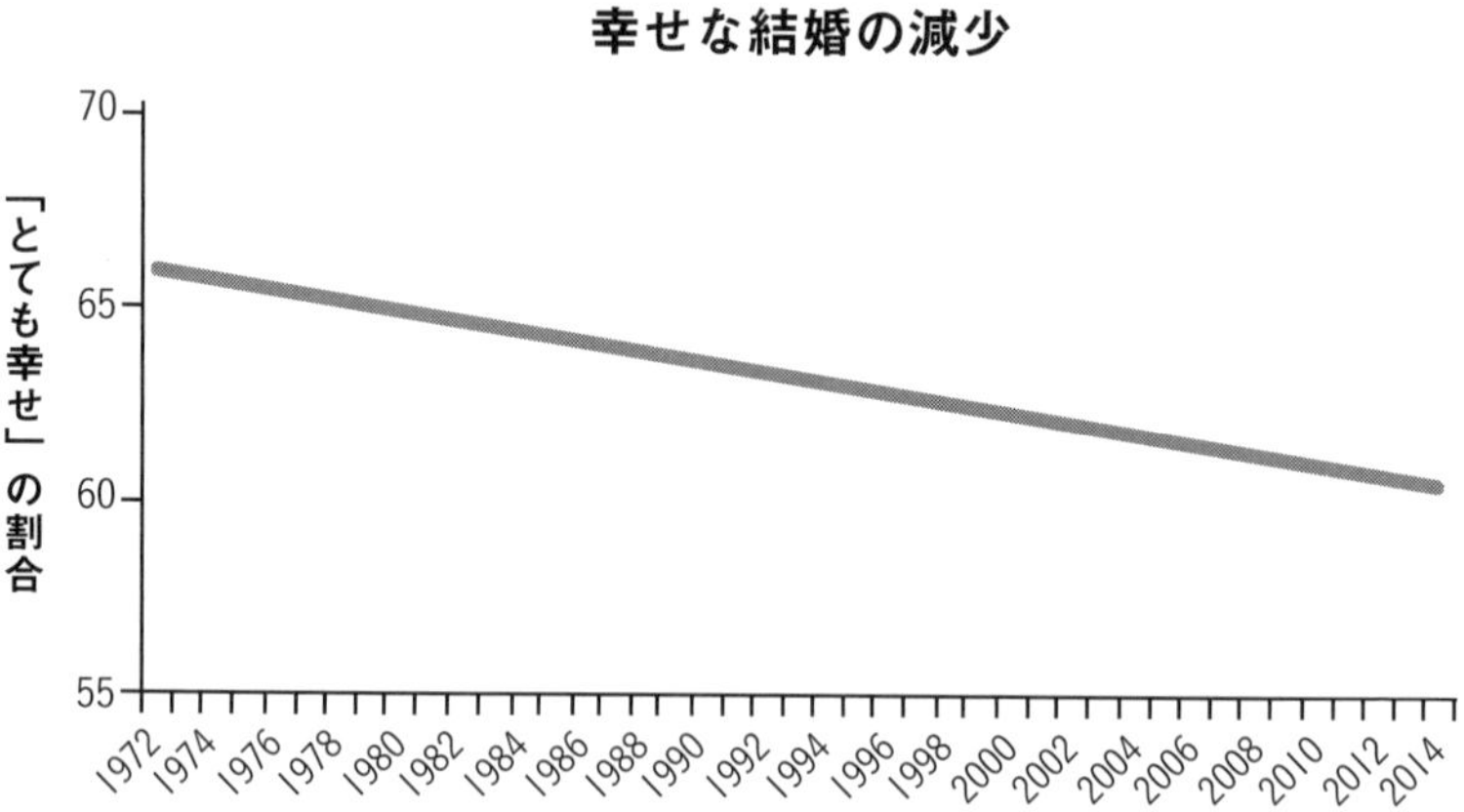
幸せな結婚の減少
70
65
60
55
「とても幸せ」の割合
1972
1974
1976
1978
1980
1982
1984
1986
1988
1990
1992
1994
1996
1998
2000
2002
2004
2006
2008
2010
2012
2014

グラフから一目瞭然ですが、過去四〇年間で結婚への満足度は下がる一方なのです。けれども望みはあります。不幸な結婚が運命づけられているわけではありません。すばらしい恋愛は、見つけるものではなく、つくるものです。努力により、末永く続く絆を結ぶことができます。夢のような関係を築くチャンスはあなたが握っているのです。

進化する関係を二人でつくる

関係を長続きさせる要素を尋ねられると、私はいつもチャールズ・ダーウィンの自然選択についての言葉を引用します――「生き残るのはもっとも強い種でも、もっとも知的な種でもなく、変化にもっともよく適応する種である」。いまの関係が非常に良好であっても、適応しなければその関係はいずれ破綻するかもしれません。あなたやパートナーの人生が予想外の展開を迎えるかもしれません。進化できる関係をつくることが長続きさせる秘訣です。

自分は今後、たいして変わらないと思うかもしれません。すでに、長期的な人格が形成されていると思っているかもしれません。

◆エクササイズ◆　次の二つの質問に答えよう

1．過去一〇年間で自分はどれくらい変わったと思うか？

ハーバード大学の心理学者、ダニエル・ギルバートのチームは、この同じ質問について大規模調査を実施しました。かれらは、あるグループには、今後の一〇年間で自分がどれくらい変化するか予想するように頼み、別グループには、過去一〇年間でどれくらい変わったかを尋ねました。大部分の人は、過去一〇年間で自分は大きく変わったと信じていましたが、今後一〇年間はあまり変わらないと考えました。実は、それは間違いです。ギルバートはこの傾向を**歴史の終わり幻想**（End-of-History Illusion）と呼びます。

ギルバートの指摘によると、私たちは、白髪や体の変化など、身体的な加齢は十分に予測しますが、「全般的に見て、自分の核、アイデンティティ、価値観、人格、深い部分での好みは今後も変わることはない」と考えがちです。実際には、私たちの成長と変化が止まることはありません。

そして、私たち個人が人生のなかで変わり続けるように、パートナーとの関係性も変化するでしょう。どちらかが苦境に立ち向かうあいだ、もう一人が家庭を支えることがあるかもしれません。相手への愛を深く感じるときも、我慢ならないときもあるでしょう。話し合うのが心地いいときも、二人のあいだに壁ができたように感じるときもあるでしょう。

人間関係はつねに変化するものであるため、二人の関係を生き物のように扱う必要があります。それなのに、二人の関係をトースターのように扱う人の多いこと！　箱から取り出してプラグをコンセントに差し込み、うまく機能することをただ願う。トースターは買った初日が最高の状態で、そのあとは徐々に経年劣化するものです。誰も、トースターが適応したり進化したりすることを期待しません。同じように結婚についても、結婚式当日に婚姻関係を誓い、その関係がずっと、死が二人を分かつまで続くことを期待します。

では、そのトースター型結婚はどれくらい機能するのでしょう？　離婚・別居の割合を見ると、五割の人がトースターを返品しています。そもそも人と人との関係は、ダーウィンの言うところの「変化に適応」するようには設計されていないため、失敗するのです。

トースター型結婚を捨て、「インテンショナル・ラブ」（意図的な愛）という考えを取り入れて二一世紀のロマンスを楽しみましょう。本書では意図的に恋愛を始める方法について書いてきました。その同じ考え方が、愛の物語の次の一幕へと導いてくれます。

そのために、行動科学にもとづいて恋愛を長続きさせるためのツールを考案しました。誰もが持続的な愛を望んでいるのに、その方法を知っている人は少ないものです。この数年間で、世界中の何千ものカップルが、適応性と耐久性をそなえた長続きする関係を築くことを願って、このツールにアクセスしてくれました。

二人の関係契約書

多くの人が、結婚の誓いを具体的に口に出すのは結婚式のときだけです。けれども、高齢化が進むにつれて、誓いの言葉から「死が二人を分かつ」瞬間が訪れるまで、半世紀以上の時間がかかることもあります。二人の成長と変化に応じてパートナーシップを適応させる、現代的なシステムが必要です。そこで「二人の関係契約書」（ウェブ掲載、382ページ参照）の出番です。

第15章で、別れの計画を書き記すことの効果と、積極的に参加を表明すると、受動的に同意した場合と比べて、実行可能性がはるかに高くなることを説明しました。それと同じ考え方が、この「二人の関係契約書」にも当てはまります。この契約書は、時間とともに変化し、成長する、有機的な関係を築くことを目標に作られたものです。

結婚したカップルにも、長期的な真剣交際をするカップルにも役に立つでしょう。内容に入る前に、まずは注意事項から。「契約」というのは恐ろしい言葉に聞こえるかもしれませんが、これは婚前契約とはまったく異なるものです。カップルが二人の関係性についてビジョンを共有することを目的としたもので、法的な拘束力のない、互いの合意にもとづいた文書です。紙ナプキンに走り書きしても、グーグルドキュメントで草案を作成しても、冷蔵庫のホワイトボードにメモしてもかまいません。

カップルが自分たちの関係に望むものについて知るために、定期的にすべき会話のきっかけとしましょう。「お互いの家族にどれくらいの頻度で会いに行くか？」「家計をどう分担するか？」「セックスは重要か？」「お互いに一夫一婦制《モノガミー》を守るか？」「一夫一婦制の定義とは？」といった会話をもたなければなりません。

心理学者のジェシー・オーウェンとゲレナ・ローズ、スコット・スタンリーは、大きな決断について話し合いをもつカップルは、そうでないカップルに比べて幸福度が高いことを観察しました。私は全国でワークショップを開催し、何百ものカップルが「二人の関係契約書」を作り、話し合いをもつことを支援してきました。

この「二人の関係契約書」を書くときは、正直に弱さをさらけだし、譲歩する意思をもつことが大切です。相手の欠点をあげつらったり、要求したりする機会ではありません。「皿洗いをしてくれるなら洗濯を引き受ける」というような取引的なものではなく、「お互いの夢を支え合い、その夢を実現するために必要な犠牲をいとわないことを約束する」というふうに、価値を中心としたものです。

それぞれのカップルが作る契約書の条項の多様性にはいつも驚かされます。学生ローンの支払い方法といった真面目なものもあれば、イケアの家具をこれ以上買わないことを誓ったおもしろいものまでさまざまです。

契約書の最初のページには、その契約を見直す具体的な日付を記入してください。その日が来たら、お互いの状況について感想を交換しましょう。毎年、契約書を再評価するカップルもいれば、五～七年後に見直すカップルもいます。このような話し合いを自らに強《し》いることで、カップルは「いま、自分たちの関係に必要なものは何か？」を考える決断ポイントに直面します。見直したら、個人の変化に応じて契約を修正することができます。関係が破綻する前に、こまめに微調整することもできます。ジョン・F・ケネディが言ったように、「屋根を修理すべきタイミングは、太陽が照っているとき」なのです。ケネディは結婚について話したわけではありませんが、考え方は同じです。

流されるのではなく決断しましょう。ウェブで、「二人の関係契約書」を書くための二部構成のエクササイズを公開しています（382ページにダウンロードURL記載）。これらの資料は、私の友人で協力者のハンナ・ヒューズと作成したものです。前半は一人だけで記入する「自己考察ワークシート」となっています。一人の時間がどれくらい必要か、どのような愛情表現が好みか、二人の大切な恒例活動は何か、などの質問が含まれています。後半はパートナーと二人で取り組む「二人の関係契約書」となっています。

◆エクササイズ◆　二人の関係契約書

あなたとパートナーの双方が空いている週末を見つけてください。短い旅行に行けるなら最高です。そうでなくても、ロマンチックに時間を過ごせる場所を見つけてください。一番大切なのはスマートフォンの電源を切っておくこと。週末のあいだ、おいしい食事とキスの合間に時間をつくって「二人の関係契約書」に取り組んでください。相手への気持ちや二人の絆について話し合い、真の愛を契《ちぎ》りましょう。

点検の儀式

私が大好きな言葉に、心理療法士のエステル・ペレルのこの言葉があります。「恋愛の質が人生の質を決める。恋愛はあなたの物語だ。うまく書き、何度も編集すること」

「何度も」とはどれくらいを指すのでしょうか？　私は毎週の**点検の儀式**――パートナーと、互いに心に感じていることを伝え合う短い会話――を楽しみにしています。「二人の関係契約書」によりパートナーシップの方向性を決め、「点検の儀式」で軌道からはずれていないことを確認するのです。多くのカップルが、子どもをもちたいか、二人の関係を進展させるか、あるいは終わりにするかなど、本心を正直に話し合うことを恐れます。どんな関係にも問題があり、誰もがその問題を持ち出すのに気まずさを感じます。「二人の関係契約書」と「点検の儀式」が、そのような気まずさをやわらげてくれるでしょう。

毎週土曜日の夜、スコットと私は大きな白いソファに座って話をします。彼はいつもドア側に座り（その理由を深読みしすぎないようにしています）、私はオットマンの上でくつろぎます。たいていスコットはポップコーンを食べますが、私は夕食でおなかがいっぱい。

私たちはお互いに三つの質問をします――「今週はどんな一週間だった？」「私（ぼく）に支えられていると感じた？」「来週はどういうふうにあなたをサポートすればいい？」。この点検は五分以内であっという間に終わることもあれば、大変な一週間だった場合には長い、親密な話し合いになることもあります。もちろん、やっかいな展開になることもありますが、多くの場合は重要かつ示唆に富んだ内容になります。私たちは問題が起きたときに対処することを心がけています。そうやって絆を深め、自分と、二人の関係について新たな発見を重ねています。この儀式を行うことで、時間がたちすぎる前に、互いの鬱憤がたまる前に、ものごとに対処することができます。

儀式そのものも、会話の中身と同じくらい重要です。この儀式を一貫して繰り返すには、行動科学者がよく用いる超シンプルな原理を利用しましょう。カレンダーに予定を登録し、それを**デフォルト**にすると、実行する確率がぐんと高まるのです。点検の儀式をカレンダーの繰り返しイベントに登録しておけば、大切なことを話し合うための時間を見つけるよう、相手に口うるさく言う必要もありません。カレンダーが二人を後押《ナッジ》ししてくれるのです。私が相談にのった多くのカップルが、点検の儀式を取り入れたおかげで幸福感と情熱が増し、打たれ強くなったと報告してくれています。

考えてみてください。定期的にパートナーと時間をつくり、自分の身の回りの出来事について話し合ったら、あなたの人生はどうなるでしょうか？　お約束します。その価値はあります。インテンショナル・ラブを選び取ってください。

エクササイズ
「点検の儀式」を作ろう

パートナーといっしょに次の質問について考えてください。

1. 毎週の儀式を行うのはいつがいいか？
2. どこで行いたいか？　お互いにくつろげる場所を考えよう。ソファでも、近所の公園のお気に入りのベンチでもいい。
3. 毎週、お互いにどのような質問をしたいか？
4. この儀式を特別にするための工夫は？　たとえば、質問に答えるときは好きなデザートを食べる、お互いにフットマッサージをし合う、など。
5. 遠距離にいる場合はどのように点検の儀式を行うか？

インテンショナル・ラブの世界

強いパートナーシップは偶然現れるものではありません。意識して、選択しなければなりません。インテンショナル・ラブが必要です。インテンショナル・ラブの世界、つまり、意図的に生きる世界では、自分の人生を振り返ると、慎重に意図的にくだした一連の決断が見えるでしょう。一人の人だけを愛したかもしれませんし、大切な関係が三つあるかもしれません。刺激に満ちた独身生活を謳歌していたかもしれません。いずれにせよ、それらは偶然の産物ではなく冒険の記録です。自分で人生を設計し、自分で責任を負い、自分は何者で何を求めるのかに正直に向き合い、必要に応じて自分で軌道修正してきた結果です。誰かの考えた人生ではなく、あなた自身の人生を歩んで来た証なのです。

この本を書くにあたり、インテンショナル・ラブの理想を体現する多くの人々と出会い、多くの知見を得られたことを光栄に思います。

たとえばデートで、自分のささいな願いを正直に伝えた男性。その言葉は感謝と安心をもって相手に受け入れられました。

新しい体でオーガズムを得られるパートナーにようやく出会えたトランス女性もいます。二人は軍人恩給で家を買ったばかりです。

家への望みを妻に伝えた男性は、自分らしいインテリアの空間を手に入れました。

一夫一婦制《モノガミー》でないことを受け入れたカップルもいます。家を買って、二人目・三人目のパートナーといっしょに大家族を営んでいます。

まったくうまくいくはずのなさそうなカップルが、意図的に生きることで、喜びと幸せに満ちた暮らしを送っています。珍しいがんやたび重なる流産といった悲劇を乗り越えたカップルもいます。二人は日夜、途方もないエネルギーを互いのために注ぎ、試練を克服しました。逆境に打ち勝ち、幸せな人生を楽しむという、わずかな勝算にかけることを決意したのです。

あなたにもチャンスがあります。その方法は秘密ではありません。この本がその方法を見つける役に立てたならさいわいです。さあ、新たな世界に飛び出して、末永く意図的に暮らしましょう。

まとめ

1 過去40年間、**結婚幸福度は下がる一方である。** よい知らせは、すばらしい関係とは見つけるのではなくつくるものであること。**夢の恋愛関係を自分でつくることができる。**

2 **進化する関係をつくることが長続きの秘訣である。** 人は、将来自分がどれくらい変化・成長するかを過小評価する。パートナーとともに学び、成長できる関係を求めるべきだ。

3 「**二人の関係契約書**」を書くことで、パートナーシップの方向性を決め、定期的にビジョンを見直そう。また、「**点検の儀式**」を毎週実施すると、問題が起きた時点で対処できる。

4 「**インテンショナル・ラブ**」の世界では、自分で自分の人生を設計し、責任を負い、自分は何者で何を求めるのか正直に向き合い、必要に応じて自分で軌道修正する。誰かの考えた人生ではなく、自分の人生を歩む。**さあ、新たな世界に飛び出して、末永く意図的に暮らそう。**

謝辞

本の執筆とは一人で行うものです。幸運にも私のように、自分ごとのように協力してくれる確かな友や助言者をもてた場合は別ですが。

スコット・マイヤー・マッキニー、あなたは数え切れないほどの時間をかけてこの原稿を編集し、私の心のケアをし、恋愛科学の分野で学ぶべきことがまだ山ほどあることを思い出させてくれました。あなたは永遠の共著者です。

敬愛するプロダクト・マネージャーのモリー・グローバーマン、本書を誕生させるのに必要な体制とサポートを提供してくれました。その見返りにベンと結ばれたのは当然の結果でしょう。私の文法の先生であり信頼できるアドバイザーのエレン・ヒューエット、昼夜を問わず、惜しみなく与えてくれたフィードバックのおかげで、私のアイデアと文章、そしてジョークに磨きがかかりました。大人になってから友達をつくるのは簡単ではありません。あなたたち二人に出会うのに八年かかったけれど、探すのをあきらめなかったことを日々感謝しています。

コナー・ディーマン＝ヨーマン、あなたがこのプロジェクトに参加する決意をしてくれて、私は本当に幸運です。あなたのアドバイスのおかげでどの章もおもしろさと深みを増すことができました。

リズ・フォスリエン、あなたの創造性とウィット、聡明さにはいつも感服します。本書の執筆にかかり、率直なフィードバックをくれて感謝しています。あなたといるといつも自分らしくいられますが、それはめったにない幸せです。

キンバリー・ボーデュイン、私たち二人はすばらしいチームです。いつも窮地から救ってくれてありがとう。

ブリット・ネルソンとハンナ・ヒューズ、すばらしいセンスを発揮してくれたことに感謝しています。二人のデザインスキルは、大変な状況のなかで大きな力になりました。

ローズ・バーン、本書の企画と基礎研究に貴重な貢献をしてくれて本当にありがとう。

私のいたずら仲間のトビー・スタイン。あなたは友人のかがみです。本書の執筆中、直接サポートしてくれたことを大変ありがたく思っています。

サイモン&シュースター社の不屈の編集者、エミリー・グラフ。あなたはすごく早い段階から本書の可能性に注目し、いつも私の味方でいてくれました。二人だからこそ、このプロジェクトに息を吹き込むことができました。

生涯の友たち。みんなのおかげでいまの私があります。あなたたちとの友情は私の人生の最大の功績です。いっしょに過ごし、会話するために私は生きているようなもの。この長年の目標を達成できたのは、いつもみんながそばにいてくれたおかげです。

ダニ・ヘルツァー、私たちの友情は三〇年も続き、どの元カレよりも長続きしています。あなたは永遠に私の家族です。

ラナ・シュレジンジャー、一四歳であなたに出会えたなんて信じられない。私のものはすべてあなたのもの。あなたは友人以上、もはや私の一部です。

アリソン・コングドン、トリー・シメオニ、ミケラ・デサンティス、互いのサポートと助言によりつくりあげたものを誇りに思います。四次元世界でもいっしょにいられることを願って。親友のテッサ・ライアンズ＝レイン。ゼロからいっしょに考えてくれたね。あなたといっしょに歩む人生が大好きです。

マータベル・ワッサーマン、あなたの激しさ、独創性、知性には感謝しかありません。あなたの目を通して見る自分はいつも新鮮です。

クリステン・バーマン、あなたはベイエリアのスーパーヒーローたちのキャプテンです。いつも「イエス」と肯定してくれる。この一〇年間であなたが「イエス」を積み重ねたおかげで、本書も含めてたくさんのすばらしいものが生まれました。

私の最初の自称「ファン」であるエリック・トレンバーグ。あなたが私の仕事に投資し、信頼してくれたおかげで非常に多くのことを成し遂げられました。私たちの友情は人生の喜びです。

ミシャ・サフィアン、あなたこそ真の偉人です。

サラ・ソディーン、本書の執筆中、アウトラインや下書き、深夜の原稿をこころよく何度も読んでくれたね。あなたは頼りになる助言者であり友人です。

タラ・コウシャ、コーチングのセッションでのあなたの知恵と助言のおかげで、私は情熱を追い求める勇気を得られました。あなたを「友達」と呼べることを光栄に思います。

メイカエラ・ツウィリズンスキー、ニューヨークでのあなたの寛大なおもてなしのおかげで、多くのチャンスを得ることができました。あなたのソファで夜更けまで語り合ったあの晩に戻れたらいいのに。

また、本書は私のメンター、行動科学と人間関係学の巨匠らの寛大さと知恵がなければ存在していなかったでしょう。

ダン・アリエリー、あなたのそばで学ぶことこそ、最高の行動科学の教育です。充実した実験的な人生を送るための多くの術を、身をもって示してくれました。

エステル・ペレル、あなたの先見的な研究が本書の道を切り拓いてくれました。私の両親についての初めての会話から、子どもをもつことについてのおしゃべりまで、あなたは私の人生に深みと複雑さ、そして知恵を授けてくれました。私にインスピレーションを与えてくれたのはあなたです。

元祖「恋愛マスター」、ジョンとジュリーのゴットマン夫妻。お二人の指導と、この分野への貢献に感謝しています。スコットとの絆が強まったのは、二人の関係の初期にあなたたちのワークショップに参加したおかげです。

イーライ・フィンケル、あなたの厳密な研究成果が愛と人間関係について私のアイデアを決定づけました。優しく寛大に、いっしょに仕事をしてくれたことに心からのお礼を申し上げます。アリソン・フィンケル、またお会いしましょう。お宅にあたたかく迎え入れてくれてありがとう。

ダン・ジョーンズ、スティーブン・レビット、ヘレン・フィッシャー、アラン・ド・ボトン、アレクサンドラ・ソロモン、バリー・シュワルツ、シーナ・アイエンガー、タイ・タシロ、そのほか恋愛についての私のインタビューに答えてくれた多くの方々、すばらしい知見を共有してくださったことに感謝を捧げます。おかげで本書ができました。

本書の最初の読者である、ラナ、トリー、テッサ、トビー、クリステン、モリー、エレン、コナー、マータベル、リズ、イトーシャ・ケイブ、アレクシス・コネビック、レジーナ・エスカミラ、マイケル・フルワイラー、ローラ・トンプソン、フェレル・ウリー、シンディ・マイヤー、クレイグ・マイノフ、フィオナ・ロメリ。鋭い眼力と創造的な提案、建設的なフィードバックをありがとう。みんなのおかげで、将来の読者がひどいジョークとあいまいなアドバイスから救われました。

マイク・ワン、ジェシカ・コール、ルイ・バオ、タイラー・ボズメニー、ライアン・ディィック、ブレナ・ハル、テッサ、サム・スタイヤー、ステファニー・シェル、メイシー・フアン、ジョシュ・ホロウィッツ、ナタリー・トゥルシアニ、マリーナ・アガパキス、寛大にも説明責任を果たすためのディナーを主催してくれたことにお礼を申し上げます。ディナーの席でのアイデアやフィードバックが本書を形作りました。

デビッド・ハルバースタイン、育児休暇の一週目だったにもかかわらず、あなたの法的な知見を私のために惜しみなく発揮してくれてありがとう。

代理人のアリソン・ハンター、あなたは最初からこの本を出せることを信じてくれていました。あなた以上の支持者はいません。

私のクライアントの皆さん、あなたの恋愛を私に託してくれてありがとう。皆さんのもろさと献身、情熱がこの本を書く動機になりました。

家族へ。本書を書くために必要なことの大半は、家族のみんなからもらいました。粘り強く愛の言葉をそそぎ、私の力を信じて育ててくれたおかげです。フェレル・ウリーとベン・サックス、橋を渡ったすぐそこに二人の愛と信頼があることを大変幸運に思います。ナンシーおばさん、あなたの結婚観がハードルを高くし、恋愛に対するあなたのカバナ（ユダヤ教で「意図」を意味する）が、本書のためにたくさんのインスピレーションを与えてくれました。ボニー・ウリーとジョン・ウリー、私の読書への愛を育ててくれたのは二人です。両親が読んでくれるような本を書くことが私の最大の夢でした。その結晶を、いまここに。

ローガン・ウリー　**Logan Ury**

行動科学者からデートコーチに転身し、現代の恋愛に関する専門家として国際的に名をはせる。マッチングアプリ「ヒンジ(Hinge)」のリレーションシップ・サイエンス・ディレクターとして、人々の恋愛を助ける研究チームを率いる。ハーバード大学で心理学を専攻したのち、Googleの行動科学チーム「Irrational Lab(非合理実験室)」を運営し、社内プログラム「Talks at Google」にて現代の恋愛をテーマにしたインタビューで人気を博した。TEDレジデント。

寺田早紀　**てらだ・さき**

コロンビア大学ティーチャーズカレッジにてTESOL(英語教授法)修士号取得。高校英語教師を経て、出版翻訳と実務翻訳の英日翻訳者に。実用書や自己啓発書、ウェブ雑誌記事、IT系のマーケティング文書などの翻訳に携わる。訳書『最新科学が証明した　脳にいいことベスト211』(文響社)、『モテるために必要なことはすべてダーウィンが教えてくれた　進化心理学が教える最強の恋愛戦略』(共訳、SBクリエイティブ)。大学で英語講師も務める。

書き込みシートと参考文献URL

■書き込みシート

・大切な会話のための計画書
・二人の関係契約書

■参考文献

のPDFデータは
下記のURLよりダウンロードいただけます。

▶ https://www.kawade.co.jp/np/isbn/9784309300351/

史上最も恋愛が難しい時代に
理想のパートナーと出会う方法

2024年4月20日　初版印刷
2024年4月30日　初版発行

著　者　ローガン・ウリー
訳　者　寺田早紀
装　丁　西垂水敦・市川さつき(krran)
発行者　小野寺優
発行所　株式会社河出書房新社
〒151-0051
東京都渋谷区千駄ヶ谷2-32-2
電話03-3404-1201(営業)
03-3404-8611(編集)
https://www.kawade.co.jp/
組　版　株式会社キャップス
印　刷　株式会社暁印刷
製　本　株式会社暁印刷

Printed in Japan
ISBN978-4-309-30035-1